Thomas Niedlich

Wanderungen
in der Prignitz

Zu Fuß unterwegs, wo Fontane nicht war

Verlag Rockstuhl
Bad Langensalza

Impressum

Umschlaggestaltung:	Thomas Niedlich Harald Rockstuhl
Titelbild:	Landstraße bei Groß Leppin
Fotografie und Bearbeitung:	Thomas Niedlich

2. Auflage 2023

ISBN 978-3-95966-647-3

Satz und Layout: Thomas Niedlich

Druck und Bindearbeit erfolgen in Deutschland

Gedruckt auf alterungsbeständigem Papier nach ISO 9706

Die Deutsche Nationalbibliothek verzeichnet diese Publikation in der Deutschen Nationalbibliografie. Detaillierte bibliografische Daten sind im Internet über http://dnb.d-nb.de abrufbar.

Verlag Rockstuhl
www.verlag-rockstuhl.de

Inhaber: Harald Rockstuhl
Mitglied des Börsenvereins des Deutschen Buchhandels e.V.
Lange Brüdergasse 12 in D-99947 Bad Langensalza/Thüringen
Telefon: 03603 / 81 22 46   Telefax: 03603 / 81 22 47
www.verlag-rockstuhl.de

Das Beste aber dem du begegnen wirst,
das werden die Menschen sein,
vorausgesetzt,daß du dich darauf verstehst,
das rechte Wort
für den „gemeinen Mann“ zu finden.

Theodor Fontane
Wanderungen durch die Mark Brandenburg I

01 Die Prignitz

Radfahrer, Wanderer, Theodor Fontane und die Mark

Nun bin ich also mit meinen Wanderungen in der Prignitz angekommen, dem Landstrich ganz weit oben, im Nordwesten des Landes Brandenburg, von dem nicht nur Theodor Fontane meint, dass man die Menschen hier richtig ansprechen muss, sondern auch meine neuen Kollegen mir gleich an meinem ersten Arbeitstag einschärften, dass die Menschen hier nicht so leicht zu knacken wären. Was das auch immer heißen sollte. Richtige Probleme habe ich mit ihnen in all meinen Jahren hier oben nie gehabt. Es mag stimmen, dass sie etwas zurückhaltender sind als meine Landsleute in Thüringen, doch meine Art, offen Dinge anzusprechen, hat sehr oft das Eis gleich zu Beginn schmelzen lassen und gute Gespräche hervorgebracht.

Obwohl ich schon ein paar Jahrzehnte hier meine Füße hochlege, fühle ich mich meiner Thüringer Heimat weiterhin so eng verbunden, dass ich meine bisherigen Wanderbücher immer über das Land zwischen Rhön und Harz im Süden und Norden, sowie zwischen Hessen und Sachsen im Westen und Osten geschrieben habe. Es erscheint mir in landschaftlicher Hinsicht vielfältiger und abwechslungsreicher. Es gibt Berge und Täler, auf denen sich die Natur in solch einer Vielfalt zeigt, das jeder gelaufene Meter mit neuen Aussichten belohnt wird. Nichts ist immer schon Minuten lang vorhersehbar. Ausnahmen, wie beispielsweise im Thüringer Becken, gibt es selbstverständlich auch, sind jedoch bei weitem nicht so flach wie in der niederdeutschen Ebene. Selbst hier, zwischen dem Thüringer Wald im Süden und dem Höhenzug der Hainleite entlang der Helme im Norden, liegen die meisten Orte noch in flachen Tälern versteckt. Orientierungspunkte liefern manchmal nur die Kirchturmspitzen. Gewiss werden jetzt Nörgler einwenden, dass dies hier in der Ebene der Prignitz auch so ist, was meiner Meinung nur dem Umstand geschuldet ist, das weitläufige Waldflächen in einigen Gebieten den Blick auf das Nachbardorf verwehren. Je weiter der Besucher der Prignitz in nordwestlicher Richtung unterwegs ist, desto weiter wird auch seine Sicht auf die Landschaft. Schon verdecken kurz geschnittene Kopfweiden oder Obstbäume entlang der Straßen den nächsten Ort. Die großen Waldflächen schrumpfen zu kleinen grünen Inseln im Meer der Weite, die den Winden aus dem Norden kaum noch Widerstand entgegensetzen können. Er fährt zwischen ihnen hindurch, und treibt je nach Jahreszeit entweder die trockene Oberschicht des sandigen Bodens in riesigen Staubfahnen über die weiten Ackerflächen, oder der Schnee türmt sich im Winter zu hohen Verwehungen auf, der die Straßen und Wege unpassierbar macht. Es ist schon eine teilweise raue Landschaft im Norden Brandenburgs.

Wer in der Prignitz unterwegs ist, dem wird vor allem eines auffallen. Sie ist das Land der weiten Ebenen, der Felder, der Wälder, des Windes und des Wassers. Ungeachtet manchmal auftretender Wetterkapriolen übt das Land zwischen der Löcknitz im Westen und dem Königsfließ im Osten einen besonderen Reiz auf eine ganz besondere Spezies von Touristen aus. Es sind die Radfahrer. Für sie ist die Prignitz ein wahres Paradies. Das flache Land, und kaum zu überwindenden Bergkuppen, lassen das Radlerherz höher schlagen. Sie wissen das ebene Brett zu schätzen, denn das normale Treten in die Pedale ist nicht so anstrengend wie in den Bergen mit seinem ständigen auf und ab. Wenn dann noch der Wind aus der richtigen Richtung kommt, und er die Meter unter den Gummireifen nur so dahin fliegen lässt, dann ist er in seinem Element, und das Ziel kommt zügig näher. Aber wehe, er bläst ihm mit aller Kraft ins Gesicht. Dann wird jeder Tritt in die Pedale zur Tortour und er möchte seinen Drahtesel am liebsten am Straßenrand stehen lassen. Darüber werden die modernen Radfahrer mit ihren E-Bikes nur müde lächeln, denn sie werden die schwerer werdende Tretarbeit ihren elektronischen

Hilfen überantworten. Der Radfahrpuritaner ohne den modernen Schnick Schnack dagegen wird sich mit aller Macht gegen den Wind stemmen, und innerlich mit Verachtung, oder Neid, je nach Gefühlslage, auf die Möchtegern-Radler schauen.
Als ich mir vor Jahren in einem Kyritzer Fahrradgeschäft ein neues Rad zulegte, dem ersten nach meinem Umzug, aber schon einige Jahre die landschaftlichen Gegebenheiten kennengelernt habe, werde ich nach meinen Vorstellungen gefragt. Nun ja, eines mit einer Drei-Gang-Nabenschaltung wäre

Es gibt sie, die herrlichen Wanderwege, wie hier bei Gumtow

völlig ausreichend, war meine Antwort. Ich selbst besaß in Thüringen nur ein einfaches Touren-Rad ohne jegliche Hilfe. Die Verkäuferin meinte es gut mit mir, und war der Meinung, dass eines mit einer 21-Gangschaltung auch nicht teurer sei. Ich fragte zurück, wozu ich denn diese brauchen würde. Sie meinte doch wirklich ernsthaft, es wäre von Vorteil, wenn ich mal über einen Berg fahren muss! Allein das Wort *Berg* genügt mir, um bei mir ungewollt für einen kleinen Lachanfall zu sorgen. Ich konnte nur noch lachend fragen, von welchem Berg sie hier spreche. Kurz und gut; ich nehme das mit den 21 Gängen aus rein finanziellen Erwägungen heraus und schließlich kann man ja nie wissen. Ich muss heute ehrlich gestehen, dass es eine gute Entscheidung war. Der Prignitzer kämpft zwar kaum gegen einen Berg an, aber eine steife Brise von vorn hat fast die gleiche Wirkung, wie ich später immer wieder feststellen werde, auch wenn ich das Rad die letzten Jahre nur noch abgedeckt von der Decke hängen sehe.

Noch in Zeiten der ehemaligen DDR, als ich hier einige Sommerferien mit meiner Familie verbringe, unternehme ich in Ermangelung eines eigenen Rades mit dem alten Damenrad unserer Großmutter ein paar Touren durch die Region. Zwischen Bad Wilsnack, Wittenberge und Perleberg bin ich öfter unterwegs. In Ermangelung von Radwegen, wie sie heute viele Orte verbinden, nutze ich reguläre Straßen oder Waldwege. Der Autoverkehr heutiger Größenordnungen war damals vollkommen unbekannt. Da kann ich selbst auf der heute so stark befahrenen B5, damals noch der F5, der alten Transitstrecke zwischen Berlin und Hamburg, ganz unbeschwert meine Kilometer herunter kurbeln, ohne das ich Angst haben muss, von einem der Autos aufgegabelt zu werden. Ich grüße Autofahrer, egal ob sie hier zu Hause sind, oder als Transitreisende fahren, werde zurück gegrüßt, und komme schließlich nach Stunden fix und fertig auf dem Hof, aber unbeschadet und wohlbehalten, wieder an. Heute wäre so eine Straßentour wohl nur unter Lebensgefahr machbar. Der Ausbau des Radwegenetzes nach der Wende brachte vieles an Verbesserung mit sich. Leider gibt es in diesem Netz etliche große Löcher. Nicht unbedingt im wortwörtlichem Sinne. Nein, es entstehen irgendwo neue Wegstrecken, die nur an ihren jeweiligen Enden keine Anbindung an ein weiteres Stück Radweg bekommen, so dass der Radler, um unbeschwert fahren zu können, auf belebte Straßen ausweichen, oder größere Umwege in Kauf nehmen muss. Das betrifft insbesondere die Strecken, die abseits des bekanntesten Radweges durch die Prignitz liegen. Der Elbe-Rad-Weg vom Elbsandsteingebirge in Sachsen, bis hinauf nach Hamburg, führt auf einem Teilstück auch durch die hiesige Region. Wer hier unterwegs ist, für den ist der Prignitzer Abschnitt nur eine Durchgangsstation mit vielleicht einer Übernachtung. Er wird sich kaum abseits des Elb-Deiches, auf dem er meistens verläuft, ins Hinterland der Elbe auf den Weg machen. Er hat im Normalfall nur das Ziel Hamburg vor Augen. Der Elbe-Rad-Weg ist sicherlich das Kernstück im nördlichen Radfahrerland Brandenburg. Er bringt Rad-Touristen zwar für eine relativ kurze Zeit in die Prignitz, doch fühlt sich der eine oder andere womöglich motiviert, später noch einmal hier her zu kommen, um weitere Strecken abseits der Elbe zu erkunden. Das ist sicherlich die Hoffnung vieler kommunaler Amtsträger im touristischen und wirtschaftlichen Bereich, doch es ist schwer, nur mit landschaftlicher Grazie gegen andere Abschnitte an der Elbe zu punkten, die darüber hinaus noch mit Schlössern, Burgen und anderen Sehenswürdigkeiten ausgestattet sind. Zwischen Havelberg und Breetz finden sich diese durchaus, doch scheint mir ihre Anbindung an den Elbe-Rad-Weg verbesserungswürdig, auch wenn in den letzten Jahren neue Radwege gebaut wurden, und man versucht hat, dass touristische Umfeld mit neuen Strecken, wie beispielsweise der Bischofs-Tour zwischen Wittstock und Havelberg, zu beleben. So gibt es auch im Land hinter dem Deich viele Möglichkeiten, die Prignitz zu erleben. Das *Platte Land*, ein bereits unter der preußischen Verwaltung als Name entstandener Begriff, der die sprachliche Unterscheidung zur Stadt manifestieren sollte, bietet dazu viele weitere Möglichkeiten. Etwas anderes ist es für die Radler, die ganz bewusst die Prignitz ansteuern, um sich auf einzelnen Tagestouren die kleinen und versteckten Sehenswürdigkeiten anzusehen. Sie kommen mit dem Wohnmobil oder Auto, beziehen für ein paar Tage einen Stellplatz, und erkunden von da aus auf ihren mitgebrachten Rädern das Umland. Sie trifft man allein, zu zweit, oder in Gruppen. Vor allem rund um die alten Kreisstädte Havelberg, Perleberg oder

Kyritz. Auch Lenzen an der Elbe ist ein gern angefahrener Ort, da von hier das Wendland auf der westlichen Elbseite gut erkundet werden kann. So gesehen finden Rad-Touristen ein ideales Territorium für ihre Ausflüge vor. Kleine beschauliche und interessante Nester, die in flachem Gelände liegen, und gut zu befahren sind. Dazu das System der Knotenpunkte, an denen jeder entscheiden kann, in welche Richtung er fahren will. So ist sie, die Prignitz für Radfahrer - ein Paradies.

Wenn sich Radfahrer lediglich der Fragen stellen müssen, ob eine Strecke auf den örtlich ausgewiesenen Routen und existierenden Karten für Radfahrer gut zu befahren ist, oder was sie als nächstes ansteuern werden, dann stellen sich für Wanderer ebenso zwei wichtige Fragen. Zum einen:
Wo finde ich Wanderwege in der Prignitz?
Und zum anderen:
Welche Wege sind überhaupt für Wanderer vorgesehen?
Frage eins lässt sich ganz gut beantworten. In all meinen Jahren hier in der Prignitz sind es zwei Wanderwege, die immer mal wieder das Medieninteresse befeuern. Da ist der 22 Kilometer lange Annen-Pilgerpfad mit seinen Schwerpunkten Kloster Heiligengrabe und Alt-Krüssow. Heiligengrabe liegt zwar in Ostprignitz-Ruppin, doch führen die meisten Kilometer allerdings durch die Prignitz, und der Start kann an jedem x-beliebigen Ort auf dem Weg begonnen werden. Der zweite Weg mit größerer regionaler Bedeutung ist der 130 Kilometer lange Pilgerweg von Berlin nach Bad Wilsnack, der hinter Kyritz den Prignitzer Boden erreicht, und später an der Wunderblut-Kirche der Kurstadt endet. Wer sich im Internet nach Prignitzer Wanderwegen umschaut, der findet auf den größeren Seiten nicht sehr viel mehr an Angeboten. Kleine lokale Wanderwege, häufig nicht sehr lang, und kaum mit detaillierten Beschreibungen von Sehenswürdigkeiten, sind dagegen nur auf ganz speziellen Outdoor-Seiten zu finden. Oder ein Blogger beschreibt im Internet seine Wanderung, wenn er hier unterwegs war. Damit erschöpfen sich schon die Angebote an

den Wanderer. Da hilft nur, sich mit eigener Initiative auf den Weg zu machen. Wenn ich mir meine Wanderungen in Thüringen ins Gedächtnis rufe, dann fallen mir spontan gleich etliche spezifizierte Wanderwege ein, die mir selbst begegnet sind. Egal ob Kyffhäuserweg, die Schluchten-Tour bei Eisenach, der Urwaldpfad im Hainich, der Talsperrenweg in Zeulenroda, der Trinius-Weg bei Schmalkalden, der Pummpälz-Weg bei Bad Salzungen, oder der sich wie ein Spinnennetz über Thüringen ausbreitende Luther-Weg. Sie alle werden in den bunten Broschüren der Tourismusbranche und den sehr guten Wanderkarten von verschiedenen Verlagen angeboten. Und da ist noch nicht mal der berühmte Rennsteig mit dabei. Thüringen und Wandern ist einfach ein unschlagbares Duett, das immer wieder fröhlich angestimmt wird. In dieser Hinsicht fühle ich mich als Wanderer in der Prignitz einfach auf verlorenem Posten, wenn ich nicht nur ein paar Meter rund ums Heimatdorf laufen will, sondern größere zusammenhängende Touren vorhabe. Dieses Dilemma spiegelt sich auch in der Beantwortung der zweiten Frage wider.

Um mich auf meine Wanderungen in Thüringen vorzubereiten, habe ich mir in der Zwischenzeit ein paar sehr gute Quellen erobert, die mich mit entsprechenden Informationen versorgen können. In meiner Prignitzer Wahlheimat lebe ich gezwungenermaßen von einem anderen System. Als ehemaliger Außendienstmitarbeiter einer großen Krankenkasse bin ich schon seit meinem Umzug hier her in fast allen Ecken der Prignitz unterwegs gewesen und bringe manch Einheimischen in Verlegenheit, wenn ich von Orten erzähle, von denen er noch nicht mal was gehört hat. Gleiches passiert mir ehrlicherweise in Thüringen auch. Wenn ich jemand im südlichen, dem fränkisch geprägten Teil Thüringens hinter dem Rennsteig, etwas vom Altenburger Land im Nordosten erzähle, weiß der auch nicht, worüber ich da gerade berichte. Manchmal reicht das Wissen gerade bis zum nächsten Dorf oder der nächsten Einkaufsmöglichkeit. Da sind sich wohl viele Menschen gleich.

Ich selbst habe durch meine Arbeit eine Vorstellung davon, was man landläufig unter einem Flächenland versteht. Es gibt einfach viel Land zwischen den Ansiedelungen. Ich kenne auch die Veränderungen, die sich in den Jahren seit der Wendezeit in der Region vollzogen haben. Nicht nur, dass vielerorts schicke neue Häuser entstanden, alte Gebäude ein schönes neues Aussehen erhielten, oder neue Wohn- und Gewerbeflächen aus dem Boden schossen, wovon viele leider immer noch brach liegen. Auch die meisten der seit Jahrhunderten bestehenden Wege und Straßen aus Sand und Feldsteinen haben ihre Vergangenheit abgestreift, und liegen heute unter einem neuen schwarzen Asphalt-Band. Das ist übrigens auch ein Schicksal, das sie mit den Thüringern teilen, und das für Wanderer nicht immer positiv ist, denn für uns bedeutet es häufig den Verlust alter Wegstrecken, die früher bequem und stressfrei zu Fuß erlaufen werden konnten. Heute rasen auf ihnen die schnellen Autos dahin und sind zu einer Gefahr geworden. Auch ich werde einige Strecken bei meinen Prignitzer Wanderungen leider auf solchen Abschnitten zurücklegen. Dazu später mehr.

In Vorbereitung meiner Unternehmungen, als sich langsam dieses Projekt herauskristallisiert, mache ich mich daran, mir Wanderkartenmaterial zu besorgen. Verwöhnt vom Angebot diverser Verlage in Thüringen, die sehr gutes Kartenwerk im Portfolio haben, mache ich mich Stück für Stück auf die Socken, alle nur erreichbaren Buchhandlungen abzuklappern, mit dem steten Ergebnis, dort doch nichts zu finden. Ich sammel jede nur erdenkliche Information. Hilfreich erscheinen mir auf den ersten Blick die vielen kleinen regionalen Faltkarten aus meiner beruflichen Tätigkeit, die ich damals vor Ort an allen möglichen Stellen, von Firmen bis Banken, sammelte, ohne zu wissen, dass ich sie noch einmal für meine Wanderungen gebrauchen könnte. Nach fast dreißig Jahren stellt sich leider heraus, dass die eingezeichneten Wege kaum mehr den heutigen Gegebenheiten entsprechen, und sie mir nicht groß dienlich sein werden. Also suche ich weiter und weiter. Je mehr meine angedachten Routen allerdings abseits der touristisch gut erschlossenen größeren Orte liegen, desto nichtssagender werden die vorhandenen Informationen. Ich mache mich sogar mit großer Hoffnung auf den Weg nach Berlin zur Internationalen Tourismus-Börse. Dort besuche ich einen Stand nach dem anderen, der auch nur im entferntesten etwas mit Brandenburg zu tun hat. Nichts von dem ist zu bekommen, was ich suche. Selbst am großen Brandenburger Tourismus-Stand nicht. Als ich mein Anliegen vortrage, schauen sich alle nur fragend an und zucken mit der Schulter. Wanderkarten über die Prignitz? So etwas gibt es nicht, lautet stets die gleiche niederschmetternde Auskunft aller Befragten. Ironie des Schicksals - ausgerechnet ein kleiner Stand, der sich hauptsächlich an Radfahrer wendet, hat eine große Prignitzer Karte, auf der alle Radwege eingetragen sind. Das ist zwar nicht genau das, was ich suche, aber als Anregung und Grundlage für meine Planungen kann sie mir vielleicht hilfreich sein. So kaufe ich, der Fuß-Wanderer, eine Karte für den Rad-Wanderer.

Bevor Fahrräder oder Autos auf den Wegen und Alleen unterwegs waren, bevölkerten in weit geringerem Umfang Pferde und Kutschen die damals noch staubigen Straßen. Wer die weite Welt der Mark Brandenburg erkunden wollte, der benötigte entweder viel Zeit zum wandern, oder ein schnelles Fortbewegungsmittel mit ein oder zwei PS davor. So bildeten aufgeschriebene Geschichten häufig die einzige Möglichkeit, eine Region, auch ohne dort gewesen zu sein, näher kennenzulernen. Einer dieser Erzähler, der viel über Thüringen, und während seiner Berliner Zeit sogar über das südliche Brandenburg geschrieben hat, war der Wanderbuchautor August Trinius. In acht dicken Bänden seines Hauptwerkes zeichnete er ein Bild seiner Zeit über Thüringen mit seinen Menschen und seiner Natur. Seinen Spuren folge ich nach über einhundert Jahren, und mache mir dabei Gedanken um die Entwicklungen, die sich seither ergeben haben. Natürlich kommt dabei die Landschaft selbst nicht zu kurz. Diese Geschichten füllen bereits sechs Bücher mit unterschiedlichen Inhalten, die von den „kleinen“ Tages-Touren bis zu den großen Wanderungen entlang der Werra und dem Rennsteig erzählen.

Da stellt sich mir die Frage, mit wem sich auf literarischem Gebiet zuerst meine Gedanken an Brandenburg verbinden? An erster Stelle ist auf jeden Fall Erwin Strittmatter zu nennen. Seine herrlichen Geschichten in den Büchern über das Leben auf dem Schulzenhof bei Dollgow, verbunden mit wunderbaren Zeilen über die Natur, gehören zu meiner persönlichen Lieblingsbibliothek. Es sind zwar keine Wanderungen im herkömmlichen Sinne, aber sie begeistern mich trotzdem. Und dann natürlich ein Klassiker aus der Schulzeit. Haben Sie im Literaturunterricht in der Schule aufgepasst? Oder Sie sind ein ausgewiesener Bücherfreund? Dann kennen Sie ganz sicher das Buch „Wanderungen durch die Mark Brandenburg“, oder den Roman „Effi Briest“. Wenn nicht, ist Ihnen sicherlich schon einmal der Name Theodor Fontane untergekommen. Der hat in der deutschen Literatur einen klangvollen Namen und einen bekannten Ruf. Im Jahr 2019 hätte er seinen zweihundertsten Geburtstag gefeiert. Da er das nicht mehr selber konnte, ehrte ihn stellvertretend das Land Brandenburg über das ganze Jahr mit den vielfältigsten Veranstaltungen. Seine „Wanderungen durch die Mark Brandenburg“ gelten im Land zwischen Oder und Elbe fast schon als nationales Heiligtum. Dabei wird gern vergessen, dass die damalige Mark Brandenburg zur Zeit der Askanier mit den Regionen Neumark, Mittelmark und Altmark mit dem Territorium des heutigen Brandenburg nicht sehr viel Gemeinsamkeiten aufwies, wie ein späterer Blick in die Annalen zeigen wird.

Ich weiß ja nicht genau, wie Fontane an seine Ausflüge und Wanderungen herangegangen ist. Vielleicht hatte er Einladungen von Gutsherren, oder anderen höhergestellten Zeitgenossen bekommen, die ihr eigenes Renommee und Ego bestätigt haben wollten, und hat sich gedacht – okay, da fahr ich mal hin. Hat sich darauf in die Kutsche gesetzt, und los ging es. Es könnte ja ein schöner Tag werden. Als gebürtiger Neuruppiner kannte er natürlich die heimatliche Umgebung von Ruppin, zu der es ihn stets hinzog. Mich konnte keiner einladen, denn wer kennt mich schon in der Region, um sich mit mir schmücken zu wollen. Genau so wenig wie ich jemand in den Weiten der Prignitz kenne, den ich mit meinen Wanderungen unbedingt meine Aufwartung machen müsste. Darin liegt nicht mein Ziel. Ich möchte die Landschaft durch das Wandern entdecken, und mich von der einen oder anderen Sehenswürdigkeit anziehen lassen, ohne dass ich vorher schon ganz bewusst den Plan habe, diese auf biegen und brechen in meine Wanderplanung einzubeziehen. Ich suche Wege, die Orte verbinden, und nicht Orte, die ich wegen einer speziellen Sache auch locker mal solistisch mit dem Auto besuchen könnte. Da kann es dann halt passieren, dass ich mal an einen Flecken komme, der zwar auf dem Weg liegt, wo es absolut nichts nennenswertes zu berichten gibt. Ich habe bei Lesungen schon Fragen bekommen, ob ich diese oder jene Besonderheit bereits besucht habe, was ich in einigen Fällen durchaus verneinen musste. Es geht mir nicht darum, hinter jeder Sehenswürdigkeit her zu sein. Denn wie lautet der gute alte Spruch? Der Weg ist das Ziel!

Als Wanderbuchautor, der vor allem in Thüringen unterwegs ist, stellt die Prignitz für mich eine neue Herausforderung dar, und das gleich in mehrfacher Hinsicht. Immer wieder werde ich in Gesprächen nach Lesungen in Brandenburg mit der Frage konfrontiert, weshalb ich als Bewohner dieses Landes nicht darüber schreibe, sondern meine Bücher Thüringen zum Inhalt haben. Für mich als gebürtigen Thüringer, der mit Leib und Seele der Schönheit dieses Landes, und der Warmherzigkeit seiner Menschen verfallen ist, kam nie etwas anderes in Frage, als genau darüber zu schreiben. Jetzt gibt es das Sprichwort vom steten Tropfen, der den Stein höhlt. Nun ist ein Stein

recht hart, und es braucht viel Zeit, bis sich darin eine kleine Auswaschung zeigt. So ist es bei mir, bis sich der Gedanke durchsetzt, nun doch meine Wanderstiefel zu schnüren, und die Prignitz zu erkunden. Eine Frage stellt sich dennoch:
Soll ich einfach drauf los laufen, oder gibt es hier jemand, ähnlich wie August Trinius in Thüringen, an dessen literarisches Erbe ich mich heften kann?
Ach ja. Wie war das noch mit Theodor Fontane? Er hat doch schließlich in seinen drei Büchern der Märkischen Wanderungen über die Schlösser, Orte und Landschaften der Mark Brandenburg geschrieben. Da wird doch wohl auch irgendwas über die Prignitz zu finden sein, denke ich mir so. Da habe ich leider falsch gedacht. Zwischen 1862 und 1889 hat Fontane vor allem über die Grafschaft Ruppin, das Oderland, das Havelland, dem Spreeland und Fünf Schlösser geschrieben. Könnte vielleicht im Buch über die Grafschaft Ruppin etwas zu finden sein über die Prignitz? Wiederum Fehlanzeige. Warum nur? Weil sich sein „Wandergebiet“ ganz grob bis zum Flussverlauf der Dosse zwischen Wusterhausen, Kyritz und Wittstock eingrenzen lässt. Das entnehme ich jedenfalls den Inhaltsverzeichnissen der drei Bände. Die westlich dahinterliegende Prignitz wurde von ihm mal eben so ganz locker vernachlässigt und ausgelassen. Vielleicht war sie ihm landschaftlich nicht so reizvoll wie das Ruppiner Land, wo sich Seen und Wälder in hügeliger Abwechslung lieblich miteinander finden? Ich muss zugeben, dass mir die Region rund um Neuruppin auch wesentlich besser gefällt, als die fast ohne Seen ausgestattete Prignitz, wo weite Auen, Felder und Wälder die flache Landschaft bestimmen. Ich kann es schon verstehen, dass sich Theodor Fontane lieber an anderer Stelle aufgehalten hat. Wenn ich in meiner alten Heimat gefragt werde, wo ich jetzt wohne und von Brandenburg erzähle, dann ernte ich immer neidvolle Blicke, wie toll es doch hier sei mit den vielen Seen. Spätestens wenn ich erkläre, dass die Prignitz damit leider nicht gesegnet ist, ändert sich ihr Gesichtsausdruck und ich

werde mit Mitleid überzogen. Nun ja. So schlecht ist es nun auch nicht. Es ist eben nur anders.

Im letzten Buch, als Theodor Fontane über Fünf Schlösser schreibt, bekommt die Prignitz im literarischen Geschichtsbuch doch noch einen kleinen Sonnenstrahl von ihm ab, in dem er sich etwas mit dem Schloss Quitzöbel bei Bad Wilsnack und der Familie von Quitzow, einem alten Adelsgeschlecht aus der Altmark, beschäftigt. Das ist nicht viel, aber immerhin etwas. Wenn schon der bedeutende Literat in seinem Hauptwerk nichts für den kleinen Zipfel Prignitz übrig hat, wo soll ich denn dann noch etwas darüber finden? Soll ich die Gedanken, die sich Theodor Fontane vor seinen Wanderungen gestellt hat, gleich für mich als Abschreckung betrachten? Schauen wir sie uns einmal an.

Schon der erste Gedanke bereitet mir Sorge. Unvoreingenommenheit und Liebe zur Region wären nach Theodor Fontane gute Voraussetzungen für eine Wanderung. Wo soll diese bei mir herkommen? Ich gebe es zu. Ein Umzug in die Prignitz gehörte nicht zu meiner Lebensplanung, was natürlich Auswirkungen auf meine Gefühlsstimmung hat, und mich lieber in Thüringen wandern lässt. Theodor Fontanes zweiter Gedanke findet schon eher meine Zustimmung, da er genau so für meine Wanderungen in meiner alten Heimat zutrifft. Ein feines Gespür für die landschaftlichen Schönheiten sollten vorhanden sein. Damit habe ich also keine Probleme. Sein dritter Gedanke setzt voraus, dass sich friedliche Eroberer mit der Geschichte der Region befassen. Geschichten von unterwegs und die Erforschung der Storys dahinter gehören für mich untrennbar zusammen. Wo Geschichte existiert, findet sie bei mir auch ihren Platz. Das passt also. Gedanke Vier treibt mir ebenfalls keinen Angstschweiß auf die Stirn. Der verheißt eine teure Prignitz. Die wäre mir mit Sicherheit untergekommen, hätte ich eine durchgängige Wanderung unternommen, und dafür jeden Abend eine entsprechende Unterbringung in Anspruch genommen. Dazu käme noch die tägliche Verpflegung. Da ich jede Wanderung von zu Hause aus beginne, und am Ende wieder dort eintrudel, werde ich mit Sicherheit keine Pleite in einem fremden Quartier erleben, das mir den letzten Cent aus der Tasche zieht. Das hätte sich alles summiert, und da reichen die Ausgaben für eine längere Wanderung fast schon an einen viertägigen Billigurlaub im Ausland heran. Mit meinen einzelnen Tageswanderungen bleibt mir das zum Glück erspart. Home sweet Home.

Steht eigentlich nur noch die Frage im Raum, ob die Gedanken Theodor Fontanes diesbezüglich heute weiter aktuell sind. Dazu muss man als Leser verstehen, in welch zeitlichem Umfeld Fontane die Gedanken aufgeschrieben hat. Dann erklärt sich die Antwort meist von ganz allein. Mir selbst haben sie leider nicht viel geholfen. Ich habe mir keine Hoffnung mehr gemacht, noch irgend etwas brauchbares für meine Wanderungen zu finden. Die Idee meiner Prignitzer Wanderung bedarf also einer anderen Herangehensweise.

Die Prignitz besitzt mit ihrer zentralen Lage auf halber Strecke zwischen Berlin und Hamburg zwar gute geografische Voraussetzungen für ein kleines literarisches Werk, sie muss nur erst einmal in ihrer Vielfalt erkundet werden. Besuche in Herrenhäusern, wie sie Fontane gern unternahm, kommen aus geschichtlichen Gründen für mich logischerweise nicht mehr in Frage. Ich muss mich also mehr um Land und Leute kümmern, wenn ich ein paar Zeilen zu Papier bringen will. Meine Planungen gehen ein wenig d'accord mit denen Fontanes. Seinem Stande entsprechend reiste er in die meisten Gegenden seiner Wanderungen mit einem fahrbaren Untersatz. Eindrücke von unterwegs entstehen so eher aus der Sicht eines Durchreisenden, die er erst in gemütlichen Gesprächsrunden und Wanderungen vor Ort vertieft. Ich habe keine Ahnung, wo ich mich einquartieren sollte, um solch erheiternde Begegnungen zu erhalten. Wahrscheinlich bleiben diese bei mir auf spontane Gespräche begrenzt, die sich unterwegs ergeben. Ich lass mich da überraschen. An Hand der Rad-Wanderkarte von der Tourismusbörse beginne ich mir die Touren auszusuchen, die stets einen gemeinsamen Start- und Zielort haben. Ich versuche dabei, trotz dieser Karte, meine Wege hauptsächlich abseits großer Straßen zu finden. Es ist ein bisschen das Suchen nach der Nadel im Heuhaufen, denn eine Landkarte sagt schließlich nichts über die tatsächlichen Verhältnisse vor Ort aus, aber das kenne ich schon aus Thüringen. Suchen, finden, irren und neu suchen sind da völlig normal. Des weiteren ermöglichen mir diese abgeschlossenen Runden, wetterunabhängige Eintageswanderungen zu planen, die ich nicht gleich hintereinander absolvieren muss, und die trotzdem fast alle Regionen der Prignitz abdecken. So entstehen Stück für Stück meine Wanderideen, die ganz grob zwischen zehn und dreißig Kilometern am Tag lang sein werden, ohne das ich dafür extra noch einen Gasthof, oder eine Pension für eine Übernachtung benötige. Ich bin jeden Abend wieder zu Hause, was auch meiner Frau im Gegensatz zu meinen sonstigen Wanderungen gut gefällt. Auch muss ich nicht ganz allein wandern, denn es gesellt sich hier in der Prignitz unser Hund dazu, der mich mit viel Freude begleiten wird. Jedenfalls die meisten Touren.

Wenn ein neues zu Hause in den Lebensmittelpunkt rückt, dann ist damit häufig auch ein Ortswechsel verbunden. Je nachdem, wo man sich nieder lässt, entwickelt sich ein gewisses geschichtliches Interesse an Land und Leuten. Hier in Brandenburg scheint die oft vorgenommene Gleichschaltung mit dem alten preußischen Reich ein etwas einfacheres Geschichtsbild zu vermitteln als in Thüringen, wo gefühlt jedes kleine Nest ein eigener Staat war. Da ist es bei der Einarbeitung historischer Ereignisse in meine Thüringer Geschichten nicht immer einfach. Über den Landstrich der Prignitz rund um meinen neuen Lebensmittelpunkt selbst habe ich kurz nach dem Umzug meine ersten Kenntnisse gewonnen. Groß Welle gehört in dieser Zeit zum Kreis Kyritz im Bezirk

Potsdam. Die paar Häuser von Klein Welle dagegen, Luftlinie zwei Kilometer westlich gelegen, gehören zum Kreis Perleberg im Bezirk Rostock. In der mir zu Ohren gekommenen Diskussion um die künftigen Verwaltungsstrukturen neuer Landkreise spielen plötzlich eine West-Prignitz und eine Ost-Prignitz eine tragende Rolle. Die Frage lautet nun:
Können sich Jahrzehnte lang getrennte, aber ehemals historisch gemeinsam gewachsene Landstriche, wieder in ihren alten Grenzen vereinen?
Die Chance ist da. Wie so oft, setzt sich zum Schluss jedoch der Eigensinn lokaler Politiker durch, lieber ihr eigenes kleines Machtrefugium zu sichern, als dem Großen zu folgen, und die Prignitz wieder zu vereinen. Selbst das lange zur Prignitz gehörende Havelberg wurde 1952 Magdeburg zugeschoben. Ein Rückkehrbegehren 1990 scheiterte. Kyritz als ehemalige zentrale Kreisstadt der Prignitz verliert ihren Status, dazu gar noch einen großen Teil ihrer Fläche, und muss sich dem Ruppiner Neuruppin anschließen, während in der West-Prignitz Perleberg gegenüber Wittenberge das Rennen um die Kreisstadt macht, und sich zur „Hauptstadt" der Prignitz aufschwingt. Unser kleines Groß Welle wandert, trotz jahrzehntelanger Zugehörigkeit zu Kyritz, inklusive vieler persönlicher und beruflicher Verbindungen, fortan nach Perleberg. Während sich Neuruppin mit dem Zuwachs des Kyritzer Territoriums stabil entwickelt, gehört die Prignitz in den folgenden Jahren nicht gerade zu den Gewinnern, auch wenn sie sich wirtschaftlich etwas erholt hat. Der Einwohnerverlust dagegen macht schon etwas Angst. Ich halte an meiner Meinung fest, dass eine gemeinsame Prignitz aus West und Ost für alle die perspektivisch bessere Lösung gewesen wäre. Groß genug, um im Land Brandenburg ein gewichtiges Wort mitreden zu können. Das Problem ist nur; wer verzichtet dabei freiwillig auf seine politischen Privilegien? Daran wird es wohl scheitern.

Die Historie der Prignitz reicht sehr weit zurück. Aus ihrer ganz frühen Zeit gibt es nicht sehr viele Dokumente. Erst Stück für Stück setzen sich die einzelnen Teile zu einem Gesamtbild zusammen. Einen nicht unerheblichen Anteil daran haben die Wenden. Die Wenden, ein alter slawischer Stamm, eroberten bis zum 12. Jahrhundert große Teile der Prignitz. Erst mit seinen Kreuzzügen gegen sie brachte Albrecht der Bär, von Kaiser Lothar mit großen Teilen der Nordmark beschenkt, vor allem die Region östlich der Elbe unter eine deutsche Herrschaft. Bauern besiedelten das Land, und Adlige erhielten es als Lehen. So kamen aus der Altmark etliche alte Adelsgeschlechter wie die Edlen Herren zu Gans in den Norden. Der Dom zu Havelberg gelangte zu Macht und Einfluss. Alle zusammen nahmen das Land in Besitz und bearbeiteten es. Sie legten die Dörfer in den Strukturen an, wie sie heute noch vorzufinden sind. Politische und militärische Stärke der Prignitz, einem der Kernländer der Mark, gehören schon bei der Herausbildung und Entwicklung der Mark Brandenburg zu ihren Kernkompetenzen. Die Mark reichte am Anfang des 14. Jahrhundert von der Altmark bis ins heutige Polen hinein. Zur Mark im Heiligen Römischen Reich gehören die Altmark auf der westlichen Elbseite, die Neumark östlich der Oder, Teile der Niederlausitz und die Mittelmark zwischen Elbe und Oder, die das Hauptgebiet der Marktgrafschaft bildet. Bedeutende Prignitzer Städte wie Havelberg, Perleberg oder Wittstock zeigen ihre Stärke mit Stadtmauer, Burg, Markt und Kirche. Durch die verschiedensten politischen Entwicklungen folgt der Zusammenschluss der bis dato mehr oder weniger getrennten Teile der Mark zu einem einheitlichen Gebilde namens Kurfürstentum Brandenburg. Vor dem Beginn des Dreißigjährigen Krieges 1618 hatte sich das Territorium der Mark in seinen Grenzen weitestgehend gefestigt. Es bildete eine geschlossene Region, die aber noch ein paar Landstriche des heutigen Brandenburg ausklammerte. Die Brandenburger Kurfürsten regieren noch über das Herzogtum Preußen. Der Geschichtsverlauf führte zu weiteren Entwicklungen, die sich vereinfacht vielleicht wie folgt darstellen lassen:

Mit Beginn des Dreißigjährigen Krieges ab 1618 regieren die Brandenburgischen Kurfürsten das Herzogtum Preußen im Osten mit, bevor mit der Königskrönung von Friedrich III. von Brandenburg zu Friedrich I. zu Preußen im 18. Jahrhundert aus beiden der Staat Preußen unter der Herrschaft der Hohenzollern erwächst, der für die nachfolgenden Generationen mitbestimmend in der europäischen Geschichte ist. Preußen existierte bis dahin nur im Nordosten des heutigen Polen. Die Geschichte danach ist von vielen Kriegen und Besatzungen geprägt, doch trotz aller Widerstände bleibt die Preußische Monarchie auf der europäische Bühne präsent. Der Wiener Kongress im Ergebnis der napoleonischen Niederlagen ordnet zwar neben Preußen gleich die gesamte Europakarte neu mit, doch es besteht in neuen Grenzen weiter. Für das Land kommt jetzt eine Zeit vielfältiger Änderungen. Neben der immer einflussreicher werdenden Stadt Berlin in der Mitte Preußens, entwickeln sich in der Mark kleinere Städte, in denen die territorialen Verwaltungen auf dem weiten Land das Sagen haben. Die Unterschiede zwischen Stadt und Land treten immer offener zu Tage. Auch der Staat Preußen grenzt durch administrative Regelungen beide immer weiter voneinander ab, was dazu führt, dass sich auf dem Land neue Machtverhältnisse herausbilden, deren Erbe, sofern noch erhalten, prägend für das Antlitz der Dörfer und Städte im heutigen Brandenburg ist. Wer trifft hier nicht alles aufeinander? Landadel auf Bauern, Rittergüter auf Gutshöfe, Klosterstifte auf christliche Orden, und natürlich die Handwerker, die eigentlich dem städtischen Bereich zugehörig sind, aber auf dem Dorf als Bauern gelten. Auch die Formen und Strukturen der Ansiedelungen unterscheiden sich in gewissem Maße. Die Städte entwickeln sich von ihren zentralen Kreuzungspunkten rund um Marktplatz und Kirche nach außen, und werden häufig von einer Stadtmauer umschlossen. Ihr weiterer Ausbau erfolgt durch den zunehmenden Bevölkerungszuwachs entlang wichtiger Ausfallstraßen. Der Landadel beherrscht die Prignitz mit seinen unterschiedlichen Dorfformen. Es finden sich Haufen-Dörfer,

Rundlinge, Straßen-Dörfer oder Anger-Dörfer. Auch die dörflichen Kirchen offenbaren eine bauliche Vielfalt in ihrem Aussehen. Feldsteinkirchen, Fachwerkgotteshäuser oder Kirchen aus Ziegelsteinen sind ebenso vertreten, wie solche mit Kirchturm, und solche ohne. Darüber hinaus wird man überrascht von unerwarteten Sehenswürdigkeiten. Da kann schon mal ein Schloss, ein Gutshaus, ein Rittergut oder eine ehemalige Mühle vor einem auftauchen. Beim Wort Schloss muss die Erwartung immer ein wenig gedämpft werden. Wer Neu-Schwanstein oder Schloss Hohenzollern erhofft, der wird enttäuscht. Meistens handelt es sich um repräsentative Guts- oder Herrenhäuser. Je nach Größe kann Schloss schon möglich sein, trifft bei den meisten allerdings nicht zu. Viele der Gutshäuser sind tatsächlich von Gutsherren bewohnt gewesen, doch haben sich im Laufe der Zeit auch Mitglieder des Bürgertums aus den Städten repräsentative Häuser auf dem Land errichten lassen, um dem städtischen Trubel etwas zu entfliehen. Ein Gutshaus im üblichen Sinne dient Landadligen und Gutsherren als Sitz, um von hier aus insbesondere das Gut wirtschaftlich zu leiten, aber auch um in der Region etwas darzustellen. Die Herren sind Eigentümer von Grund und Boden sowie den dazugehörigen notwendigen Gebäuden. Die meisten Bauern des Dorfes dienen dem Gutsherren auf Acker und Feld - bis zum Ende des 2. Weltkrieges. Dann folgt die Enteignung ihres Besitzes, und mit ihr der Verlust eines großen Teiles ihrer kulturgeschichtlichen Sammlungen und Bestände. Pläne, Akten und andere Quellen über die Geschichte der Gutshäuser gehen in Flammen auf, werden geplündert, oder gehen in den Nachkriegswirren verloren. Eigentümer fliehen in die westlichen Besatzungszonen, oder werden Opfer von Übergriffen der Sowjetarmee. Geblieben sind die Dörfer. Ihre Formen sind vielfältiger Gestalt. Das Haufendorf als unplanmäßig angelegte Siedlung macht seinem Namen alle Ehre. Wie ein bunter verstreuter Haufen stehen die Höfe kreuz und quer. Im Kontrast dazu steht das Kompaktdorf, wo sich die Grundstücke auf Grund der Platzverhältnisse eng aneinander schmiegen. Das ist in den Weiten der Prignitz nicht zu finden. Anders sieht es da schon mit den Straßendörfern aus. Hier stehen die Häuser meist rechts und links der Straße, und hinter ihnen verbergen sich die Grundstücke und Gärten der Besitzer. Ein zentraler gemeinschaftlicher Platz, mit einem häufig vorhandenen kleinen Teich, oder einer Kirche, um den die Häuser liegen, bildet die Grundlage für die Angerdörfer. Eine spezielle Form von ihnen ist das Straßenangerdorf. Es ist eine Mischung aus Straßen- und Angerdorf. Sein Merkmal ist die verbreiterte Straßenführung, in deren Mitte sich manchmal ein schmaler Grünstreifen befindet. Beim Runddorf, oder Rundling, dagegen sind die Höfe in einer Art Sternenkranz vom Zentrum weg ausgerichtet. Gerade rechts und links der Elbe im Gebiet der Prignitz ist diese Form häufig anzutreffen. Der Ursprung der Straßendörfer sind die Reihendörfer. Entstanden parallel entlang von Gräben oder Deichen, konnten sie sich später durchaus zu Straßendörfern entwickeln.

Aber zurück zur Mark, Kurmark und Preußen. Es scheint ganz offensichtlich bei Betrachtung der ehemaligen Gebiete mit den jetzigen Landesgrenzen, dass das heutige Brandenburg nicht mit den ursprünglichen Grenzen der Mark übereinstimmt. Deshalb wage ich mir auch ganz ungeniert, etwas an Theodor Fontanes Denkmalsockel zu rütteln. Wer zum einen einen wichtigen Teil der Entstehungsgeschichte der Mark in seinem Hauptwerk über die Mark außen vor lässt, der sollte nicht für sich in Anspruch nehmen dürfen, in der Mark unterwegs gewesen zu sein. Da gehört dann schon die Prignitz mit hinein. Wer zum anderen die Entstehungsgeschichte der Mark nur auf ein oder zwei historischen Ereignissen aufbaut, der blendet bewusst, oder unbewusst, die gesamte Bandbreite der Brandenburger Historie aus. Heute wird diese Unterlassung in Fachkreisen gern als Gründungsmythos bezeichnet. Egal wie man es nennt, ich finde es einfach schade, dass sich Theodor Fontane nicht genau so um die Prignitz bemüht hat, wie über die anderen märkischen Regionen. Dabei gibt es hier, genau so wie an anderen Stellen, interessante Entdeckungsmöglichkeiten, auch wenn sie womöglich nicht so groß ausfallen. Meinen Thüringer Vorwanderer August Trinius kann ich an dieser Stelle ausnehmen. Viele Jahre hat er in Berlin gewohnt und gearbeitet. Zeitlich, örtlich und persönlich haben sich die Wege von August Trinius, dem Wanderer, und Theodor Fontane, dem Reisenden, in der Mark gekreuzt, wie es Konrad Müller in seinem Buch Die Mark Brandenburg beschrieben hat.

Während sich in seinen schriftstellerischen Arbeiten Theodor Fontane mit seinen Wanderungen durch die Mark Brandenburg in den Nordwesten begab, bevorzugte August Trinius bei seinen Märkischen Streifzügen eher den Südosten. Beide versuchten also, dem Leser die Mark nahe zu bringen. Mit unterschiedlichen Erfolgen. Die Werke von August Trinius über die Mark sind heute nur ausgesuchten Liebhabern ein Begriff. Er hatte nicht die Absicht, ein umfangreiches literarisches Werk über die Mark zu hinterlassen. Seine Streifzüge entstanden neben der vorwiegend buchhalterischen Arbeit zuerst als Artikel für die Leser Berliner Zeitungen, bevor er später nach Thüringen zog, um sich fortan als Wanderbuchautor in seinen Büchern mit diesem Landstrich zu beschäftigen. Ähnlich verlief auch Theodor Fontanes Weg, der sich vom Apothekerberuf lossagte und danach als Journalist tätig war. Erfolg und Anerkennung erwirbt er sich durch Romane und seine Wanderungen. Das kann und darf kein Kriterium dafür sein, einen ganzen Landstrich einfach zu übergehen, auch wenn er weit entfernt vom Zentrum des Landes liegt. Im übrigen bewertet jeder selbst, welche Bedeutung er einer Geschichte zuordnet. Was mir auf meinen Wanderungen gefällt, müssen andere noch lange nicht gutheißen. Ich biete sie nur an. Das ist mein Recht als Buchautor. Darum folgen sie mir ohne Voreingenommenheit auf meinen Wanderungen durch den Landstrich der Prignitz, den Theodor Fontane bei seinen Wanderungen außen vor gelassen hat, und lassen sie sich entführen in die Dörfer, Städte und Landstriche dieser Region im äußersten Nordwesten des heutigen Brandenburg, einer der Keimzellen dieses Landes.

02 Zwischen Renaissance und Straßendorf

Demerthin, Gumtow, Bärensprung, Dannenwalde, Döllen, Krams, Beckenthin, Kunow, Groß Welle

Ich kann es schon vorweg nehmen. Es ist meine erste Tour auf dem Weg durch die Prignitz, und sie wird die längste und heißeste aller noch folgenden werden. Wer in der Prignitz wandern will, der muss flexibel sein bei seinen Planungen, und kreativ die Vorbereitungen angehen. Die Wege vom östlichsten Zipfel bis hinauf in den letzten Winkel kurz vor der mecklenburgischen Landesgrenze sind lang. Auf öffentliche Verkehrsmittel ist in den seltensten Fällen Verlass. Zu dünn und unflexibel ist das Netz der Busverbindungen. Zum Glück nimmt mich meine Frau an diesem Morgen auf ihrem Weg zur Arbeit im Auto mit. Demerthin ist der letzte Ort an der B5 auf Prignitzer Boden, der ehemaligen Poststraße Berlin-Hamburg, kurz vor der Kreisgrenze zu Ostprignitz-Ruppin. Der Teil Demerthins, der um den Friedensplatz liegt, gehört zur Kategorie ehemaliges Slawisches Rundlingsdorf. Hier sind in unmittelbarer Nähe des Dorfangers eine spätgotische Kirche und ein Renaissance-Schloss zu finden. Die Saalkirche, aus Feldsteinmauerwerk errichtet, stammt aus dem 14. Jahrhundert. Der rechteckige Turm wurde später angebaut und hat zwei Stufengiebel am oberen Ende. Nach vielen Jahren bekommt die Kirche nun auch das längst notwendige neue Dach. Das sieht leider am eigentlich schönen Schloss ein paar Meter weiter nicht so gut aus. Seit der Wende steht es immer wieder im Mittelpunkt von Diskussionen, welchem Zweck es perspektivisch dienen soll. Das Grundproblem ist die Finanzierung. Die kleine Gemeinde Gumtow ist der Eigentümer, und mit dem Schloss völlig überfordert. Es gab schon viele Konzepte über die Nutzung. Auch aktuell wird mal wieder Geld in die Hand genommen, wahrscheinlich umsonst, um eine Machbarkeitsstudie zu erstellen. Alle Jahre wieder gibt es ähnliche Aktivitäten, die meist mit der Konsequenz enden, dass alle Ideen immer zu teuer, und nicht umsetzbar sind. Meiner Meinung nach bleibt das alles nur ein Wunsch, so lange es sich in Gemeindeeigentum befindet. Am Anfang sollte mal die Verwaltung selbst

Detail am Schloss Demerthin

einziehen. Zu viel Aufwand, und damit zu teuer. Dann wurde das ganze Objekt verpachtet, aber die Vorstellungen des Pächters entsprachen weder dem Denkmalschutz noch den Ideen der Gemeinde. Überhaupt Denkmalschutz. Der liegt mit der Gemeinde fast immer im Clinch wegen der nötigen Gelder. Vor vielen Jahren erfolgte einmal eine Fassadenauffrischung und die Einrichtung eines kleinen Museums, aber deren Wirksamkeit verpufft zusehends. Schäden an Dach und Schornsteinen tun ihr übriges, um den baulichen Zustand zu verschlechtern. Dabei ist es wirklich ein toller Anblick, wenn man von der Kirche kommend, über den Schlossplatz geht und auf die Schlossfront schaut. Unter dem hoch aufragendem sechseckigen Treppenturm in der Mitte des quadratischen, dreigeschossigen Renaissanceschlosses mit seinen Zwerchgiebeldächern, bildet die bunte Eichentür mit Ornamenten, Sitzsteinen und dem Wappen im romanischen Portal einen wahren Blickfang. Bekannt sind die Familie von Platen, denen ein Rittergut gehörte, und die märkische Adelsfamilie von Klitzing. Letztere

Südostseite von Schloss Demerthin

wurden schon im 13. Jahrhundert genannt. Friedrich II. vermacht das bestehende Herrenhaus als Lehen 1468 an die von Klitzing, die es ab dem 16. Jahrhundert zu einem Renaissanceschloss ausbauen, das seit 1604 in seiner heutigen Form hier steht. Erbauen lässt es Katharina von Oppen, die Frau von Andreas von Klitzing, der ihr die finanziellen Möglichkeiten dafür nach seinem Tod hinterlässt. Zum Schloss gehört ein kleiner Schlosspark mit einigen sehr alten Baumbeständen. Leider ist die Parkanlage seit der Enteignung 1945 in einen Dornröschenschlaf gefallen und als solcher nur schwerlich zu erkennen. Es wäre Demerthin und der Gemeindeverwaltung zu wünschen, dass diesem schönen Schloss endlich die erforderliche notwendige Aufmerksamkeit zuteil wird, damit es aus seinem Dornröschenschlaf erweckt wird, und die Arbeit der freiwilligen Interessengruppe nicht umsonst ist.

Mein Weg hinüber nach Gumtow führt mich auf dem Fahrradweg entlang der B5, weil er der kürzeste ist, und ich mich bei Karin und Eckhard Zempel in der alten Schmiede, die sie zu einem Wohnhaus umgebaut haben, zum Frühstück eingeladen habe. Wer Muße hat, der kann allerdings auch den Feldweg, der nördlich aus Demerthin herausführt, als Alternative für seinen Gang benutzen. Gesäumt von alten Bäumen, lässt es sich hier entspannt wandern. Der Radweg dagegen ist etwas lauter und hektischer durch die gleich nebenan vorbei rauschenden Autos und Lkw`s, dafür mit seiner Asphaltdecke glatt und hindernisfrei. Hinter dem Ortsausgangsschild von Demerthin werfe ich nochmals einen Blick zurück, wo sich ein Teil des Schlosses zwischen Baumkronen abzeichnet. Leider stört ein alter Schornstein, der sich direkt davor breit macht, diesen bezaubernden Ausblick. Mein Blick geht deshalb wieder voraus. Bevor ich zum Frühstück antrete, statte ich der Kirche noch einen kurzen Besuch ab. Auch in Gumtow ist der in ihrem Ursprung aus dem 13. Jahrhundert stammende Sakralbau aus Feldsteinen mit einem Querturm erbaut. Jetzt, noch früh im Jahr, zeigt die Weide an der Straßenseite hinter den beiden kleinen Denkmälern schon ihr zartes Blattgrün. Pünktlich zur avisierten Zeit schlage ich an der alten Schmiede auf. Familie Zempel hat über viele Jahre hier in einer Art Kunstschmiede die unterschiedlichsten kulturellen Veranstaltungen organisiert und durchgeführt. Darüber hinaus engagiert sich Eckhard Zempel seit vielen Jahren mit verschiedenen Initiativen für das Demerthiner Schloss. Ich finde es hier drin bei ihnen neben der großzügigen Gestaltung ganz toll, dass sie die Stelle, an der in Zeiten der Schmiede die Esse an der Wand entlang führte, so gelassen haben, wie sie einmal war. Schwarz und Grau. Bei einer Tasse Tee und etwas zu essen, plaudern wir über mein heutiges Vorhaben. Im Garten hinter dem Haus beginnen sich die ersten Frühlingsanzeichen zu zeigen. Sie wünschen mir zum Abschied gutes Gelingen und ich mach mich wieder auf den Weg. Am funktionalen, aber hässlichen grauen Flachbau der Verwaltung vorbei, verlasse ich Gumtow hinüber in Richtung Bärensprung.

Vor Jahren bin ich diesen Weg einmal mit dem Auto gefahren, aber das war bei den Wegverhältnissen für die Räder kein wahres Vergnügen. Heute zu Fuß weiß ich, was mich erwartet, und ich freue mich darauf. Unter einer Baumallee mit aus Feldsteinen belegten Fahrspuren geht es leicht den Berg hoch zu einem Waldstreifen, hinter dem sich eine Art Hochebene ausbreitet. Ich komme mir vor wie auf einer einsamen Insel. Keine Straßen- oder sonstige Geräusche. Es ist sehr trocken, und so sieht es aus wie in einer Steppenlandschaft. Kleine Sträucher und viel trockenes Gras bedecken die Hochfläche. Wo ich damals nicht nur rechts, sondern auch links weit schauen konnte, hat jemand in der Zwischenzeit die ganze Fläche mit schlanken Bäumen angepflanzt, die nach ihrer Höhe zu urteilen, schon etwas länger stehen dürften. Nach einer kleinen Welle liegt plötzlich das kleine Nest Bärensprung vor mir. In ihm treffen sich die Wege von Zarenthin und Gumtow, um von hier nach Dannenwalde weiterzuführen. Unter den wenigen Häusern im Ort sind zwei recht bemerkenswert. Am Weg, der von oben aus Zarenthin herunter kommt, steht das eine davon, ein Neusiedlerhaus. Es wurde zum Ende der 1920er Jahre gebaut, und besteht aus der damals üblichen Kombination von Wohnung und Stall. Den größten Anteil an der Dorffläche nimmt rechts hinter einer Mauer das andere Gebäude ein, ein Gutshaus mit angrenzendem Park. Leider hat es in den letzten Jahren durch unterschiedliche Benutzer gelitten. Die jetzigen Bewohner bemühen sich wenigstens, die Ansicht von der Einfahrt zum ehemaligen Gutshaus in einem halbwegs ansehnlichen Zustand zu erhalten. Es sah schon wesentlich schlimmer hier aus. Vom Park selbst kann ich nicht viel sehen. Er scheint an den wenigen Stellen, die einsehbar sind, recht verwildert zu sein. Da hatte es ein Gutsbesitzer damals einfacher. Er hatte seine Leute für solche Dinge. Außer zwei großen furchteinflößenden Hunden, die mich noch ein Stück hinter der hohen Mauer und einem anschließenden Drahtzaun entlang der Straße nach Dannenwalde begleiten, kann ich niemand weiter sehen. Ihr dunkles Gebell schallt noch etliche Meter hinter mir her, bevor sie sich wieder anderen Dingen zuwenden. Zum Glück ist die Straße nicht sehr lang, so dass es, trotz ab und zu vorbei kommender Autos, nicht schwerfällt, die Strecke unbeschadet zurückzulegen. Am tiefsten Punkt der Senke fließt die Jäglitz gemächlich dahin. Rechts und links von ihr bilden weite Grünflächen das Dannenwalder Luch. Über einer Anhöhe mit Baumbewuchs ragen in einigen Kilometern die Windräder von Groß Welle hinaus. Es ist dieser Anblick, der in der Prignitz leider immer mehr um sich greift, der Sichtachsen zerstört, und der mir noch unzählige male bei meinen Wanderungen begegnen wird.

Dannenwalde ist ein bunt zusammengewürfelter Haufen in Form eines Kreuzangerdorfes. Der Ortsname verweist in seinem Namen auf eine hier typische Bezeichnung einer Gründung im von Kiefern bewachsenen Gelände hin. Die wesentlichen Dinge scheinen rund um das kleine dörfliche Einkaufszentrum zu geschehen. Man trifft sich hier, redet miteinander, kauft etwas und kehrt wieder heim. Besucher wie ich, finden darin nicht nur ein kleines Eis zur Erfrischung, sondern drum herum noch die Sehenswürdigkeiten des Dorfes, wovon sich zwei gleich gegenüber befinden. Auf dem Gottesacker stehen sich die Feldsteinkirche aus der zweiten Hälfte des 14. Jahrhunderts und eine uralte Linde gegenüber. Im mittelalterlichen Norddeutschland gab es meistens keinen anderen Baustein für größere Bauten als den natürlichen Findling. Backsteine hat man verwendet, um Türen, Fenster oder Schmuckelemente einzufügen. Erst im Jahr 1900 wurde der Kirchturm an Stelle eines Dachreiters aufgesetzt, der abwechselnd mit Backsteinen und Feldsteinen errichtet wurde und fast schon verspielt zum verputzten Kirchenlanghaus wirkt. Wenn man gewohnt ist, dass eine Kirche ein ziemlich langes

Dannenwalder Kirche mit 1000-jähriger Linde

Leben hat, so ist das bei einem Baum nicht immer normal. Ich habe zwischen den Ivenacker Eichen im Norden und der 1000-jährigen Gerichtslinde in Bairoda an der Werra, schon viele alte Bäume gesehen, und sie faszinieren mich immer wieder mit ihrer Ausstrahlung. Auch der hier in Dannenwalde neben der Friedhofsmauer gehört dazu. Sein niedriger Stamm mit der grünen Krone, zeigt die Spuren seines Kampfes gegen die Vergänglichkeit. Aus dicken Wurzeln zieht er seine Kraft, und der hohle Stamm versucht weiterhin, allen Widrigkeiten zu trotzen. Etliche hundert Jahre hat er so schon gemeistert, und bildet mit der Kirche ein Duo, das ergänzt wird durch die Existenz einiger noch vorhandener alter Gräber des alten Friedhofes am Kirchgiebel. Ich habe von hier verschiedene Möglichkeiten, meinen Weg fortzusetzen. Ich weiß, in welche

Richtung ich mich orientieren muss, wenn ich nachher weiter nach Döllen will. Deshalb unternehme ich noch einen kleinen Abstecher in Richtung Norden, vorbei an der ehemaligen Beke-Mühle. hin zum Findlingspark am großen Teich. Hier schaue ich mir die steinernen Überreste aus dem Zeitalter der Eiszeit an, als sie von den Eismassen aus dem Norden unter ihrem Eispanzer hier her geschoben wurden. Es ist nicht spektakulär, aber interessant. Genau so wie der kleine Hügel daneben, auf dem einmal ein Wohnturm gestanden haben soll. Ich arbeite bei meinen Wanderungen im Vorfeld keine detaillierte Wegplanung aus, an die ich mich dann zwanghaft halten muss. Ich weiß, wo ich hin möchte, aber wie, entscheide ich spontan. Das führt schon mal zu Irrgängen, kann dadurch aber auch zu neuen Entdeckungen und Begegnungen führen, die das Wandern zu einem Born neuer Erfahrungen werden lässt. In Dannenwalde erlebe ich beides auf einmal. Ich laufe wieder zur Kirche zurück, und dann die Dorfstraße entlang. Für so ein profanes Ding wie eine Dorfstraße hat sie jedoch einiges zu bieten. Gleich am Beginn steht ein Backsteinbau mit der Jahreszahl 1905 an der Fassade. Es ist das alte Schulgebäude des Dorfes. Rechts und links der Straße stehen sogenannte Kolonistenhäuser aus dem 18. Jahrhundert, mit kleinen Gärtchen davor. König Friedrich II. holte zur Bewirtschaftung des Landes zehntausende Siedler nach Preußen, und das sind ihre Wohnungen, deren Aufteilung ziemlich streng vorgegeben war. Eine Stube, Kammern, die Küche, eine Tenne und ein Stall für Kleinvieh gehörten dazu. Das Areal auf der Nordseite, gleich hinter der Kirche beginnend, gehörte früher alles zum ehemaligen Gutshof. Das eigentliche Gutshaus brannte im letzten Jahrhundert ab. Am Ende der Dorfstraße treffe ich die falsche Entscheidung, und nehme den Weg rechter Hand. Hinter den letzten Häusern erkenne ich, dass mich dieser Weg nach Friedheim führen wird, wo ich nicht hin will. Der Vorteil ist, ich komme so zu den bronzezeitlichen Hügelgräbern, die ich sonst nie gesehen hätte. Ihre Geschichte haben sie schon lange hinter sich. Forscher haben das Geheimnis enträtselt, und äußerlich geben die kleinen Erdhügel keinen Anlass mehr für eine genauere Besichtigung. Der Blick aus der Entfernung auf die bewachsenen Erhebungen reicht mir aus. Ich entdecke einen kleinen Waldweg, der mich vielleicht wieder auf den rechten Pfad führt, und folge diesen. Er führt mich zwar im ersten Augenblick nach Süden, wo ich den Weg nach Döllen jetzt vermute, doch am Ende stehe ich wieder an den letzten Häusern der Dorfstraße. Da ein Sandweg als einziger halbwegs in die Richtung führt, folge ich diesem. Unterhalb eines Hügels führt er mich am Waldrand wunderschön immer am Rand des Luchs entlang. Ein leicht verblasstes Schild am Wegesrand weist darauf hin, dass hier früher einmal ein Torfstecherhaus stand, deren Bewohner den Torf aus dem Luch geholt haben. Links leuchtet das Grün der Luch-Wiesen, und rechts am Hang stehen schöne schlanke, schwarz-weiße Birken. Den ganzen Weg hinüber nach Döllen begleiten mich die Bussarde am blauen Himmel. Zwischen dem noch jungen Grün des Getreides steht ein junger Rehbock, und lässt sich die Triebe schmecken. Ein paar Kraniche machen wie immer Krach während ihrer Rast. Es ist ein idyllischer Ort, um die Ruhe und Schönheit der Prignitz genießen zu können. Viele Gräben durchziehen die ausgedehnte Niederung des Luchs, das ein Produkt der Eiszeit ist. Das es heute landwirtschaftlich nutzbar ist, hat die Region Friedrich dem Großen zu verdanken, der neben dem Oderbruch, dem Havel-Luch und dem Rhin-Luch auch das Dannenwalder Luch entwässern ließ. Mit der Begradigung der Westlichen Jäglitz, die hier im Luch entspringt, und der Beseitigung von Gehölzen, gewann er neue Wirtschaftsflächen. Während auf der Nordseite der Jäglitz die Hänge von Wiesen vor den steiler ausfallenden Hängen geprägt sind, sehen die auf der Südseite etwas flacher aus und sind größtenteils Ackerflächen. Der Weg von der Jäglitz hoch nach Döllen führt auf einem staubigen Feldweg unter Bäumen entlang, denen noch das schützende Blätterdach fehlt. Ein Feldstein als Wegweiser auf einer Weggabelung weist mir den letzten Weg.

Noch ein kleiner Hügel, und dann geht es nach Döllen hinein. Typischer kann ein Straßendorf kaum sein. Von hier oben führt die Dorfstraße sanft bergab in eine Senke, um auf der anderen Seite wieder hinauf zur Bundesstraße zu führen. Rechts und links stehen alte Fachwerkhäuser mit Torbögen und eingeschnitzten Sprüchen. Kurz danach folgt eine Mauer, hinter der sich das ehemalige Gutshaus mit einem kleinen Park erhebt. Das sehr eigenartige Denkmal für die örtlichen Kriegsopfer steht direkt davor. Dieses Monstrum mit zwei stilisierten und überdimensionierten Granaten macht ein wenig Angst im ansonsten ruhigen und beschaulichen Dorf. Lieber wende ich mich auf die andere Seite der Straße. Dort gegenüber führen Stufen den Hang hinauf zur denkmalgeschützten Kirche aus Feldsteinen und Backsteinen aus dem 15. Jahrhundert. Im 19. Jahrhundert ist sie dann in einen neugotischen Stil umgebaut worden. Was mich sehr freut, weil ich es in den Büchern meiner Wanderungen in Thüringen immer wieder kritisiert habe, ist ein kleiner Kasten unten am Anstieg, in dem ein Zettel auf Ansprechpartner verweist, die Besucher anrufen können, wenn sie Eintritt in die Kirche suchen. Das ist genau das, was ich mir vorstelle, wenn Kirchentüren verschlossen sind, aber eine Besichtigung erwünscht ist. Ich kann es verstehen, dass heute kaum noch eine kleine Kirche seine Türen offen lässt, weil die „Bedürfnisse“ mancher Zeitgenossen, sich an Objekten im Inneren der Kirchen zu bedienen, leider ziemlich stark ausgeprägt ist. Ganz profan kann man es auch als „Klauen“ bezeichnen. Da sind verschlossene Türen immer noch der sicherste Schutz, wenn auch nicht zu hundert Prozent, wie Erfahrungen zeigen. Ich weiß, ich hätte diesen Abstecher von Dannenwalde herüber nach Döllen nicht unbedingt tun müssen, denn dadurch wird sich meine Wanderung um einiges in die Länge ziehen, aber der Weg durch das Luch und die Döllener Kirche oben auf dem Berg haben mich gereizt, und letztlich auch nicht enttäuscht. Dummerweise bleibt mir nun nichts anderes übrig, den Weg wieder zurück zu gehen, um mein nächstes Ziel Krams zu erreichen. Ich schleppe mich wieder den Hang hinauf, den ich vor einiger Zeit erst herunter kam. An der Weggabelung, mit dem Feldstein als Orientierungshilfe, entscheide ich mich jetzt allerdings für den linken Feldweg, und nicht den, der mich von Dannenwalde hergeleitet hat, da dieser genau in meine gewünschte Richtung führt. Allerdings nicht sehr weit, denn Meter für Meter auf der Nordseite des Hügels hinunter, verschwindet er immer mehr im Grün der Luchwiesen, bis ich ganz allein und ohne die geringsten Anzeichen eines Weges auf der von Feuchtigkeit durchtränkten Grasfläche stehe. Ich sehe auf der gegenüberliegenden Hangseite den Hauch eines Weges, der in Richtung Krams zu führen scheint. So jedenfalls meine Hoffnung. Also laufe ich, immer wieder kleinen feuchten Flecken ausweichend, zielstrebig in diese Richtung, bis sich mir plötzlich ein breiter Wasserlauf in den Weg stellt. Das muss der Anfang der Karthane sein, die genau so wie die Jäglitz hier im Luch entspringt. Die vielen kleinen Wasserläufe, die sich für einen der beiden Flüsse entscheiden, sorgen dafür, dass die Gräben schon recht früh eine ordentliche Breite erreicht haben. Drei bis Vier Meter dürften es sein, die zu überwinden sind. Das ist mit Weitsprung nicht mehr zu schaffen, zumal noch ein ordentlicher Abhang rechts und links vom Wasserlauf zu sehen ist. Es bleibt mir deshalb nichts anderes übrig, als einen Übergang zu finden, was sich als schwieriges Unterfangen entpuppt. Den ersten Versuch unternehme ich Flussabwärts. Ich laufe etliche Meter und schaue voraus, ob irgendwo eine Brücke zu erkennen ist. Nach jeder Biegung folgt wieder eine Biegung, und irgendwann habe ich keine Hoffnung mehr, einen Übergang zu finden. Ich laufe den ganzen Weg wieder retour. Selbst Flussaufwärts habe ich die Hoffnung schon fast aufgegeben, als sich doch noch ein dickes Betonrohr zeigt, das von Erde überdeckt ist, und über das ich die andere Seite erreichen kann. Die ganze Suche hat wahrscheinlich genau so viel Zeit gekostet, als wenn ich den Weg genommen hätte, von dem ich gekommen bin, und von da abgebogen wäre. So ist das eben, wenn es keine vernünftige

Wanderkarte gibt. Zum Glück gibt es ein Happyend bei meiner Suche. Über einen abgeernteten Acker laufend, erreiche ich den schon von der anderen Seite gesehenen Weg, der sich langsam den Hang hinauf windet. Wieder völlig entspannt nach der ewigen Sucherei folge ich dem sandigen Pfad unter der immer stärker brütenden Sonne. Nach einigen Windungen tauchen im lichten Wald die ersten Häuser von Krams auf. Der Ort liegt eingebettet in einem bewaldetem Gebiet. Ruhe und seine dörfliche Idylle nehmen mich gefangen.

Krams ist eine kleine Ansiedelung, weit entfernt vom Lärm großer Straßen. Ein Schulbus als Zeichen von Leben brummt durch den Ort. Niemand ist zu sehen, und nicht mal ein Hund scheint von meiner Anwesenheit Kenntnis zu nehmen. Das Zentrum des Dorfes bildet eigentlich nur die Verbreiterung der Dorfstraße. Die Häuser und Grundstücke rechts und links stehen weiter auseinander. An deren südlichem Ende vom Anger fallen mir zwei Häuser ins Auge, die in völlig unterschiedlicher Bauweise errichtet sind. Das eine ist ein rotes Backsteinhaus aus dem Jahr 1911, wie die aufgebrachte Zahl im Risalit-Giebel verrät. Es steht freier an seinem Platz, als jenes nebenan. Hinter einem Zaun, und verdeckt von Sträuchern und Bäumen, steht ein hübsches Fachwerkhaus. Die Gefache zwischen den schwarzen Balken sind mit Backsteinen und Fenstern ausgefüllt. Rote Fensterläden geben den letzten optischen Pfiff. Die nebenan stehende Scheune hat ein Künstler in eine Kulturscheune umgebaut, wo in Zeiten außerhalb von Corona Konzerte und Theateraufführungen stattfinden. Auf der westlichen Straßenseite sind noch Teile der alten Gutshofmauer zu finden, in die ein Glockenturm integriert ist. Hinter der Mauer gibt es nichts vorzeigenswertes, was an das Gutshaus erinnert. Das ganze Areal ist kreuz und quer mit Ställen und Gebäuden verbaut. Der Weg am Glockenturm vorbei führt direkt in die alte Parkanlage und den dahinter liegenden ehemaligen Pollo-Bahnhof. An dem einsamen Gebäude in der letzten Kurve am nördlichen Ortsausgang hält schon lange kein Zug mehr. Still und verlassen ruht der Bahnhof vor sich hin. Den gleichen Weg nehme ich wieder zurück zum Dorfanger, um auf der schmalen Landstraße hinüber nach Becken-

Teil der ehemaligen Gutshofmauer in Krams

thin zu gelangen. Kleine Waldstücke wechseln sich mit Ackerflächen ab. Gleich am Ortsausgangsschild, welches mir verrät, dass es genau ein Kilometer bis Beckenthin sind, hat sich in einer flachen Senke Wasser angesammelt. Sumpfdotterblumen haben eine grüne Decke mit gelbem Blütenmuster darüber ausgebreitet und verbreiten eine Atmosphäre des Aufbruchs in den Frühsommer. Vor langer Zeit umgestürzte Bäume, die sich teilweise wie Brücken darüber spannen, vervollständigen das Bild der neu erwachten Jahreszeit.

Nach ein paar hundert Metern entlang der buckeligen Landstraße nutze ich die Möglichkeit, mich mit Luna, meiner Begleiterin, auf ein paar kleineren Rundlingen zu einer Pause niederzulassen. Luna ist eine junge Dame. Eine Hundedame, und meine Begleiterin auf allen noch folgenden Wandertouren durch die Prignitz. Ich habe das Gefühl, dass sie die Pause dringender als ich benötigt. Sie hechelt schon recht ordentlich mit ihrem dicken Fell unter der immer stärker brütenden Nachmittagssonne. Da kommt ihr die Rast sicherlich sehr recht. Mit ein paar Leckerlis und Wasser aus ihrer Flasche richte ich sie wieder auf, so dass wir uns bald wieder auf den Weg machen können. Beckenthin durchschreite ich ohne Aufenthalt, denn außer ein paar schönen Vorgärten hat es nichts sehenswertes zu bieten.

Von hier bis nach Kunow sind es ebenfalls nur wenige Schritte auf der Landstraße, die mich im Zentrum, direkt an der Kirche landen lassen. Sie steht auf dem Anger. Eine niedrige Feldsteinmauer umgibt sie, um die sich wiederum die Dorfstraße windet. Die Kirche und ihr Turm stammen aus dem 13. und 14. Jahrhundert und ist vorwiegend aus Feldsteinen errichtet. Der Querturm auf der Westseite ist der ältere Teil von beiden. Die Krönung innerhalb der Kirche ist ein barocker Kanzelaltar aus dem Jahr 1691. Auf der Nordseite vom Anger stehen ein paar sehr alte niedrige Häuschen, denen es nicht besonders gut geht, die aber einen gewissen Charme ausüben. Besser geht es dagegen dem Haus der ehemaligen Poststation, denn hier befand sich früher eine Station auf der alten Poststrecke von Berlin nach Hamburg. In den letzten Jahren hatte die Gaststätte „Zur Post“ ihr Domizil in den alten Gemäuern, sozusagen der Tradition verpflichtet, bevor sich eine Ziegenkäserei auf dem Grundstück niedergelassen hat. Am anderen Ende der Dorfstraße finden sich ebenfalls Relikte aus alter Zeit, die in Vorzeiten häufig das Dorfleben bestimmten. In Richtung Kyritz steht hinter einem Weiher das graue Gebäude der alten Wassermühle. Seine ursprüngliche Nutzung hat es heute gegen die eines Wohnhauses eingetauscht. Das Gelände könnte einen wundervollen Blickfang abgeben, wenn sein Umfeld etwas besser in Schuss gehalten würde. Leider zeigen Fassade und Umland Anzeichen des steten Verfalls. Lediglich der still ruhende Weiher, auf dessen Wasseroberfläche sich die alte

Mühle spiegelt, vermittelt einen romantischen Eindruck. Etwas besser in Schuss zeigt sich das Haus der alten Schmiede in der entgegengesetzten Richtung. Seine Geschichte nicht verbergend, wird es so schon in Zeiten der Nutzung ausgesehen haben. Große Fenster mit vielen kleinen Glasfeldern lassen auf der Straßenseite reichlich Licht ins Innere. Das Schmiedehandwerk wird zwar nicht mehr ausgeübt, doch dient es weiterhin als Stellplatz für ein paar alte landwirtschaftliche Geräte. Um nach Groß Welle, meinem Ziel, zu kommen, und dabei nicht auf der Bundesstraße laufen zu müssen, nehme ich den Weg zurück durch das Dorf, um zum Plattenweg gegenüber vom Kindergarten zu gelangen. Der ist mir vertraut und wird mich in aller Ruhe nach Hause bringen.

Rechts und links der doppelspurigen Betonplatten machen sich weite Ackerflächen breit, wo ein paar Rehe am frischen Grün knabbern. Auf gut der Hälfte des Weges kreuzt ein Sandweg meine Spur. Die eine Seite führt wieder vor zur Bundesstraße, während die andere Seite nach Norden führt, und in Lindenberg endet. Weder der eine, noch der andere sind für mich relevant. Ich laufe geradeaus weiter, und in einem schmalen Waldstreifen über einen kleinen Hügel hinweg. Am Waldrand auf der anderen Seite liegt heute die fast ständig trockene, sogenannte Postkuhle. Nur nach schweren Regenfällen zeigt sich in der Mitte noch eine kleine Wasserfläche, die allerdings kurz danach wieder verschwunden ist. Vor einigen Jahren war sie sogar noch ein Brutort von Blesshühnern und Wildenten, sowie Lebensraum für einige feuchtigkeitsliebende Bäume, die allerdings schon ziemlich kahl aus dem Wasser ragten, bis ein ehemaliger Einwohner von Groß Welle sie in einem frostigen Winter über der gefrorenen Eisschicht absägte und einfach zu Brennholz verarbeitete. Von da an verschwand Jahr für Jahr immer mehr Wasser, bis eines Tages nichts mehr vorhanden war. Die Wildvögel verschwanden ebenso, und auf dem trockenen Boden wachsen seither nur noch hohe Gräser, Sträucher und kleine Bäumchen. Unsere Großmutter erzählte uns, dass angeblich einmal vor langer Zeit eine Postkutsche hier hinein gefahren sein, und seither dem Weiher den Namen Postkuhle gab. Vielleicht hat sich ein Kutscher der ehemaligen Postlinie mal verfahren, ist vom gerade hier recht kurvigen Weg abgekommen, und dummerweise im Wasser gelandet. Ob etwas wahres daran ist, dürfte nur schwer nachzuweisen sein, auch wenn sie spannend und geheimnisvoll klingt. Nicht mehr so spannend scheint es Luna zu finden, die letzten Meter vor mir oder neben mir herzulaufen. Immer öfter bleibt sie nun hinter mir zurück, und wenn ich mich nicht umdrehen würde, säße sie wahrscheinlich immer noch da. Sie hat einfach keine Lust mehr. Sie legt sich hin und hofft, dass ich es bemerke. Natürlich fällt es mir auf, und so laufe ich die Meter wieder zurück, hocke mich neben sie, gebe ihr etwas zur Aufmunterung, und erkläre ihr, dass es nur noch wenige Schritte bis nach Hause sind. Von diesen Versprechungen scheint sie wohl nicht viel zu halten, denn auf der ganzen Strecke wiederholt sich die gleiche Prozedur noch drei bis viermal, bevor wir endlich Groß Welle erreichen. Es gibt jedoch noch etwas anderes, was der letzte Abschnitt bereit hält. Auf den letzten knapp zwei Kilometern bis nach Groß Welle wird mir bewusst, was ich den ganzen bisherigen Tag, außer dem Stück zwischen Demerthin und Gumtow, für ein Glück gehabt habe. Ich habe große und kleine Vögel in den Sträuchern und Bäumen, sowie weit oben am Firmament, singen und zwitschern gehört. Es gab nur wenig Verkehr abseits der großen Fernstraße. Es begleitete mich eine Wolke der Ruhe, die mir die einfache Schönheit der Prignitz ohne störendes Geräusch erleben ließ. Meine Seele konnte befreit aufatmen. Aber hier und jetzt ist es anders. Die riesigen Windräder, die sich zwischen Wald und Dorf auf beiden Seiten des Weges aufrichten, verursachen mit ihren Flügeln dieses ständige Flubb, Flubb, Flubb, welches in meine Ohren dringt. Ich kann es nicht unbedingt als Krach bezeichnen, aber es nervt übelst. Dieses monoton auf- und abschwellende Geräusch stülpt sich wie eine Mütze über meinen Kopf, dringt in mich ein. Ich mag es nicht, und wenn der Wind so ungünstig steht, dass er diesen Quälgeist in seiner Lautstärke noch befeuert, dann möchte ich am liebsten Kopfhörer aufsetzen, um ihn zu entfliehen. Das kannst du nur nicht, so lange du dich in seiner Nähe aufhältst. Selbst die fünfhundert Meter Abstand, in welcher sich die ersten Windräder vom Dorf befinden, helfen nur bedingt, dieser Dauerberieselung Einhalt zu gebieten. Sie werden mir bei meinen weiteren Touren noch an der einen oder anderen Stelle erneut begegnen. Deshalb waren die letzten Stunden eine reine Wohltat für mich. Zum Glück werde ich solche Momente ebenfalls wieder erleben dürfen.

03 Auf dem Pilgerpfad zur Wasserburg im Wald

Groß Welle, Schrepkow, Klein Leppin, Groß Leppin, Plattenburg, Kletzke

Es ist ein wunderschöner Morgen im Frühsommer. Der blaue Himmel strahlt mit seinen kleinen weißen Wölkchen auf mich und die jungen Getreidehalme auf dem Acker herunter. Die Sonne hat schon an Höhe gewonnen. Es weht ein leichter, jedoch etwas kühler Windhauch um meine Nase. Es ist das perfekte Wetter für meine heutige Wanderung. Ich nehme den Weg am Ortsausgang, vorbei an unserer kleinen Außensiedlung, die zwar eigentlich Kurier heißt, aber von den meisten im Dorf Korea genannt wird, an den summenden Windrädern entlang, und in der Senke auf dem Sandweg, vorbei an einer kleinen Kiesgrube, und rüber über die Bundesstraße. Von hier bis nach Schrepkow stehen ein paar schöne alte Kopfweiden am Weg, die ein wenig die Sicht auf die vielen Windräder rechts von mir einschränken. Aus einem Gebüsch flattert laut gackernd tatsächlich ein Rebhuhn hervor und sucht mit wilden Flügelschlägen das Weite. Es hat wohl um diese Zeit noch nicht mit Besuch gerechnet. Immer wieder kreuzen Ameisenwege meinen Pfad. Ein Imker hat seine grünen Bienenkisten zwischen die Kopfweiden und ein Rapsfeld gestellt.

Sicherheitshalber halte ich etwas Abstand von ihnen und ihren Bewohnern. Auch Luna, die mich wieder begleitet, kommt das

Typische Prignitz - Zwischen Groß Welle und Schrepkow

Summen nicht ganz geheuer vor und zieht es vor, lieber direkt an meiner Seite zu laufen. Schrepkow ist vor lauter Bäumen und Sträuchern, trotz der Nähe, kaum zu sehen. Lediglich das Kirchendach schaut oben heraus. Das erste Erlebnis ist ein Garten gleich links. Ein kleiner Holzzaun umschließt ihn. Hinter einigen Bäumen steht eine alte Scheune. Die Türen und das Tore hängen ziemlich schlaff in ihren Halterungen. Eine etwas neuere Holzbank steht mitten im hohen saftigen Grün des Grases. Es fehlt eigentlich nur noch eine ältere Bäuerin, die darauf sitzen würde, dann wäre das Bild eines idyllischen Gartens perfekt. Auch so sieht es einfach nur schön aus. Schrepkow liegt ähnlich wie Groß Welle langgestreckt von Nord nach Süd, hat jedoch wesentlich mehr schöne Häuser zu bieten, von denen viele sogar unter Denkmalschutz stehen. Das Angerdorf hat neben diesen Höfen seinen Mittelpunkt auf dem verbreiterten Dorfanger, der sich mit Kirche und Gemeindehaus etwas höher als die beiden sie umschließenden Straßen präsentiert. Der Feldsteinbau des Gotteshauses und der Turm stammen aus dem 14. und 15. Jahrhundert. Der Altar wurde im 18. Jahrhundert erbaut. Die hellblau leuchtende Kirchturmuhr zeigt mir an, dass es gerade 9.24 Uhr ist. Die beiden Kastanien vor dem Gemeindehaus stehen mit ihren Dolden voll in weißer Blüte. Ihr zarter süßlicher Duft liegt über der Straße, und kitzelt meine Nase. Der langgestreckte Ort mit seiner Längsstraße hat den Vorteil, das ein Verlaufen kaum möglich ist. Ich laufe einfach durch das Dorf hindurch, betrachte die schicken Häuser rechts und links, und stehe kurze Zeit später am südlichen Dorfende. Da mein nächstes Ziel in fast gerader Richtung südwärts liegt, folge ich einfach dem Weg weiter. Er führt mich abwechselnd unter Baumalleen entlang, und durch kleine Waldstücke hindurch. Die letzten Geräusche kommen von oben herab. Ein paar Lerchen tanzen am Himmel hoch und runter. Dann verschluckt mich der Wald. Der Weg liegt kerzengerade vor mir, so dass ich ganz weit am Ende nur ein kleines helles Loch erkennen kann. Die wenigen weißen Stämme einiger Birken und die der grauen Eichen versuchen sich gegen die Überzahl der braunen Kieferstämme zu behaupten. Das Unterholz ist nur mäßig hoch. Eine schmale Landstraße kreuzt meinen Weg, bevor ich nach wenigen Metern an einem Weiher lande, der aus einem kleinen Wasserüberlauf gespeist wird. Es ist die Karthane, die hier ihren Weg verfolgt, und nebenbei noch etwas praktisches ermöglichte. Gleich gegenüber liegt nämlich die alte Wassermühle von Klein Leppin, die durch einen Abzweig der Karthane angetrieben wurde. Der heutige Anblick der Mühle ist nicht schön. Die neuen Eigentümer des Geländes haben sinnvollerweise zuerst in ihr Haus, das ehemalige Herrenhaus, investiert, sind aber jetzt dabei, sich um die benötigten Gelder für die Erhaltung der Wassermühle zu bemühen. Mal schauen ob es ihnen gelingt. Zu ihrer Blütezeit gehörte die Klein Leppiner Wassermühle mit zu den größten ihrer Art weit und breit. Ihre Ursprünge reichen bis um die Zeit des 16. Jahrhunderts zurück. Eigentümer waren neben dem Bischof von Havelberg die

Familie von Saldern auf der Plattenburg, die sie später an die Familie von Ingersleben weiterverkaufte. Der Mühle ging es in all den Jahrhunderten mal gut, und mal weniger gut. Zur Zeit ist gerade wieder letzteres aktuell. Ganz anders geht es einer Tradition, die schon seit dem 14. Jahrhundert besteht. Noch nicht so in der Größe wie damals, aber die Tendenz in den letzten Jahren ist wieder zunehmend. Sinnbildlich stehe ich nämlich auf historischem Untergrund. Als im Jahre 1383 Wilsnack von Raubrittern gebrandschatzt wurde, betraf es auch die Kirche. Es folgte ein angebliches Wunder, und von da an zogen jährlich bis zu einhunderttausend Pilger aus ganz Europa zur Kirche nach Wilsnack. Aus Berlin kommend, führte der Pilgerweg genau auf dieser Straße hinüber nach Wilsnack. Auch ich werde nun einige der insgesamt einhundertdreißig Kilometer des Pilgerpfades folgen, auch wenn er nicht mehr aus Feldsteinen oder Sand besteht, sondern leider aus Asphalt. Da ich dem heutigen Bad Wilsnack später einen Wanderbesuch abstatten will, werde ich in diesem Kapitel noch etwas zum Pilgerweg kundtun. Wer sich lieber an gegenwärtigen Erlebnissen, und weniger an alter Technik erfreut, dem sei ein Besuch von Klein Leppin ebenfalls empfohlen, denn wie heißt es hier so schön? Ein Dorf macht Oper! Lassen sie sich überraschen.

Leppin heißt auch mein nächstes Ziel. Diesmal jedoch Groß Leppin. Knappe drei Kilometer liegen zwischen den beiden Schwesterdörfern, getrennt durch eine Bundesstraße. Eine geografische Eigenheit haben beide gemeinsam. Sie liegen in einer Senke, die sie von der trennenden Straße, die etwas höher liegt, fast unsichtbar machen. Von hier oben führt der Straßenabschnitt bis kurz vor Ortseingang schön auf einer gleichmäßigen Ebene entlang. Linden stehen diesmal nur auf einer Seite, jedoch mit ihren gleichen Abständen, ihrer gleichen Höhe und ihren einheitlichen Kronenformen ergeben sie ein schönes Fotomotiv. Am Dorfrand fällt die Straße in die Senke ab. Die Straßennamen sind sehr passend gewählt. Da gibt es eine Große und eine Kleine Straße, die passenderweise von der Querstraße verbunden werden. Fast genau in der Mitte des Dorfes zwischen ersteren beiden Straßen steht die Dorfkirche mit dem Kirchenhaus aus Feldsteinen aus dem 14. Jahrhundert. Der Turm auf der Westseite wurde im 15. Jahrhundert hinzugebaut. Ich möchte jedoch nicht unerwähnt lassen, dass die Kirche bis ungefähr Anfang des 17. Jahrhunderts die Grablege der Adelsfamilie von Saldern gewesen ist. Zwei Epitaphe von Familienangehörigen derer von Saldern wurden vor ein paar Jahren von draußen nach innen umgesetzt. Ich lasse sie allerdings links liegen und suche mir einen Weg, der mich zu dem Aussichtsturm bringt, den ich schon oben von der

Blick vom Mühlberg auf Groß Leppin

Zufahrtsstraße aus gesehen habe. Er muss irgendwo rechts oben auf einem Hügel liegen. Und tatsächlich finde ich den richtigen Weg. Am Friedhof vorbei, geht es noch ein paar Meter bergauf, und dann sehe ich ihn auch schon auf einer kleinen Erhebung stehen. Ich nehme die steile Holztreppe und genieße von hier oben einen wunderbaren Rundumblick, der nach Norden sogar recht weit reicht, auch wenn eine Spargelwand aus Windrädern rund um Groß Welle und Schrepkow stört. Auf dem Grün der Äcker haben Traktorreifen ihre Muster hinterlassen. Unter mir sitzt Luna neben einem Rastplatz und wartet darauf, dass ich wieder herunter komme. In Vorzeiten sah es hier oben anders aus. Der Name dieses Hügels ist nicht umsonst Mühlenberg, denn früher errichtete man hier oben Bockwindmühlen, die mit der Wassermühle unten an der Karthane die natürlichen Kräfte nutzten, um Getreide und anderes zu mahlen. Heute erinnert nur optisch der Aussichtsturm ein wenig an eine Mühle, wenn auch ohne Flügel. Im Westen, in relativ kurzer Entfernung ragt der Turm der Plattenburg aus dem Wald. Davor liegt eine weite Ebene mit Wiesen, Kopfweiden und Wasserflächen, die zur Plattenburg gehören. Durch diese Landschaft werde ich nachher dort hin laufen, wo sich jetzt die Turmspitze zeigt. Unter mir haben die Einwohner Groß Leppins früher Sand für ihre Häuser abgebaut, und eine Grube hinterlassen, die heute zu einem kleinen Naturschutzgebiet gehört. Beim Rückweg laufe ich ein paar Schritte dort entlang, kann auf Anhieb jedoch nicht gleich weltbewegendes aus der Pflanzenwelt entdecken. Ich gehe den gleichen Weg wieder zurück, und wäre fast daran vorbeigelaufen. Der neue Friedhof ist zwar nicht zu übersehen, allerdings nicht so spektakulär, wie das, was sich hinter dem Leichenhaus verbirgt. Jetzt, wo im Frühsommer schon das Gras recht hoch gewachsen ist, entdecke ich es nur durch Zufall. Hätte ich nicht ein etwas höheres Kreuz gesehen, wäre mein Blick mit Sicherheit nicht dort hängen geblieben. Meine Neugier ist geweckt. Ich stolpere durch Gras und über alte Äste, und entdecke mit jedem Schritt immer mehr Gräber, die schon seit ewigen Zeiten eingewachsen hier stehen, wie das große Grablege der Familie Schmidt, umschlossen von einem rostigen, aber schönen schmiedeeisernen Zaun, wo der letzte Vertreter 1920 verstorben ist. Oder die bescheidene Steinplatte des Ehepaares Quasebarth, die 1901 und 1904 verstorben sind. Ich bin völlig überwältigt, dass hier noch so viele Grabsteine stehen, und es keine Anzeichen von Zerstörung gibt. Man überlässt sie ein-

fach ihrem Schicksal, was ich diesmal aber positiv sehe, denn wie oft sind schon alte Friedhöfe einfach dem Erdboden gleichgemacht, und die schönen alten Grabsteine auf einen Haufen geworfen worden. Hier dürfen sie ihre Geschichte erzählen.
Ich finde das wundervoll und nehme die Freude mit auf den Weg. Wieder unten im Dorf, überquere ich gegenüber von der alten Gaststätte die Karthane, die hier recht schmal erscheint. Im Wasser wedelt das Grün der Wasserpflanzen hin und her, bevor sie unter einer dichten Brücke aus überhängenden Bäumen meinen Blicken entschwinden. Sie werden mich in gebührendem Abstand parallel zu meinem Weg begleiten. Mein Weg mäandert an Kopfweiden vorbei, und durchschreitet Wiesen. Mit Eintritt in den folgenden Wald verlasse ich den

Alter Friedhof in Groß Leppin

Plattenweg, und schwenke rechts auf einen Waldweg ein, noch nicht wissend, dass dieser mich am Ende zwingt, einen fast zugewachsenen Pfad wie in einem Urwald zu begehen. Interessant ist er trotzdem, da er entlang eines Wasserlaufes führt, in dem das Wasser vor lauter Grünpflanzen fast zu stehen scheint. Erst an der Brücke, die ins Dorf führt, ist auf der einen Seite richtig Bewegung zu erkennen, denn auf der anderen fließt ein Teil über eine neuerrichtete Fischtreppe abwärts. Die Fische können mir ein bisschen leid tun, denn der Fluss selbst ist so mit Wasserpflanzen zugewachsen, dass sie sehen müssen, wie sie überhaupt flussaufwärts bis zur Treppe kommen können. Einen einfacheren Weg finden Pilger auf ihrem Weg, denn die drei symbolischen Bluthostien als Wegmarkierung sind nicht zu übersehen. Auch wenn ich mich jetzt von ihrem Pfad verabschiede, so könnte ich behaupten, auf dem Jakobsweg nach San Compostella unterwegs gewesen zu sein, denn der Pilgerweg nach Bad Wilsnack ist einer von vielen europaweiten Zuwegen, die letztlich alle zum Gesamtsystem Jakobsweg gehören. Für mich steht nicht der Besuch der Kathedralein Santiago auf dem Programm, sondern ein Besuch der Plattenburg. Ich war ja schon öfter hier, denn von Groß Welle über Kletzke hier her ist ein Besuch zu Veranstaltungen kein Problem. Heute komme ich ausnahmsweise einmal von der anderen Seite. Über die sehr schön sanierte Bogenbrücke aus Feldsteinen über einen der Wassergräben nähere ich mich dem Torhaus, und betrete durch dieses den Hof der Burg.

Die Plattenburg wurde im Jahr 1319 zum ersten Mal urkundlich erwähnt. Der Brandenburger Markgraf Waldemar von Brandenburg verkauft sie darin an die Havelberger Bischöfe, die sie über 200 Jahre als Sommerresidenz nutzen. Kurze Zeit später, nachdem sie unter kurfürstliche Verwaltung kam, erhielt sie Mathias von Saldern aus der niedersächsischen Adelsfamilie als erbliches Lehen. Bis zur Enteignung der Familie 1945 war sie in ihrem Besitz. Dann zogen für einige Zeit Flüchtlinge aus dem Osten ein, bevor in Zeiten der DDR ein Ferienlager der Deutschen Reichsbahn hier untergebracht war. Nach 1990 kehrte die Familie von Saldern wieder als Verwalter auf eine der größten Wasserburgen in Norddeutschland zurück. Der rote Backsteinbau fügt sich wunderbar in die wald- und wasserreiche Gegend ein, und besteht aus mehreren Gebäuden. Der Burghof ist nicht vollständig umschlossen. Im Norden führt ein Tor zu den dahinter liegenden Fischteichen und der angeschlossenen Fischgaststätte, wo ich mir später ein

Wassergraben der Plattenburg mit ehemaliger Wassermühle

Fischbrötchen und ein schönes kaltes Bier gönne. Die Plattenburg ist in zwei Bereiche schon allein durch ihre Lage gegliedert. Auf einer Erhöhung befindet sich der Bischofsflügel mit den Zimmern zur Repräsentation und dem angeschlossenen Wohnflügel mit dem neugotischen Backsteinturm, den Stufendachgiebel zieren und den ich von Groß Leppin aus schon gesehen habe. Etwas tiefer gelegen, auf der rechten Seite, die Wirtschaftsgebäude mit der Kapelle, dem Stallgebäude und dem Knappenhaus. Leider gibt es im Moment ein stetes hin und her was den Nutzer der Burg betrifft, so dass die Fortsetzung von Mittelalter-Festspielen, Konzerten, Adventsmärkten oder Himmelfahrtsfeiern stets einer Wundertüte gleicht. Ich wünsche der Gemeinde und der Burg, dass bald wieder dauerhaft Leben in die alten Gemäuer einzieht, und es die schönen Handwerkerleistungen der Steinmetze, Stuckateure und

Zimmerleute wieder ohne Einschränkung zu bestaunen gibt. Mit einem weinenden und lachenden Auge verlasse ich die Burg, und mache mich auf den Weg nach Kletzke. Gleich nach der schon erwähnten Brücke findet sich leider ein weiteres verlassenes Relikt aus besseren Zeiten, auch wenn diese noch weiter zurück liegen als die der Burg. Es ist eine ehemalige Wassermühle, die ihre letzte Nutzung als Gaststätte hatte. Die ist nur auch schon ein paar Jahrzehnte her, so dass der Verfall ungleich stärker zu erleben ist. Mit tun jedes mal die Augen weh, wenn ich sehe, wie dieses herrliche Fleckchen im übertragenen Sinne den Bach runter geht. Diese romantische Terrasse und großen schattenspendenden Bäumen. Das schöne Wasserrad aus Holz, auf dem sich schon das grüne Moos breit gemacht hat. Wie schön wäre es, hier im Sommer zu sitzen, dem plätschern des Wasserrades zu lauschen und nebenbei etwas zu essen oder zu trinken? Es hilft nur Phantasie, um diesen Traum wahr werden zu lassen. Auf der langen gepflasterten Straße verlasse ich die Plattenburg, und biege hinter der Karthane-Brücke nach rechts auf den Waldweg ab. Von nun an geht es auf weichem Waldboden und ganz bequem vorwärts. Es riecht nach trockenen Pilzen und nassem Laub, obwohl es nicht geregnet hat. Auf dem Weg liegen haufenweise kleine Kieferzapfen, die unter den Wanderschuhen mit lautem knacken zerbersten. Den Weg zwischen der Plattenburg und Kletzke kann niemand verfehlen, wenn er immer auf dem Gehweg bleibt, der vom Fahrweg etwas abgegrenzt ist. Wer sich an einer kleinen Wanderhütte an einer Wegkreuzung verläuft, gelangt entweder wieder nach Groß Leppin, oder nach Zernikow. Dann wird es nichts mit der geplanten Runde. Durch Kletzke hindurch geht es kurz vor der Tankstelle rechts aus dem Ort hinaus, und ab da gemütlich über den neuen Radweg nach Groß Welle, wo meine Tour zu Ende geht. Es war ein interessanter Tag mit Schritten auf dem Jakobsweg, einem der größten Pilgerwege Europas, und es gab die Begegnung mit einer der größten Wasserburgen in Norddeutschland. Beide sind mit viel Geschichte behaftet. Wie sagte das ältere Ehepaar aus Düsseldorf, die ich mit ihren Elektrofahrrädern in der Fischgaststätte auf der Plattenburg traf, und mit denen ich mich unterhielt?: „Es ist alles so schön ruhig hier!“ Dem hätte ich nichts hinzuzufügen.

04 Vom Mittelalter zum Barock

Bad Wilsnack, Grube

Das heutige Bad Wilsnack hat, wie schon bemerkt, eine bedeutende Vergangenheit, die weit über 500 Jahre zurück reicht. Eines Tages fiel Raubritter Heinich von Bülow über das damalige Dorf Wilsnack her und brannte es nieder. Auch die Kirche fiel seiner Wut zum Opfer. Als sich ein gewisser Pfarrer Johannes Cabbuez in den Trümmern umsah, fand er darin blutbefleckte Hostien, die den Brand überstanden haben. Ob es nur rote Flecken oder wirklich Blut war, bleibt ein ewiges Geheimnis, das später zu Gunsten vom Blut interpretiert wurde. Papst Urban VI. ermöglichte Wilsnack dank eines Ablassbriefes den Wiederaufbau der Kirche, die den Namen St. Nikolai erhielt und als Wallfahrtskirche durch die aufgefundenen Hostien große überregionale Bekanntheit erlangte. Menschen eines jeden Standes zog es jetzt Jahr für Jahr hier her nach Wilsnack, um Heilung oder Vergebung für alle möglichen Dinge zu erhalten, und sorgten für eine immer größere Popularität, die Wilsnack zu einem der größten europäischen Wallfahrtsziele des Mittelalters machte. Das Geld aus dem Handel mit den Ablassbriefen brachte Wilsnack Reichtum, und eben eine neue Kirche ein, die als gotische Hallenkirche mit wertvollen Ausstattungen aufwartet, deren Besichtigung bei einem Besuch im Ort unbedingt auf der Liste der sehenswerten Orte stehen sollte. Auf einer großen alten Landkarte, die ich im Schloss Wilhelmsburg in Schmalkalden während meiner Werra-Wanderung gesehen habe, welche die damaligen Regionen und Pilgerziele zeigte, war auch recht auffällig der Ort Wilsnack aufgemalt und verdeutlicht die besondere Bedeutung von Wilsnack in dieser Zeit. Nicht nur in Wilsnack blühte der Handel mit diesen Ablassbriefen. Überall, wo das Wissen nicht ausreichte, um die wahren Hintergründe zu verstehen, brachte genau diese Gutgläubigkeit der Kirche großen Reichtum ein. Selbst wenn ein Ort keine sogenannte Reliquie besaß, so pilgerten viele Menschen an diese Stätten, in der Hoffnung, für ihre Probleme dort eine Lösung zu erhalten. Da wurden dann auch schon mal Furten oder Brücken, die auf dem Weg lagen, für Abgaben herangezogen, wie die an der Kapellenbrücke bei Obermaßfeld-Grimmental im Werra-Tal bei Meiningen. Geholfen hat der Besuch den Hilfesuchenden jedoch nicht. Erst die Reformation beendete in großen Teilen diese Gelddruckmaschine, und brachte in Wilsnack die Zerstörung der Hostien durch einen übereifrigen Pfarrer. Heute erinnert nur noch der Wunderblutschrein aus dem 15. Jahrhundert an ihre ehemalige Existenz. Auch wenn wir das alles nicht gutheißen mögen und an der Naivität der damaligen schier verzweifeln mögen, so sind wir heute dank ihnen doch die Nutznießer dieser langen Geschichte.

Das kleine Neue Rathaus neben der riesigen Kirche macht schon etwas sichtbar, wie die wahren Machtverhältnisse einmal aussahen. Noch gravierender fällt der Vergleich aus, wenn man sich als Alte Rathaus betrachtet, das als Fachwerkhaus nur ein paar Meter weiter links zu finden ist. Trotzdem bilden sie alle gemeinsam eine schöne Einheit, die dem ehemaligen Ackerbürgerstädtchen gut zu Gesicht steht. Heute beherrscht etwas anderes die Stadt, was erneut jedes Jahr tausende Besucher in die Stadt führt. Es ist ihr Ruf als Thermalsole- und Moorheilbad-Stadt, die Rehabilitanden und Erholungsuchende in die Stadt führt. Sie erwarten ebenfalls eine Heilung. Ihre Wallfahrtsstätten sind heute die Kureinrichtungen, das Gradierwerk und das Thermalbad. Ihnen wird jedoch Hilfe in den meisten Fällen gegeben. Das ist der große Unterschied zum Mittelalter. In der Nähe des Bahnhofes steht das über 100 Jahre alte Kurmittelhaus mit dem Gedenkstein für den „Stadtförster Zimmermann“, der die Möglichkeiten des Moores erkannte. Auf dem zur Klinik gehörenden Gelände, entlang der Straße nach Perleberg, stehen einige schöne alte Villen aus den ersten Blütejahren als Kurstadt.

Im Zentrum rund um Kirche und Rathaus finden sich viele sehenswerte Details. So befindet sich hinter der Kirche eine Betonfläche, die auf das Fundament und das Kellergewölbe des 1976 abgebrannten Stadtschlosses gesetzt wurde. Dahinter liegen weitere ehemalige Teile des Schlosskomplexes. Der alte Schlossgarten mit schönem Baumbestand nennt sich heute Goethe-Park, dürfte ansonsten mit dem alten Park wohl nur noch die Bäume gemeinsam haben. Vom alten Gutshof existiert leider nichts mehr. Dort befindet sich heute zwar ein Einkaufszentrum, wo der Name im Moment jedoch mehr hergibt als die Realität. Auf Grund seiner jahrhundertealten Stadthistorie beherbergt Bad Wilsnack noch heute Gebäude und Bauwerke vom 14. bis zum 20. Jahrhundert. Als kleines Gesamtkunstwerk kann da durchaus die Große Straße bezeichnet werden. Und das nicht nur wegen der schönen Fassade des Neuen Rathauses im Stil der Gründerzeit. Die schmucken Fassaden der vielen sich aneinander schmiegenden Häuser sind zwar stilistisch nicht immer einheitlich, machen die Straße jedoch zu einer bunten Architekturgalerie. Die Spanne reicht von 1865, dem Bau des Neuen Rathauses, bis 1692 zurück, als das jetzt zur Sparkasse gehörende Gebäude errichtet wurde. Auch das Haus der ehemaligen Stadt-Apotheke von 1828 gehört neben dem Alten Rathaus zu den Sehenswürdigkeiten der Straße. Hinter dem Alten Rathaus verläuft parallel zur Großen Straße die Lindenstraße. Sie bildet ebenfalls ein schönes Bild alter städtebaulicher Architektur. Zahlreiche wunderschön sanierte Fachwerkhäuser stehen hier nebeneinander. Würde der ganze Straßenverkehr nicht auf der Großen Straße vorbei rauschen und die Lindenstraße voller parkender Autos stehen, könnte man sich immer noch wie in einer anderen Zeit fühlen, und ein gewisser Dr. Harnisch, ein bedeutender Pädagoge im

18. Jahrhundert, schaute vielleicht gerade jetzt aus einem Fenster seines Geburtshauses in der Nummer 9. Wer Zeit hat, der kann gern an der Karthane flussaufwärts laufen bis zum CLEO-Werk. Dort steht eine über 400 Jahre alte Wassermühle. Interessanter ist der Besuch an der Ecke Mühlenstraße-Jahnstraße. Hier steht das riesige Gebäude der 1911 errichteten Wilsnacker Schule. In ihm hat die Firma CLEO Schreibgeräte einen Werksverkauf eingerichtet. Wer schon immer ein Faible für sehr gute, fast schon exklusive Schreibgeräte hat, die dennoch bezahlbar sind, der ist in den Räumen richtig. Die Spitzen der Füllfederhalter gleiten fast von allein über das Papier, und halten fest, was dem schreibenden der Zeilen so durch den Kopf geht. Ich habe mir selbst vor ein paar Jahren ein komplettes Set mit Füller, Kugelschreiber und Bleistift dort zugelegt, und bin sehr zufrieden damit. Ich verlasse das mittelalterliche Städtchen in Richtung Norden. Mein nächstes Ziel wird Sigrön, ein ehemaliges Vorwerk von Grube, dem mein eigentliches Anliegen gilt. Um es schon vorweg zu nehmen: Wer keine Zeit mitbringt, sich nicht auf ein Abenteuer einlassen möchte und Angst hat, vielleicht von Zecken angefallen zu werden, der sollte lieber nicht versuchen, sich zu Fuß einen Weg dorthin zu suchen. Es geht durch recht viel Wald mit Wegen, denen man vertrauen muss, dass sie einen dorthin bringen, wo man hin möchte. Sie sind verschlungen und führen manchmal weg vom Ziel. Dann heißt es hoffen auf den nächsten Abzweig, der wieder die erhoffte Richtung annimmt. Natürlich ist es einfacher, entlang der Straße nach Perleberg zu laufen, und dort dem Verkehrsschild nach Sigrön zu folgen. Es macht nur nicht so viel Spaß, wie das suchen und finden des besten Weges mitten durch den Wald. Das kann nur jeder selbst entscheiden. Auf den letzten Kilometern meiner Werra-Wanderung im Grenzgebiet von Thüringen und Hessen, musste ich ohne gutes Kartenmaterial laufen und einfach meinem Instinkt folgen. Warum also nicht auch hier? Wie sagt Bear Grylls immer in seiner Survival-Serie „Ausgesetzt in der Wildnis“? Folge dem Fluss, dem Stand der Sonne oder den

Pfaden der Tiere. Einer bringt dich immer in die Zivilisation. Das mit dem Fluss werde ich nicht versuchen, denn ich weiß, dass der Cederbach und die Karthane hier von Ost nach West fließen, und mich falsch führen würden. Ich muss einen von beiden wohl oder übel überqueren. Nach dem ersten Waldstück wird es die Karthane werden, denn ich komme an der Straße nach Sigrön heraus, folge dieser dann ein paar Meter, bevor ich mich rechts wieder in die Büsche schlage und östlich den Ortsrand erreiche. Sigrön erscheint mir hier auf der Seite wie ein bunt zusammen gewürfelter Häuserhaufen. Wahrscheinlich sind das die Folgen des Vorwerkes, wo die Bauern ihre Häuser hatten, von denen aus sie ihre Knechtarbeit verrichten mussten, denn die Herrschaft hat auf der anderen Straßenseite ein Kleinod hinterlassen. Der Ort befand sich im Besitz derer von Quitzow und Gans Edle zu Putlitz, bevor er an die Familie von Bredow verkauft wurde, die 1910 das Schloss hier erbauen ließen. Etwas leicht geheimnisvolles umweht das Schloss. Albert Speer, Hitlers späterer „Hauptstadt-Architekt", habe angeblich hier seinen ersten privaten Auftrag ausgeführt, als er Umbauten am und im Schloss vorgenommen haben soll. Ein bisschen Ironie hat die Geschichte für solche Dinge immer parat, denn nach dem Krieg zog zuerst ein Kinderheim ein, das später zu einem Spezialheim für schwer erziehbare Jungen wurde. Heute ist auf dem Gelände ein Kinder- und Jugenddorf zu finden. Das Schloss selbst finde ich nicht besonders schön. Zwar mit Dachgiebel und Eckturm, jedoch nur eine einfach verputzte Fassade, die nicht viel hermacht. Ich verlasse nach einem Tipp eines Anwohners Sigrön wieder an gleicher Stelle an der ich herein gekommen bin. In einem weit geschwungenem Bogen gelange ich nordöstlich nach Grube.

Grube hat etwas magisch anziehendes. Irgendwie scheinen alle Wege und Straßen auf das zuzustreben, was das Prignitzer Runddorf so besonders sehenswert macht. Es ist der langgestreckte Dorfanger mit seinen großen Bäumen, der kleinen Kirche in der Mitte und dem Schloss als Abschluss des Platzes.

Schon Mitte des 13. Jahrhundert wird Grube erwähnt. Für mehr als 500 Jahre gehört es dann zur berühmt berüchtigten Familie derer von Quitzow. Der Weg zum Schloss führt direkt an der hübschen kleinen Fachwerkkirche vorbei. Sie besitzt nur einen kleinen Turm mit einem Schieferdach, der sich aus dem roten Ziegeldach erhebt und mit dem unteren Beginn der

Detail der Kirche in Grube

Haube auf dem First endet. Das Innere zieren die ehemalige Patronatsloge mit Wappenmalereien an ihrer Brüstung, ein spätgotischer geschnitzter Altar und die Renaissance-Kanzel. In gerader Fortsetzung des langgestreckten Angers liegt an seinem östlichem Ende Schloss Grube. Das weiße, zweigeschossige Haus mit dem ausgebauten Dach, dem Mittel- und Seitenrisaliten ist klar symmetrisch gegliedert. Die barocken Ursprünge sind noch gut erkennbar. Die besondere Geschichte daran ist, dass es sich bei Schloss Grube um das einzige fast vollständig erhaltene Gebäude handelt, das bereits im 18. Jahrhundert der Familie von Quitzow gehörte. Heute verbreitet es als Hotel und Restaurant moderne Gemütlichkeit in altem Ambiente. Als es in der ersten Hälfte des 18. Jahrhunderts erbaut wird, geschieht dies im Stil des Barock. Über einhundert Jahre später erfolgt ein Umbau im Stile der Gründerzeit. Die allerersten Vorläufer des barocken Gebäudes stammen wohl schon aus dem 13. Jahrhundert. Der Verlauf der Geschichte in den ostdeutschen Regionen nach dem 2. Weltkrieg führte auch in Grube, wie bei fast allen herrschaftlichen Häusern, zu einem großen Verlust an Strukturen und baulichen Substanzen. Der Großteil der vorhandenen Wirtschaftsgebäude wird abgetragen, Ackerflächen werden aufgeteilt, und Neubauern errichten sich damit eine neue Existenz, bis selbst diese mit den neuen Vorstellungen der jetzt Herrschenden nicht mehr zusammen passte, und sie ihr Land in größere landwirtschaftliche Einheiten zwängte. Zum Glück überlebte das herrschaftliche Schloss dem Abrisswahnsinn und erfreut heute Besucher mit seinem schicken Aussehen in Zweisamkeit mit der kleinen Kirche auf dem attraktiven Dorfanger samt der kleinen Häuschen um den Platz.

Meinen Weg zurück nach Bad Wilsnack wähle ich über das kleine Nest Haaren. Über den Plattenburger Weg könnte ich mich auch in Richtung Plattenburg durchkämpfen, und dort vor der Karthane-Brücke rechts nach Bad Wilsnack abbiegen. Diesen Weg ab der Brücke bin ich vor Jahren schon einmal mit dem Fahrrad gefahren. Es ist ein sehr schöner Weg. Gemütlich. Entspannt. Erholsam. Deshalb will ich diesmal direkter auf Bad Wilsnack zulaufen, und da bietet sich die Möglichkeit über Haaren etwas mehr an. Im Waldstück nach der Cederbach-Überquerung heißt es ein wenig aufpassen, damit man nicht direkt auf der Straße von Kletzke nach Haaren landet, sondern schon etwas davor den Weg rechts in Angriff nimmt. Da bleiben dann zwar am Ende des Waldes immer noch ein paar Meter auf dieser Straße übrig, aber knapp die Hälfte davon hat man schon mal eingespart. In Haaren gibt es wahrlich nichts zu entdecken, was erwähnenswert wäre. Es sei denn, es interessiert jemand, dass Haaren zu DDR-Zeiten zum Bezirk Magdeburg gehörte. Erst nach der gesellschaftlichen Umwälzung im Osten kam es wieder nach Brandenburg, und gehört seither zur Prignitz. Auf der Südseite des Dorfes über die Karthane, am Haarener Friedhof vorbei, geht es wieder durch den Wald und fast direkt auf Bad Wilsnack zu, wo ich an seinem Ende auf die ersten Häuser treffe, die mich von da ins Zentrum führen. Die heutige Wanderung war auf einigen Abschnitten nicht immer leicht zu bewerkstelligen, führte sie doch über manch unscheinbaren Weg. Die weiten Flächen waren ein bisschen Prignitzer Heidelandschaft, unterbrochen von Äckern und Wäldern. Man ist hier einsam unterwegs, was jedoch der persönlichen Entspannung sehr zu Gute kommt.

05 Von Feldsteinkirchen und Uradel

Groß Welle, Kletzke, Viesecke, Rambow, Krampfer, Hoppenrade, Groß Welle

Als es mich vor Jahren kurz nach der Wendezeit in das kleine Nest Groß Welle verschlagen hat, da kannte ich es nur von ein paar wenigen Ferienaufenthalten. Die Oma meiner Frau wohnte hier, und so zog es uns ab und zu hier her, um nach einer Tagesreise mit Bahn, Bus oder Taxi ein paar Tage Erholung zu *genießen*. Ich konnte mir nie vorstellen, aus meinem aufregenden Weimar jemals in diese von Gott verlassene Gegend zu ziehen. Am westlichsten Rand des ehemaligen Kreises Kyritz im Bezirk Potsdam gelegen, waren es nur ein paar Schritte, um gleich im Bezirk Schwerin zu stehen. Auch von dort liegt Groß Welle weit ab vom Schuss. Ich habe es immer Niemandsland genannt. Die einzige Verbindung zur Außenwelt bestand in der Fernstraße, die vom Süden kommend bis hoch an die Ostsee führte. Wenn in den Sommerferien die Karawanen der Wasserurlauber in den Norden zogen, bebte unser Haus von den vielen Schlaglöchern auf der holprigen Feldsteinstraße und dem angrenzenden sandigen Sommerweg.

Die Busfahrten in die Hansestadt Kyritz, der zugehörigen Kreisstadt, waren da schon echte Höhepunkte. Diese hübschen kleinen Häuschen hatten es mir angetan. Der Name Prignitz spielte in dieser Zeit im Zusammenhang mit Kyritz nur eine untergeordnete Rolle im öffentlichen Leben. Das sollte sich genau in der Zeit ändern, als trotz zaghaftem Widerstand meinerseits mein endgültiger Abschied aus der Klassiker-Stadt erfolgte, auch wenn ich da noch nicht so in die Geschehnisse hier oben eingebunden war. Noch heute betrachte ich rückblickend die Entscheidung, nicht wieder zu einer vereinten großen Prignitz zurückzukehren, als den größten Fehler der damaligen Entscheidungsträger. Statt zu einer Einheit zu werden, ging ein Teil der historischen östlichen Prignitz in Richtung Ruppiner Land, während sich der andere, westliche Teil, fortan Prignitz nannte. Groß Welle rückte dadurch zwar mehr in den Mittelpunkt der neuen Prignitz, fremdelt jedoch mit der jetzigen Kreisstadt Perleberg, die sich eher dem Mecklenburgischem zugehörig fühlt. Mir selbst werden diese politischen Entscheidungen fremd bleiben, da es eine große Chance war, der historischen Prignitz wieder ihren würdigen Raum zu verschaffen. Wie dem auch sei, müssen sich jetzt alle damit arrangieren, bis eines Tages vielleicht neue Notwendigkeiten entstehen, die zu einem Umdenken zwingen.

Von all diesen Dingen unbeeinflusst, finden sich in Groß Welle Überbleibsel, die eng mit der Prignitzer Geschichte verbunden sind. Es sind die Kirche und die naheliegende ehemalige Turmhügelburg. Inspiriert durch unseren ehemaligen Pfarrer Norbert Pflug, der viel Zeit in die Arbeit investiert hat, die Geschichte Groß Welles und seiner Sehenswürdigkeiten zu dokumentieren, möchte ich im folgenden dem kleinen Prignitzer Straßendorf zu größerer Aufmerksamkeit verhelfen, als es seiner Größe angemessen wäre. An Hand seiner mir von ihm zur Verfügung gestellten Dokumentation über die Bau- und kunstgeschichtliche Betrachtung möchte ich beispielgebend für viele andere Prignitzer Dörfer etwas ausführlicher darauf eingehen.

Was aus der Pfarrer-Feder stammt, ist im folgenden kursiv geschrieben.

Groß Welle ist keine deutsche Siedlung. Hier in der Region waren zuvorderst die Slawen aktuell, wie sich aus dem Ortsnamen ableiten lässt, denn *der Ursprung des Namens* (Welle) *wird im slawischen Wort „weliky" zu suchen sein, was „groß", im Sinne von „bedeutend, bekannt, berühmt und geachtet" heißt.* Später erfolgte dann die Eindeutschung in den Sprachgebrauch als Welle. Der Bischof von Havelberg gehörte durch Kauf und Verkauf genau so zu den Besitzern des Ortes, wie die Adeligen von Saldern, von Quitzow oder von Graevenitz aus der näheren und weiteren Region. Trotz eines Schutzbriefes des Königs Gustav Adolf von Schweden plünderten und zerstörten durchziehende Kriegshorden das Dorf im Dreißigjährigen Krieg. Wer die Kirche sucht, der braucht nicht nach einem Kirchturm Ausschau halten. Sie hat nämlich keinen. Stattdessen krönen ein Backsteinaufbau mit drei Zinnen, Blendnischen und Spitzbogenfenster den Ostgiebel der Kirche. Durch ihren Standort, weiter zurückgesetzt von der Straße, kann sie schon leicht übersehen werden. Das wahrscheinlich spätmittelalterliche Friedhofsportal, dem Eingang zum früher hier existierenden Friedhof, und das Denkmal zur Düppeler Schlacht im Deutsch-Dänischen Krieg dienen da schon eher als Orientierungspunkt. Für Pfarrer Norbert Pflug wurde *Die Bedeutung der Dorfkirche von Groß Welle (...) bisher in der Baugeschichte der Mark Brandenburg verkannt. Sie ist ein außergewöhnliches Beispiel frühmittelalterlicher Baukunst in der Prignitz. In dieser Landschaft gehört sie zu den ältesten und interessantesten Kirchen. Das gilt für den Außen- wie für den Innenbau.* Für den Bau selbst wurden hauptsächlich Granitsteine, Porphyr sowie gebrannte und glasierte Backsteine verwendet. Letztere sind ein Zeichen dafür, dass es sich um eine bedeutende Kirche der damaligen Zeit gehandelt hat, denn sie sind wesentlich teurer, als nur einfach gebrannte Backsteine, und das konnten sich nur besser gestellte Dörfer geleistet haben. Die Fugen sind lt. Pfarrer Pflug auch etwas besonderes, da (...) an *der Südseite (...) die Doppelritzungen besonders gut zu erkennen* (sind), *d.h. es ist noch immer ein Großteil des ursprünglichen Mörtels aus dem Mittelalter vorhanden. Er hat fast 800 Jahre Winden und Wettern getrotzt!*

Südseite der Groß Weller Kirche

Da sich Dokumente oder Schriften aus den ganz frühen Anfangsjahren des Ortes nicht erhalten haben, gehen die Überlegungen heute davon aus, dass die Kirche vor Mitte des 13. Jahrhunderts errichtet wurde und das auf Grund ihrer heutigen Lage der Ort selbst früher an anderer Stelle stand. Eingeschlagene Jahreszahlen auf Balken lassen daraus schließen. Überhaupt zeigen sich im Inneren die spannendsten Details der Groß Weller Kirche, auch wenn Feuchtigkeit die Innenseite der Nordwand geschädigt hat. Glück und Unglück halten sich jedoch die Waage, denn so entdeckte man vor Jahren sogenannte Ritzzeichnungen, die in den noch feuchten Putz eingeritzt wurden, und dadurch Rückschlüsse auf eine Ausmalung der Kirche zulassen. Wohl ganz im Gegensatz zur heutigen eintönigen Farbgebung. Deshalb muss man schon etwas genauer hinschauen, um die kleine eingeritzte Frau in der hellen Farbe zu erkennen. Noch schwerer sind die Zeichnungen um Tür- und Fensteröffnungen zu erkennen. Eine interessante Entdeckung machte Pfarrer Pflug, als er *beim Säubern der Kirche vor ihrer Wiederinanspruchnahme 2002 als Gottesdienstraum* (...) *an der Innentür der Sakramentsnische unter einer Lehmtünche Bemalungsreste aus dem Ende des 14. Jahrhunderts gefunden* (hat). *Es handelt sich um zwei Gestalten. Die linke Figur ist nur bis ungefähr zur Hüfthöhe erhalten. Die rechte Figur hat die Zeiten besser überdauert.* Dominiert wird das Langhaus vor allem durch den hölzernen Kanzelaltar auf der Ostseite. Säulen, Kanzelkorb, Schalldeckel, zwei Wappen der Stifter und der Pinienzapfen als Symbol ewigen Lebens sind handwerklich gearbeitet, und wurden vor einigen Jahren denkmalpflegerisch aufgearbeitet. Ein dreihundertjähriges Altarbild vervollständigt das ganze. Gegenüber vom Altar erhebt sich eine Empore, deren lichte Höhe nach baulichen Verunstaltungen in der Kirche jetzt nur eine gebückte Gangart zulässt. Auf der Empore steht eine kleine neugotische Orgel, die sich leider in einem desolaten Zustand befindet. Von hier weiter hinauf müsste derjenige, um zu sehen, was vom Kirchenraum aus nicht zu sehen ist, *Die Krönung aller Sehenswürdigkeiten* nach Meinung von Norbert Pflug. Sie befindet sich über dem Dachboden an der östlichen Giebelfront. Es sind farbige Wandmalereien aus dem 13. Jahrhundert, deren Motive auch im Kloster Jerichow zu sehen sind. Aus der Lage oberhalb des Dachbodens lässt sich annehmen, dass es vorher eine andere Form der Deckenverkleidung gegeben haben kann. Trotz all dieser prächtigen Details, egal ob sichtbar oder nicht, wirkt die Kirche schlicht, sowohl drinnen, als auch draußen. Von der Straße aus gesehen liegt hinter ihr die zweite geschichtliche Überraschung, die Groß Welle zu bieten hat. Hier senkt sich das Gelände leicht abwärts, und je nach Jahreszeit steht der Besucher entweder vor einer Wasserfläche oder einem von Unkraut überwuchertem Graben. Sie sind die

Überreste eines ehemaligen Burgwalles. Heute noch zur Hälfte erhalten, umschloss er einst vollständig eine Erhebung in der Mitte des Ringes. Sie wurde durch Aushebung des Grabens und dem anschließenden Aufschütten geschaffen und trug eine Burg. Eine Gruppe Studenten der Universität Göttingen untersuchte vor nicht allzu langer Zeit durch unterschiedliche Grabungen den vorhandenen Hügel. Es konnten verschiedene Schichten von Feldsteinen und gestampften Lehm lokalisiert werden. Ebenso ein Plankenzaun, der sich drumherum aufrichtete. Der Bau der Anlage fiel ungefähr ins 14. Jahrhundert. *Dies war in Brandenburg eine Zeit der Krisen nach dem Ende der askanischen Herrschaft. Dadurch gewann der lokale Kleinadel an Bedeutung und es entstand eine größere Zahl dieser Anlagen,* wie Pfarrer Pflug in seinem Text vermerkte. Die Burgwälle sollten Schutz vor wildernden Nachbarn bieten, und nebenbei etwas von der Macht der Besitzer repräsentieren. Ursprünglich entstanden sie in Frankreich, und fanden ihren Weg im Mittelalter auch nach Osten. Ich bin froh, mit Pfarrer Norbert Pflug jemand zu kennen, der sich in diesen geschichtlichen Dingen auskennt, auch wenn er in der Zwischenzeit verzogen ist. Ich bin ihm dankbar, dass er mir seinen Text zur Verfügung gestellt hat.

Mein nächstes Ziel ist nach der Besichtigung in Groß Welle der Nachbarort Kletzke auf der anderen Seite der B5. Früher führte ein Weg diagonal zwischen Feldern hindurch dort hin, jedoch ist er mit den Jahren zugewachsen und nicht mehr passierbar. Es ist zwar bequemer über den neuen Radweg zu laufen, dafür ist er um etliches länger. Manchmal muss man in den sauren Apfel beißen. Die Aussicht von der Anhöhe über Kletzke hinweg ist bezaubernd. Aus einer Unzahl verschiedenster Bäume ragt der Kirchturm leuchtend heraus. Sind das noch späte Nachfahren der jungen Laubbäume, die im slawischen dem Ort den Namen gaben? Viel ist dagegen von den Häusern nicht zu sehen, nur entlang der Straße in Richtung Schrepkow zeigen sich unterschiedlichen Ziegelfarben. Auch

Kletzke lag wie Demerthin oder Kunow an der alten Poststraße von Berlin nach Hamburg. Darüber hinaus führte noch eine Poststraße von Havelberg hier her, bevor auch diese in Richtung Hamburg abbog. An die alte Poststation erinnert leider äußerlich nichts mehr. Diese Aufgabe erfüllt heute in einem anderen Sinne die häufig recht günstige Tankstelle am Dorfeingang. Historische Bedeutung besaß Kletzke als einer der Stammsitze der Familie von Quitzow, einem alten märkischen Adelsgeschlecht. Die wirklich gute Landfleischerei in der Dorfmitte lasse ich rechts liegen, ebenso die Gemeindeverwaltung linksseitig. Gleich danach folgt das interessanteste Gebäude Kletzkes. Es ist die Kirche, die im engen Zusammenhang mit den Quitzowern steht. Anders als von Groß Welle gibt es von Kletzke Dokumente, welche mit dem Ort in Verbindung stehen. So erwähnt eine Urkunde aus dem Jahr 1275 einen Hildebrand als „plenabus in Klesick", also einen Pfarrer. Später wird Kletzke als „Clyzeke" erwähnt und ein „Diderick von Quitzow" wird genannt. Mit der Groß Weller Kirche hat die Feldsteinkirche hier in Kletzke die Gemeinsamkeit, dass *sie über dem Feldsteinsockel mit einem umlaufenden Sockelsims aus Backsteinen* ausgestattet ist, wie Pfarrer Norbert Pflug notiert hat. Vor dem Westgiebel stehen Epitaphe, die den 1605 verstorbenen Achatz von Quitzow und seine Ehefrau R. von Münchhausen sowie für den nach 1580 verstorbenen Christopher von Quitzow zeigen. Weitere Gräber der Familie von Quitzow sind im Inneren der Kirche zu finden, wo vor allem das Epitaph für den 1616 verstorbenen Philipp von Quitzow schön gestaltet ist und sehenswert ist. Wer die Gelegenheit hat, die Kirche betreten zu können, der sollte sich nach den sechs Bänden von Luthers Werken aus dem Jahr 1556, der schweren Altarbibel und dem Zierdolch von Achaz von Quitzow aus der Gruft erkundigen. Die Gruft selbst hat man sicher verschlossen. Den Großteil der Fenster hat man leider neuzeitlich verändert, so dass nur noch wenige Spuren der originalen Fenster zu erkennen sind. Im 17. Jahrhundert vergrößerte man den Ursprungsbau in Richtung Westen und setzte den schlichten, aber doch schönen, Fachwerkturm auf. Heute zeigt sich der Westgiebel mit den Epitaphen und den darüber angebrachten modernen gläsernen Schutzdächern neuzeitlich. Ein paar Meter davor stehen die 1871 gepflanzte Friedenseiche und das Kriegerdenkmal für die 1866 im Deutschen, und 1871 im Deutsch-Französischen Krieg gefallenen Dorfbewohner. Schräg gegenüber der Kirche, auf der anderen Straßenseite, liegt ziemlich verlassen die Dorfgaststätte. Die Angebotskarte davor versprach seit Jahren immer das gleiche Angebot: Aal, Wild, Taube. Keine Ahnung, ob da noch jemand drin wirtschaftet. Der Niedergang seit der Wende ist jedenfalls unübersehbar. Besser geht es dagegen dem mal wieder als Schloss Kletzke bezeichneten Herrenhaus. Es ist sozusagen der Nachfolgebau der ehemaligen Burganlage derer von Quitzow, dessen Mauerreste sich im Park finden lassen. Nach der Zerstörung der Burg erfolgten der Neubau des Schlosses und zwei anschließende Umbauten zu seiner heutigen Form Das Schloss selbst liegt gut versteckt hinter großen Stallanlagen, und ist am besten einsehbar, wenn keine Blätter mehr an den Bäumen hängen, die das Anwesen umschließen. Von 1376 bis zum Ende des Zweiten Weltkrieges gehörte das ganze Areal zum Besitz der Familie von Quitzow.. Viele Jahre nach dem Krieg diente das Schloss als Kinderheim. Die Stallungen hat die im Ort ansässige LPG bewirtschaftet. Im Jahr 2000 erwarben Erben aus der Familie das Gelände samt Schloss und Park, und sanierten es in den Folgejahren umfangreich. Heute leuchtet das Haus wieder im Renaissancestil mit seiner roten Farbe. Den Park selbst prägen mächtige alte Bäume. Wer den besichtigen möchte, der sollte sich vorher anmelden, denn Park und Schloss befinden sich in privater Hand.

Es scheint angebracht, an dieser Stelle ein paar Ausführungen zu den Quitzows anzubringen. Vom 14. bis zum 18. Jahrhundert war die Familie von Quitzow mit Kletzke belehnt worden. Während der Eroberung der Prignitz durch die deutschen Feudalherren spülte es die Ritter von Quitzow in die Region.

Sie brachten es zu Reichtum und Anerkennung. Die steigerte sich noch nach ihrem Sieg gegen die Lüneburger und Lauenburger Herzöge Ende des 14. Jahrhunderts. Raubzüge, Landkauf, Heirat und Erpressung sorgten für weiteren Machteinfluss. Die Familie besaß danach über 20 Burgen und Schlösser in der gesamten Brandenburger Landschaft. Wo Erfolg durch Frevel zu Hause ist, finden sich bald ein Richter und der Neid ein. Der Einfluss der Familie Quitzow ging wohl einigen Adeligen zu weit, weshalb der Herrscher der Mark Brandenburg, Friedrich der VI. von Hohenzollern eine Streitmacht in Bewegung setzte, und die sich zu einer Raubritterfamilie entwickelte Familie von Quitzow zerschlug. Der überlebende Teil zog sich wieder in die Prignitz zurück, und bestimmte hier neben einigen anderen Geschlechtern das Adelsleben, ohne groß von ihrem Ansehen zu verlieren. Die Quitzower Spuren werden mir noch an einigen Orten meiner Wanderungen begegnen. Bin ich auf der einen Seite zwischen zwei Ställen auf das ehemalige Gutsgelände gelangt, so verlasse ich es auf der anderen Seite wieder genau so. Gegenüber steht das von Graffitis beschmierte alte Einkaufszentrum. Dramatisch ist das nicht, denn überall sind Spuren von Vandalismus und Zerstörung zu sehen, und es gleicht eher einer Müllabladestation. Verkauft wird hier schon lange nichts mehr. Was ich bis hier her vom Ort gesehen habe, schmeichelt meinen Augen in keinster Weise. Ich laufe wieder zurück in Richtung Gasthaus, und nehme die kleine Gasse links davon. Sie führt mich vorbei an einem Teil des Parks in Richtung Friedhof und zu den Ställen der Agrargenossenschaft. Der Friedhof ist von einer halbhohen Hecke umgeben, gut gepflegt, und es finden sich ein paar schöne alte Grabsteine darauf. Viele Menschen machen einen großen Bogen darum, aber Grabstellen sind immer ein Abbild des jeweiligen Dorfes und geben ein wenig Auskunft über seine sozialen Strukturen. Ich schließe die Tür hinter mir und laufe den Weg weiter, der sich von einem Asphaltband zu Beginn, dann kurz vor dem Ende an der Bundesstraße zu einem normalen Waldweg verwandelt.

Auf der anderen Seite könnte ich den Feldweg weiterlaufen, entscheide mich aber wieder für den Gang auf dem Radweg. Rechts von mir liegt langgezogen der Ort Viesecke. Auch hier ragt der Kirchturm über alle Dächer heraus. Die Dorfkirche besteht zu einem Teil aus Feldsteinen, zu einem aus Backsteinen und zu einem aus Holz. Das Holz verkleidet den oberen Teil des Kirchturmes und sitzt auf einem Feldsteinunterbau. Auch ein Teil des Langhauses ist aus Feldsteinen errichtet, während der Ostseitengiebel mit Backsteinen in Fachwerkgefachen errichtet ist. Ein Knappe von Markgraf Ludwig wurde im 14. Jahrhundert mit Viesecke belehnt. Auch Viesecke stammt in seinem Namensursprung aus dem slawi-

ehemalige Wassermühle in Viesecke

schen und bezeichnet damit einen hochgelegenen Platz. Während meines Besuches finden gerade umfangreiche Baumaßnahmen statt, die mir eine Besichtigung im Inneren leider nicht ermöglichen. Die langgestreckte Dorfstraße wird von einer Baumallee gesäumt, hinter der sich neben ein paar verlassenen Grundstücken, sehr schön sanierte Häuser befinden, deren Eingänge und Fenster mit vielen kleinen wunderbaren Details versehen sind, verstecken. Neugierige Katzen verfolgen von ihren Aussichtsplätzen meinen Weg. Wahrscheinlich gilt ihre Aufmerksamkeit eher Luna, die ich im Dorf vorsichtshalber an der Leine halte, bevor sie mir ausbüchst und den Katzen hinterher rennt. Am Ende der Straße führt die Hauptstraße zwar rechts herum, allerdings endet der Weg in der kleinen Außensiedlung Klein Welle. Keine Handvoll Häuser stehen hier, aber die wenigen Bewohner haben dafür ihre Ruhe vor Durchgangsverkehr. Geradeaus käme ich bereits an meinem heutigen letzten Zielort an, aber das kann natürlich nicht mein jetziges Interesse sein. Vor ein paar Jahren sind wir noch querfeldein von Groß Welle nach Klein Welle gelaufen, um bei einer dort lebenden Familie Brot aus dem Buschbackofen zu kaufen. Es war Brot, wie ich es später hier in der Region nie wieder bekommen habe. Geblieben ist die Erinnerung. Also biege ich nach links ab, und statte der ehemaligen Mühle Viesecke einen kurzen Besuch ab. Es ist ein romantischer Ort. Eingebettet in viel Grün liegen die verschiedenen Gebäude verteilt auf dem Areal. Zwei alte ausrangierte Mühlsteine lehnen an einem Stamm mit grober Rinde. Bewohnbare Gebäude mit Fachwerk konkurrieren mit einer Ruine, durch deren leere Fenster der Blick auf das dahinter liegende Grün fällt. Über einem Nebenarm des Cederbaches spannt sich das alte Mühlenhaus. Der Cederbach plätschert über ein kleines Wasserrad, und setzt seinen Weg etwas tiefer fort. Auf einem Mühlstein ist das Jahr 1721 eingraviert. Es ist das Gründungsjahr, wenn nicht irgendwo noch ein älteres Datum auf einer Urkunde notiert ist. Ob es da schon den Quitzowern gehörte, oder erst später in ihre Hände fiel, sei dahingestellt. Ich hoffe, dass Corona dem Projekt Ferienwohnungen nicht den Garaus macht, und es auch noch ein Leben danach gibt. Ich wurstel mich anschließend an einigen Gärten und Häusern vorbei, um einen Weg zu finden, auf dem ich zu meinem nächsten Ziel gelangen kann.

Es hilft mir immer wieder, wenn ich eine grobe Vorstellung davon habe, in welche Richtung ich muss. Irgendwo findet sich dann schon ein Weg. Auch in Viesecke werde ich nicht enttäuscht. Eine kleine Brücke über den Cederbach erscheint mir als der richtige Fingerzeig. Hier, wo sich kurz vor der Brücke der Hauptlauf des Cederbaches mit seinem Nebenlauf wieder vereint, folge ich nicht dem offensichtlichen Weg in leicht westlicher Richtung, sondern einem Waldweg, der sich einen sanften Hügel hinauf schlängelt, und dessen zu erkennendes Ende wie ein dunkles Loch auf mich wirkt. Trockene Blätter rascheln unter meinen Füßen und es riecht nach vermodertem Holz. Luna scheint es zu freuen, denn sie springt aufgeregt vor mir hin und her. Hohe Schwarzkiefern recken ihre Kronen in den blauen Himmel über mir. Nach dem ersten geschlossenen Waldstück, das ich durchquere und das sich über den Hügel zieht, führt der Weg von nun an fast immer am nächsten Waldrand entlang. Links von mir erhebt sich der „riesige“ Hagenberg, der immerhin die wahnsinnig stattliche Höhe von 50 Metern erreicht. Rechts ist großflächiger Acker zu sehen, der von ein paar wunderbaren Baumgruppen geprägt wird, und von zwei Wassergräben durchzogen ist. Aus einem vom ihm sehe ich Köpfe und Rücken eines Sprung Rehe, die sich hier gütlich am Ackergrün tun. Ich genieße die Ruhe, die mich hier umgibt und betrachte die Einfachheit der Landschaft, die sich für mich als eine typische Form der Prignitzer Landschaft darstellt. Der Wald in Verbindung mit den Ackerflächen und den sich langsam vor mir aus dem Dunst der Ferne herausschälenden ersten Dächer meines nächsten Zieles erinnern mich an ein paar ruhige und entspannte Abschnitte während meiner Werra-Wanderung. Bis zum ersten Haus am Ortseingang macht es richtig Spaß, von einer Baumreihe begleitet, auf dem Feldweg zu laufen.

Am Anfang von Rambow, einem kleinen Nest mit wenigen Einwohnern, finden Urlauber, die sich nach Ruhe sehnen, genau das richtige. Ein Fachwerkhaus aus dem 19. Jahrhundert wurde in den 2010-er Jahren komplett saniert und beherbergt eine Pension in einem schönen ländlichen Ambiente. Das in Rambow früher viele Gewerbetreibende ihre Arbeit verrichteten, sieht man ihm nicht mehr an. Das Dorf liegt abseits größerer Verbindungswege und zeigt sich in seiner Bausubstanz sehr verschieden. Wer Arbeit hat, der kann es sich leisten, etwas für sein Haus zu tun. Ältere, die vielleicht in der Landwirtschaft gearbeitet haben und schon vor Jahren aus dem Berufsleben ausscheiden mussten, sehen sich dabei mit finanziellen Problemen behaftet. Das trifft im übrigen viele Dörfer der Prignitz und ist kein spezielles Rambower Merkmal. Die Abgeschiedenheit zeigt sich auch an der Dorfstraße, die noch aus guten alten Feldsteinquadern besteht, und es jedem

Die Kirche in Rambow

Auto spüren lässt, wenn es zu schnell darüber hinweg fährt. Es ist ein typisches Prignitzer Straßendorf, langgestreckt, mit den Wohnhäusern gleich an der Straße mit dahinter liegenden Wirtschaftsgebäuden und Gärten. Die Kirche nimmt hier einen zentralen Platz in der Dorfmitte ein. Nicht klein und versteckt wie in Groß Welle, sondern freistehend, und sich stolz präsentierend. Auch äußerlich zeigt sie sich imposanter. Die spätgotische Feldsteinkirche aus dem 16. Jahrhundert besitzt einen Westturm, der aus dem 19. Jahrhundert stammt, aus einer Mischung von Feldsteinen und Backsteinen besteht, und eine Spitze besitzt, die aus vier Dachgiebeln mit goldenen Kreuzen herausragt. Am Langhaus sind Teile der Feldsteine lediglich verfugt, während der größte Anteil so verputzt ist, das die Flächen der Steine gerade noch so zu sehen sind. Zwei schöne gotische Fenster lassen Licht in das Innere der Kirche. Architektonisch ragt vor allem die Ostseite heraus. Sie liegt zwar etwas versteckt, lässt sich jedoch mit ein wenig Aufwand wunderbar aus der Nähe betrachten. Über den Fenstern und den vorhandenen Kreisblenden erhebt sich ein herrlicher Staffelgiebel mit seinen kleinen Turmaufsätzen aus Backstein, den sogenannten Fialen. Die gesamte Ostseite repräsentiert noch die Zeit des kirchlichen Spätmittelalters. Obwohl die Kirche nicht sehr groß ist, bildet sie ein schönes Gesamtensemble kirchlicher Baukunst. Ein paar Schritte entfernt von der Kirche biegt die Straße rechts ab, und führt aus dem Dorf hinaus. Ich muss der Landstraße folgen, denn leider führt keiner der von mir bevorzugten Wald- oder Sandwege zu meinem nächsten Ziel.

Am Ortsausgang öffnet sich wieder die Weite der Prignitz mit ihren großen Ackerflächen. Da hinter ihnen auf der rechten und linken Seite kleinere Waldstücke zu erkennen sind, macht es die Deutung des Ortsnamen Rambow nachvollziehbar, die sich ebenfalls aus der slawischen Besiedelung ableitet und soviel wie ein Platz an einem Holzeinschlag bezeichnet. Es kann also durchaus sein, dass sich die ersten Bewohner noch in einem geschlossenen Waldgebiet niedergelassen haben, und durch Holzeinschlag die heutigen freien Flächen geschaffen haben. Auch hier finden sich entlang der Straße Baumgruppen großer alter Bäume, unter denen die Landwirte die vom Acker geholten Feldsteine abgelegt haben. Die flache Gegend hier ohne eine einzige Erhebung ist der Grund dafür, dass ich in einiger Entfernung sowohl mein Ziel, als auch die stets präsenten Windräder in kurzer und weiter Entfernung sehen kann. Ich finde es ehrlich gesagt immer ziemlich dröge, wenn vor mir solche Abschnitte liegen. Dann habe ich stets das Gefühl, dass der Weg kein Ende nehmen will, und ich auf der Stelle trete. Darum sind mir meine Thüringer Berge, Hügel und Täler zum wandern auch lieber, obwohl dieses ständige Auf und Ab anstrengender ist als in einer Ebene unterwegs zu sein. Unvorhergesehene landschaftliche Überraschungen bleiben da eher aus. Aber was soll`s. Ich setze, Luna neben mir sicherheitshalber an der Leine, monoton einen Fuß vor den anderen, und komme so meinem nächsten Ziel langsam aber sicher näher.

Wenn ich ehrlich bin, dann habe ich bei meinen Planungen absolut keine Vorstellung gehabt, weshalb ich überhaupt Krampfer, erstmals im 13. Jahrhundert erwähnt, in meine Überlegungen einbezogen habe. Der Verkaufswagen der hiesigen Bäckerei, der regelmäßig bei uns in Groß Welle einen Stopp einlegt, ist es sicher nicht gewesen. Auch historisches ist mir bis dahin nicht zu Ohren gekommen. Ich glaube, Krampfer bot sich einfach deshalb an, weil es zu einer schönen Wanderrunde gepasst hat, die meinen Vorstellungen an die Länge einer Etappe entsprach, und ich auch von hier nach Hoppenrade komme, wo mich eine Besichtigung des Gutsparks reizt. So komme ich in Krampfer an und laufe ohne Ziel die Dorfstraße entlang. Nach knapp der Hälfte fällt mir auf der linken Seite ein großes Gebäude auf, das sich in einem sehr schlechten Zustand befindet. Gleich daneben steht die Kirche. Ich bin so überrascht, dass ich nicht weiß, wo ich zuerst hingehen soll. Ich entscheide mich dafür, zuerst einen kleinen Gang um die Kirche anzutreten. Ich such so etwas wie einen Zugang, finde allerdings nur eine Feldsteinmauer mit einem geschmiedetem Eisentor zwischen zwei Säulen, auf denen jeweils eine steinerne Zierurne steht. Ich mag den rostigen Riegel nicht öffnen, und betrachte die Kirche beim laufen von außen. Sie wird sowieso verschlossen sein. Ich gehe soweit herum, wie es mir möglich ist. Vor einem hohen Stallgiebel bleibe ich stehen. Unterhalb vom Giebelfirst ragt das verwitterte Stück eines Lastenaufzuges aus dem Mauerwerk. Unter diesem ein rundes Blindfenster mit den Zahlen 18 links, und 58 rechts aus schwarz glasiertem Backstein im sonstigen Rot. Es ist also das Jahr 1858 zu lesen. Ich laufe wieder zurück, und betrachte von verschiedenen Stellen das Kirchenhaus. Was mir sofort auffällt sind der Kirchturm und die Westseite mit seinem schönen Fenster. Der Turm ragt nicht über das Kirchenschiff hinaus, besitzt jedoch ein wesentlich steileres Dach als dieses. Wahrscheinlich für das Bauwerk nicht so günstig, gibt der grüne Efeu dem ganzen dagegen einen romanischen Anstrich. Der Turm, das Schiff und die Sakristei wurden wieder aus Feldsteinen errichtet. Später kann ich lesen, dass die Ausstattung des erneuerten Innenraums aus dem 17., 18. und 19. Jahrhundert stammt. Das Äußere der Kirche lässt eine Errichtung um die Wende vom 13. zu 14. Jahrhundert vermuten. Wie die Kirchen in Groß Welle und Kletzke, haben nach Pfarrer Norbert Pflug (...) *alle drei Kirchen eine ungewöhnliche, seltsam anmutende Gemeinsamkeit: Sie sind über dem Feldsteinsockel mit einem umlaufenden Sockelsims aus Backsteinen ausgestattet.* Vorn auf der Straße erwacht wieder meine Neugier an dem großen kaputten Gebäude, und ich versuche jetzt, so nah wie möglich heranzukommen. Das ist auf der Straßenseite nicht so einfach machbar, weswegen ich mich auf die Suche nach einem Weg auf die Rückseite begebe. Links führt ein schmaler Weg an der Giebelseite vorbei, dem ich folge. Es öffnet sich eine große Wiese, die von hohen Bäumen umringt wird. Das Haus kommt mir vor wie das Schloss von Dornröschen. Zwar nicht so märchenhaft schön mit der stacheligen Rosenhecke wie bei den Gebrüdern Grimm, dafür mit Maschendraht abgeriegelt, sowie mit Bäumen und Sträuchern zugewachsen. Der Anblick wird auch auf der Rückseite nicht besser. Der graue Betonputz bröckelt. Die Fenster sind alle kaputt. Löcher in den Dachrinnen lässt bei Regen kleine Wasserfälle entstehen. Alles nur traurig, was sich mir zeigt. Von der Wiese aus betrachte ich die Südseite des Hauses. Rechts zeigt sich ein mächtiger Eckturm über drei Geschosse, während sich der Rest mit zwei Geschossen über einer Art Souterrain erhebt. Von der Mitte etwas nach links versetzt bildet ein Risalit mit Dachgiebel und Freitreppe den zentralen Blickpunkt der Südseite. Die Freitreppe endet an einer Portaltür, über der ein großes Relief eingearbeitet ist, und auf dem zwei Löwen jeweils ein Wappenmedaillon halten. Ich versuche mir vorzustellen, wie das alles noch vor Jahren ausgesehen haben mag, als es sich in einem besserem Zustand befunden hat. Es fällt mir nicht sehr schwer, hilft nur nichts. Es ist wie es ist. Noch immer habe ich leider keine Ahnung, was da vor mir zu sehen ist. Die Aufklärung erhalte ich durch einen glücklichen Umstand, als ich wieder vorn auf der Straße stehe. Es kommt gerade eine ältere Frau auf der anderen Straßenseite gelaufen. Ich laufe zu ihr rüber, und frage sie, nach der Vorstellung meiner Person, was sich hinter dem dichten grünen Blätterwand versteckt, und was es für ein Gebäude ist, das hinter der Kirche steht und die Jahreszahl 1858 trägt. Frau Müller, eine ehemalige Erzieherin, ist sehr angetan von meinem Vorhaben, ein Buch über meine Wanderungen in der Prignitz zu schreiben, und es stellt sich in den nächsten Minuten heraus, dass sie sehr viel zur Aufklärung meiner Fragen beitragen kann, und sogar noch etwas darüber hinaus, was mir wohl sonst entgangen wäre. Dazu später. Jetzt klärt sie mich erst einmal über meine Fragen auf.

Gleich ihre Einleitung bringt die ganze historische Größenordnung zum Vorschein, die ich dem kleinen Nest gar nicht zugetraut hätte, und die meinem Besuch jetzt die höchsten Weihen verleihen. Alles, von dem ramponierten Haus, der Wiese und den Bäumen dahinter, über den Stall bis zur Kirche und einigen anderen Häusern hier in unmittelbarer Umgebung, gehörte bis zum Ende des 2. Weltkrieges alles der Familie von Möllendorff. Sie gehörte dem altmärkischen Uradel an, stammen jedoch aus der Nähe des altmärkischen Ortes Osterburg. Wahrscheinlich im 13. Jahrhundert nahmen die Möllendorffs Krampfer in Besitz. Hier war insbesondere die Ebelsche Linie vertreten. Nur um zu verdeutlichen, wie weit sich die Familie in der Prignitz ausgedehnt hat, seien beispielhaft die Orte Horst, Blumenthal, Gadow, Cumlosen, Brünkendorf oder Elbershagen genannt. Noch heute gibt es Nachfahren des alten Adels der Familie von Möllendorff. Hier in Krampfer erinnern vor allem das Schloss samt seiner Wirtschaftsgüter und die Kirche an die ehemalige Existenz der Familie. Das Schloss hat im Verlaufe der Zeit die vielfältigsten Veränderungen erlebt. So baute Hans-Georg Gottlob 1809 das Schloss um, und 100 Jahre später, 1909, war es Ottokar Richard, der weitere Veränderungen vornahm. Bis zur Enteignung 1945 lebte die Familie in Krampfer. Eigentlich sollte das Schloss, wenn es nach dem örtlichen russischen Kommandanten gegangen wäre, dem Erdboden gleich gemacht werden. Zum Glück blieb er nicht lang, und der Abriss konnte verhindert werden, auch weil Flüchtlinge aus dem Osten noch darin wohnten. Die Wirtschaftsgebäude nutzte jetzt der neu gegründete Landwirtschaftsbetrieb, und in das Schloss zog die Schule ein, bis sie in ein neues Haus an anderer Stelle umzog. Was danach folgte, war leider nicht zum Wohle des Schlosses. Zuerst stand es leer. Der Verfall begann langsam. Dann wurde das Schloss versteigert und verkauft. Für eine kurze Zeit zeigte sich noch einmal etwas Leben in den Mauern, da sich der skurrile Scheinstaat „Fürstentum Germania“ hier einnistete, bevor das Schloss polizeilich gesperrt wurde. Die Möllendorffs wollten das Schloss zurück kaufen, was jedoch an den Preisvorstellungen des Eigentümers scheiterte, der es lieber als Schutthaufen sehen möchte. Zwar sind die Einwohner Krampfers froh, die letzten Bewohner los zu sein, dem Schloss selbst hilft es leider nicht. So ruht es still vor sich hin, und wartet auf seinen endgültigen Untergang, wenn nicht noch ein Wunder geschieht. Ein solches ist der Gutsscheune und der Feldsteinmauer rund um das Schloss schon kurz nach dem Krieg verwehrt geblieben, denn sie wurden wie in vielen anderen Gegenden im Osten abgerissen, und ihre Steine für den Neubau der Siedlungshäuser verwendet. Geblieben sind die Bäume des Schlossparks, einige Wirtschaftshöfe, und das ehemalige Grabgelage der Möllendorff`schen Familie in der Kirche von Krampfer. Sie hatten an der Nordostseite ein Gewölbe anbauen lassen, in dem die Leichname aufbewahrt wurden. Bei einer vor Jahren durchgeführten Sanierung fand man die Leiche von Reimar Friedrich von Möllendorff und die seiner beiden Gattinnen, nebst einer Frauenleiche aus dem 17. Jahrhundert. Sie wurden alle in neue Särge umgebettet, wieder in die Gruft gegeben, und die Gruft anschließend zugemauert. So könnte die jahrhundertelange Geschichte derer von Möllendorff in Krampfer langsam aus der Erinnerung verschwinden, wenn es nicht noch etwas anderes gäbe. Den Schlüssel für die Kirche konnte ich während meiner Wanderung bei Herrn Hoffmann in der Gartenstrasse 2 in Empfang nehmen. Ob dies nach dem Erscheinen des Buches noch so ist, kann nur vor Ort festgestellt werden. Ein Versuch lohnt sich auf jeden Fall. Die gute Frau Müller bittet mich, ihr auf den Friedhof zu folgen, wo sie selber hin möchte. Dort gäbe es etwas zu sehen. Unterwegs erzählt sie, dass sich der Friedhof früher an der Kirche befand, bevor er außerhalb des Dorfes neu angelegt wurde. Heute liegt er am Ende der Dorfstraße, wo verschiedene Wege in alle Richtungen abzweigen. Die erste Überraschung findet sich schon draußen. Es stehen zwei Tore zum Friedhof nebeneinander, aber nur das linke funktioniert. Frau Müller führt mich ziemlich weit nach hinten, um dort nach rechts durch eine Hecke abzuschwenken. Sie zeigt mir ein großes goldenes Kreuz in einer Mauernische. Ich erfahre, dass hier in diesem Bereich nur Angehörige der Familie von Möllendorff beerdigt sind. Von ihnen wurde vor einiger Zeit das Kreuz neu vergoldet, denn Vandalismus hat an dieser Grabstelle alle Namen und Daten zerstört. Jetzt schauen mich nur noch nackte Flächen an. Zum

Glück haben sich an anderer Stelle Gedenksteine erhalten, auch wenn sie teilweise unter einer grünen Decke verschwinden, wie das von Ella von Moellendorf. Mit einem letzten Blick über die kleine Allee, die zu dem verschlossenen Tor führt, beende ich meinen Besuch hier auf dem Friedhof, bedanke mich ganz herzlich bei Frau Müller, und schlage den Weg rechts herum in Richtung meines heute letzten Zieles ein. Praktischerweise nennt sich der Weg auch gleich Hoppenrader Weg. Da kann ich mich ja zum Glück nicht verlaufen. Es geht

Feldsteinweg von Krampfer nach Hoppenrade

zwar noch an ein paar Grundstücken vorbei, aber gleich nach dem letzten beginnt eine der schönsten Alleen, die ich während meiner Wanderungen laufen werde. Rechts und links stehen uralte Bäume. Vorbildlich sind unten an den Stämmen alle Neutriebe beschnitten, so das die Bäume aussehen, als entspringen sie einem kleinen Hügel. Zwischen den beiden Baumreihen bildet das uralte Feldsteinpflaster den Fuhrweg. Ich kann mir so richtig vorstellen, wie die Leute früher mit ihren Fuhrwerken oder Kutschen hier entlang gefahren sind, um vielleicht Verwandte zu besuchen, Waren zu transportieren, oder Holz für die Küche nach Hause zu holen. Außer Landwirtschaftsbetrieben oder ein paar einheimischen Kennern des Weges wird sonst kaum jemand hier unterwegs sein. Zu unattraktiv ist die Verkehrsanbindung an Fernstraßen, was natürlich dieser zauberhaften Allee zu gute kommt, denn ich entdecke nur ganz wenige größere Schäden. Es bleibt mir also ganz allein vorbehalten, die sich nur unwesentlich sanft hin und her schlängelnde Baumallee mit Luna zu erlaufen. Das ist Wandern auf höchstem Lustniveau!

Nach dem Genuss dieses herrlichen Weges empfängt mich Hoppenrade gleich am Eingang mit seinem historisch interessantesten Teil. Es ist der hinter dem ehemaligen Gutshaus liegende Landschaftspark. Um 1900 wurde er noch als die „Perle der Prignitz“ bezeichnet. Ganz so kann man ihn heute nicht mehr nennen, auch wenn es die Anstrengungen eines Fördervereins gibt, den nach englischem Vorbild gestalteten Park wieder zu neuer Blüte zu verhelfen. Die Schäden, welche die landwirtschaftliche Nutzung der Anlage nach dem 2. Weltkrieg hinterlassen haben, sind schwerwiegend. Vorhandene Wege wurden zerstört und Bäume fielen. Nicht immer durch Menschenhand, wie die dicke alte Rotbuche, wo große Teile den neuzeitlichen Wetterunbilden zum Opfer fielen. Auch an den Gebäuden wurde Schindluder getrieben. Vieles wurde abgerissen oder baulich verändert. Die in seinen groben Strukturen sichtbare Parkanlage wurde zu Beginn des 19. Jahrhunderts auf Veranlassung von Friedrich Wilhelm Freier, dem Herr auf Gut Hoppenrade, durch den königlich-preußischen Gartenbaudirektor Eduard Neide, einem Schüler Lennès, angelegt. Grundlage dafür bildete der vorhandene Park, der zuvor insbesondere auf Anregung von Paul Freier gestaltet wurde. Parallel dazu beginnt der Bau des Gutshauses. Die räumlichen Gegebenheiten wurden von Neide genauso genutzt, wie der hier fließende Cederbach, das Bodendenkmal eines Burgwalls oder das bestehende Hügelgrab. Von der

Rückseite des Gutshauses kann der Blick weit nach Westen über den offenen Landschaftspark gerichtet werden. Heute beherbergt das Haus eine Förderschule samt Wohnheim, die vom CJD betrieben wird. Das hier Leben herrscht, ist zu hören und zu sehen. Auf der Vorderseite des Gutshauses zeigt sich eine typische Wirtschaftsanlage. Dem Gutshaus vorgestellt sind rechts und links jeweils eine große Stallanlage, die der Güterlagerung, der Tierunterbringung und dem Stellplatz für Maschinen dienten. Etwas versetzt am linken Stall ist ein Kalthaus angebaut, in welchem im Winter die empfindlichen Pflanzen untergestellt waren. Das Gutshaus als zentraler Bau trägt typische klassizistische Bauelemente. Bauherr war auch hier der schon erwähnte Johann Wilhelm Freier, der später in den Adelsstand erhoben wurde. Sein Sohn Karl folgte ihm, wie diesem Günther von Freier, und wiederum dessen Sohn Carl Günther. Sie betrieben neben der Landwirtschaft, mit einer großen Schafswirtschaft als Haupterwerb, weitere Zweige, wie eine Brennerei und Ziegelei. Wirtschaftlich und verwaltungstechnisch bildet Hoppenrade mit dem Nachbarort Garz eine Einheit. Schwerpunkt war aber Hoppenrade. Schauen wir mal, was in den nächsten Jahren an Verbesserungen zu erwarten sind. Es wird immerhin wieder an der Herstellung nach alten Vorbildern gearbeitet. Eine Reihe von Neuanpflanzungen sind ein guter Anfang, sollte der vor Jahren einmal aktive Biberzuwachs nicht wieder Schäden anrichten. Von der Straße aus betrachte ich nochmals die Anlage in ihrer Gesamtheit von Gutshaus und Stallungen, und verlasse Hoppenrade am alten Maschinenhaus und dem Teich auf der anderen Straßenseite vorbei in Richtung Süden auf einem mir gut bekannten Weg hinüber nach Groß Welle. An der Straßengabelung nehme ich den Linken Weg, der direkt nach Kletzke führt. Unterwegs begegnen mir noch ein paar schöne Waldabschnitte mit freien Wiesenflächen, auf denen mir die langsam herabsinkende Abendsonne farbenfroh entgegen scheint. Das der CJD nicht nur die Gebäude des Gutes nutzt, entdecke ich an einer eingezäunten Schonung, in der ein Schild darauf hinweist, dass die darin stehenden Jungbäume von Schülern der Christopherusschule gemeinsam mit der Oberförsterei Bad Wilsnack auf einer Windbruchfläche gepflanzt wurden. Über mir fliegende Wildgänse glänzen in der Abendsonne und lassen meinen heutigen langen Tag musikalisch mit ihrem Geschnatter ausklingen. Erschöpft, aber reich an neuen Kenntnissen komme ich zu Hause an.

06 Von Wasser und Störchen

Rühstädt, Bälow, Abbendorf, Elbdeich, Gnevsdorf, Rühstädt

Die Prignitz mit ihrer flachen Landschaft und den vielen Feuchtgebieten an der Elbe als Ergebnis großer Eisbewegungen, sind schon seit jeher ein beliebtes Aufenthaltsgebiet aller möglichen Zugvögel, die hier in den Sommermonaten Quartier beziehen und ihren Nachwuchs aufziehen, oder es zur Zwischenrast bei ihrer Rückreise in den Süden nutzen. Neben den kleinen Piepmätzen ist die Prignitz vor allem bei Kranichen und Störchen ein sehr beliebtes Reiseziel. An vielen Plätzen zieht es Kraniche schon gar nicht mehr weg, da ihnen die wärmeren Wintermonate keine größeren Probleme bereiten, und sie sich so den weiten Flug zu ihren Winterrastplätzen im Süden sparen können. Dem Storch reichen die Temperaturen im Winter nicht aus, so das er jedes Jahr im Spätsommer den Abflug macht, und im Frühjahr wieder zurückkehrt. Einer der Orte, an dem sie sich besonders gern niederlassen, liegt direkt hinter den Elbdeichen, dem anerkannten Europäischen Storchendorf Rühstädt. Für meine heutige Wanderung habe ich mir genau diesen Ort als Startpunkt ausgesucht, und das nicht nur wegen der Störche. Man trifft sie schon weit außerhalb der Dorfgrenze auf den feuchten Wiesen ringsherum, wo sie reichlich Nahrung finden. An manchen Stellen herrscht ein so reger Flugverkehr, dass man aufpassen muss, nicht im Tiefflug getroffen zu werden. Zum Glück funktionieren die Orientierungsorgane der Störche, weswegen Zusammenstöße ziemlich selten sind. Mein Auto lasse ich in der Nähe des Informationszentrums stehen. Mir als Thüringer fällt natürlich sofort auf, wenn sich irgendwo in der Prignitz ein Vertreter meines Heimatlandes „herumtreibt". Ein Wohnwagen mit Meininger Kennzeichen steht nur ein paar Meter entfernt von mir. Zu sehen ist niemand. Etliche Anzeichen deuten allerdings darauf hin, dass mit den Wohnwagenbesitzern auch ein Hund unterwegs sein muss. Da ich kein Lebenszeichen entdecken kann, mache ich mich auf den Weg ins Dorf.

Wie immer habe ich keinen Plan, und so lasse ich mich durch das Dorf treiben, was in Rühstadt überhaupt kein Problem ist. Es ist ein schönes Dorf, das muss ich sagen. Wunderschöne kleine Grundstücke mit herrlichen Häusern, locker im Ort verteilt, mal vornehm und mal bescheiden, die versuchen, den Gästen mit ihren gepflegten Gärten und Vorgärten nebenbei noch eine kleine Freude zu machen. Das laute Klappern der Störche über meinem Kopf ist nicht zu überhören. Wohin meine Augen blicken, fast überall sind Nisthilfen auf den Dächern für die Störche angebracht. Etliche sind zwar unbesetzt, aber das ist normal. Niemand weiß vorher, wie viele Storchenpaare oder Einzelgänger jedes Jahr den Weg zurück finden werden. Es gibt einfach zu viele Unwägbarkeiten auf den langen Flügen zwischen Nord und Süd. Trotzdem gilt Rühstädt als eines der storchenreichsten Gemeinden in Deutschland. Damit jeder Besucher auch sieht, was sich auf den einzelnen Horsten Jahr für Jahr tut, gibt es die vielfältigsten Varianten an Hinweistafeln, die über Ankunft, Abflug und den großgezogenen Nachwuchs Auskunft geben. In guten Jahren verbringen um die 40 Storchenpaare ihre Sommerzeit hier in Rühstädt. Da kann man sich vorstellen, was das für ein Geklapper ergibt. Es gibt im Dorf nicht nur oben sehenswertes zu entdecken. Unten ebenfalls. Da wäre schon mal die Kirche zu nennen, die aus Backsteinen im 18. Jahrhundert auf den Fundamenten eines Vorgängerbaus aus dem 15. Jahrhundert errichtet wurde, und deren Turm eine schöne Uhr ziert.

Schräg gegenüber ein Landhotel, in dessen Nähe sich der schöne alte Rühstädter Wasserturm befindet. Er versorgte einst den Gutshof und das Schloss mit Wasser, und ist das Rühstädter Wahrzeichen. Natürlich mit einem Storchennest auf seiner Spitze. Nur wenige Schritte davon entfernt ein ganz besonderes Kleinod, gerade für Fotografen. Zwei sehr kleine, im rechten Winkel zueinander stehende Häuser, bilden den Mittelpunkt. Das Dach des winzigen Wohnhauses, und das des noch winzigeren kleinen Stallgebäudes, sind mit einer dicken Decke aus wildem Wein überwuchert, die insbesondere im Herbst, wenn sich das sonst grüne Laub in ein knalliges Rot verwandelt, zu einer wahren Augenweide für jeden Betrachter

Schloss Rühstädt vom Park aus gesehen

wird. Allein nur für diesen Augenblick lohnt sich schon ein Rühstädter Besuch. Aber nicht nur, denn zum Glück hat neben dem Wasserturm für das ehemalige Schloss auch das Schloss selbst in Rühstädt überlebt. Vis a Vis der Kirche, leuchtet das ockerfarbene Schloss wunderbar zwischen den beidseits stehenden großen Bäumen hervor. Nicht immer sah es schon so aus. Als die Quitzows Mitte des 16. Jahrhunderts die erste Anlage errichteten, war es ein Bau im Renaissance-Stil, gelegen auf einer künstlichen Insel, umgeben von Wasser. Mit dem Tod des letzten Quitzower Besitzers trat für eine relativ kurze Zeit die Familie von Grumbkow ins Rampenlicht, die das Schloss nicht halten konnten, obwohl sie das alte Schloss abreißen, und ein neues bauen ließen. Schloss und Familie von Grumbkow gingen unter. Es folgt die Familie von Jagow. Leutnant Georg Otto Friedrich, der Ehemann von Magdalene, gehörte zur Armee Friedrichs II. Mit dem Vermögen seiner Frau erwarben sie Gut und Schloss Rühstädt. Es folgt eine Erfolgsgeschichte, die sie zu einem der einflussreichsten Adelsgeschlechter der Prignitz werden ließ. Ihnen ist die Existenz des heutigen spätbarocken Schlosses zu verdanken. Als Hommage an seine Vorgeschichte ist der Wassergraben erhalten geblieben, der heute von einer Brücke überspannt wird, deren wunderbare barocken Zierfiguren leider nach dem Krieg zerstört wurden. Auch die Familie von Jagow ereilte ein ähnliches Schicksal, als sie nach 1945 Schloss und Besitzungen aufgeben mussten. Verschiedene, der jeweiligen Zeit geschuldete, Nutzungen folgten danach. Heute befindet sich in den Mauern des Schlosses ein Hotel. Von den damals zum Gut gehörenden Gebäuden wurde viel abgerissen und auch am Park überließ man in der DDR trotz Denkmalschutz vieles dem Selbstlauf, was ihm nicht gut bekam. Erst seit der Wende werden verstärkte Anstrengungen zur Instandsetzung unternommen. Brauhaus, Backhaus oder Scheune überlebten und erfüllen heute andere Aufgaben.

Der Landschaftspark hinter dem Schloss entstand auf Veranlassung der Familie von Jagow aus einem ehemaligen Lustgarten, der nach französischen Vorbild als Barockanlage mit Hecken, Laubengängen und Blumenbosketten noch von den Grumbkow existierte. Einiges aus dem Vorläuferpark entdecke ich bei meinem Gang durch die Anlage. Zum Glück nehme ich den linken Weg um die wogende Grasfläche vor der breiten

Terrasse, und so komme ich in den Genuss, direkt unter dem wunderschönen Laubengang aus Hainbuchen laufen zu können, der auf den ehemaligen Eiskeller am Ende des Weges zuführt. Ein paar Meter weiter nach links würde ich zu einem mit Wasser gefülltem Altarm der Elbe gelangen, doch lockt mich rechts auf der Wiese ein mittleres Monstrum von einem Mammutbaum zu sich, dessen Einladung ich gern folge, um ihn mir ganz aus der Nähe anzusehen. Sein dicker zerfurchter brauner Stamm mit der langgestreckten grünen Krone bildet mit seinem breitkronigen Kollegen auf der anderen Wiesenseite einen wunderbaren Rahmen für den Blick über die vom Wind in einer Richtung gebogenen Gräser hinüber zum Schloss, das mit seiner Terrasse und der breiten Freitreppe den Bildabschluss ziert. Für einen Maler mit Pinsel und Staffelei wäre das ein tolles Motiv. Mir als in dieser Beziehung untalentiertem Zeitgenossen müssen mehrere Fotos ausreichen. Bei der Gestaltung des Parks wurde Wert darauf gelegt, vom Schloss den Blick in die entgegengesetzte Richtung, zu einem Obelisken, genießen können. Die Natur mit ihren Baumkronen macht es zwar etwas schwierig, aber von meinem jetzigen Standort fast in der Mitte dieser Linie ist das kein Problem. Da ich sowieso in dieser Richtung weiterlaufen will, mache ich mich unter einem weiteren Baumtunnel dorthin auf den Weg. Kurz vor dem Obelisk statte ich der Begräbnisstätte der Familie von Jagow noch einen kleinen Besuch ab. Von einer verzierten Backsteinmauer umschlossen, bieten eine weiße Altarnische mit Kruzifix und Reliefs, sowie die schwarzen Gedenkplatten der Familienmitglieder, Geschichte zum nacherleben an. Das sieht hier alles noch recht ordentlich aus. Vom Obelisk, einige Meter weiter, kann man das nur bedingt sagen. Als der Preußenkönig Friedrich Wilhelm I. Wilhelm von Grumbkow mit Rühstädt belehnt hat, ließ er zur Erinnerung daran den Obelisk aus Sandstein errichten. Er war geschmückt mit einem weiß-gelben Gitter, goldenen Inschriften und verschiedenen Familienwappen. Der heutige Anblick dagegen tut schon weh. Der obere Teil geht ja noch halbwegs, aber was sich darunter tut, sieht sehr mitgenommen und ramponiert aus. Die Wappen sind nur noch in Rudimenten zu erkennen, und von den Inschriften fehlt jede Spur. Das alles eine Folge politischer Wandlungen, zerstörerischer Wut auf das vergangene Erbe und falsch verstandener Glaubenstreue. Ich lasse den traurigen Obelisk hinter mir, und folge am Rande des Parks dem Plattenweg nach Norden, der zwischen den Äckern hindurchführt.

Der Weg verläuft hier zuerst ein Stück hinter den Deichen, bevor ich oben auf der Dammkrone weiter wandere. Die Aussicht ist wunderbar. Südlich von Rühstädt beginnt die Elbe in einem großen Bogen nach Norden umzuschwenken. Zwischen mir und der Elbe liegen ihre weitläufigen Überflutungsgebiete. Baumgruppen durchbrechen die riesigen Graswiesen. Überall hat sich Wasser in den Senken und alten abgeschnittenen Elbarmen angesammelt, in denen Frösche quaken, und Störche in den niedrigen Uferbereichen auf der Jagd nach ihnen umher staken. Greifvögel belegen die Kronenäste alter abgestorbener Bäume und verfolgen von dort oben ihre potentielle Nahrung. Manche Wiesen sind schon gemäht, und auf den freien Streifen stolzieren unzählige Störche auf der Suche nach Insekten oder Regenwürmern durch das flache feuchte Gras. Kühe des nahegelegenen landwirtschaftlichen Betriebes genießen das saftige Grün der Wiesen. Kurz vor Bälow sitzt ein Mann völlig entspannt am Ufer auf einem gut gepolstertem Stuhl, umringt von lauter grünen Plastikeimern, hat zwei Angeln im Wasser und wartet auf einen Biss. Hier scheint die Welt noch völlig in Ordnung zu sein. Es ist ruhig. Alles wirkt vollkommen verträumt. Die Elbniederung zeigt hier das perfekte Bild einer intakten, naturbelassenen Landschaft. Keine Windräder, welche den weiten Blick zerstören. Keine Strommasten oder Stromleitungen zerteilen die Landschaft. Das gefällt mir sehr, ist es doch gleichzeitig auch ein Beitrag, um den Störchen ein unfallfreies Fliegen und einen ungestörten Aufenthalt zu ermöglichen.

Ein alter Wegweiser aus Stein an der Straßenkreuzung sagt mir, dass es in Bälow für mich längs durch das Dorf geht. Teile vom alten Kirchenvorgänger stammen schon aus dem 17. Jahrhundert und wurden recht eigenwillig vor etwas mehr als einhundert Jahren in den Neubau integriert. Schmuckstücke sind das Eingangsportal und die herrlich anzuschauenden Turmuhren. Etwas ganz anderes zeigt sich hier ebenfalls, was so ein bisschen typisch für die kleinen Dörfer der Prignitz geworden ist. Als ich durch Bälow laufe, steht das Gasthaus Ploigt vor der Schließung. 116 Jahre hat es die Familientradition am Leben erhalten. Es hat Kriege überlebt und unterschiedliche Gesellschaftsformen überstanden. Mit der Schließung endet nun ein Stück Geschichte im Ort. Es ist nicht das erste Gasthaus, welches seine Türen in den Elbdörfern ringsum schließt. Es wird auch nicht das letzte bleiben. Nicht weit von hier, auf der anderen Dorfseite hinaus und über den Deich in Richtung Wittenberge steht der ehemalige „Sandkrug“ schon seit längerem leer und der Verfall ist nicht zu übersehen. Er war vor allem an Himmelfahrt für die Herren der Schöpfung eine beliebte Ausflugsgaststätte. Auch in Klein-Lüben oder Abbendorf geht es nicht mehr so richtig vorwärts in Sachen Gaststätten. Noch lebt Bälow, wie an einigen schön sanierten, oder neu erbauten Häusern zu erkennen ist. Meine Suche nach einem Weg rüber nach Abbendorf wird ein kleiner Hindernislauf. Der Straße zu folgen, brächte mir nichts, denn da wäre ich gleich wieder in Rühstädt und Straße macht nicht viel Spaß. So laufe ich also in der letzten Kurve geradeaus, um von da irgendwie auf einen passenden Weg zu kommen. Wer jetzt auf eine Karte schaut wird sagen: Einfach der Hauptstraße rechts folgen, und die nächste links abbiegen. Ja, das geht, aber so einfach mache ich es mir eben nicht immer, und so stehe ich bald vor etlichen Zäunen und geschlossenen Toren, die ich irgendwie elegant überwinden muss, was mit mehreren Anläufen auch gelingt, so dass ich auf die kaum befahrene Straße gelange, die nach Legde führt. Hinter einer dichten Baumreihe leuchtet plötzlich das rote Dach der Wunderblut-

Kirche von Bad Wilsnack auf. Ein imposanter Anblick. Nach etwa mehr als der Hälfte verlasse ich die Straße, und stiefele auf Abbendorf zu. Das ist der Vorteil der flachen Prignitz. Man sieht seine Ziele schon häufig recht früh.

Auch in Abbendorf stehen die Wohnhäuser wie in Rühstädt nicht eng beieinander. Das Dorf kann sich mit vielen schönen Höfen, großzügigen Streuobstwiesen und einem dreieckigem Anger samt Teich als typisches Angerdorf präsentieren. Bevor der Ort zu einer Einheit unter den Fittichen der Familie von Saldern wurde, regierte neben ihr noch die Adelsfamilie von Möllendorf. Das bekannteste Aushängeschild des Dorfes in den letzten Jahren war das Gasthaus „Dörpkrog an Diek", direkt am Elbdeich gelegen. Sein Koch besaß große überregionale Bekanntheit. Zum Glück bin ich nicht immer auf ein Gasthaus angewiesen. Mein kleiner Rucksack enthält genug zum überleben in den Weiten der Prignitz. Deswegen steige ich wieder auf die Deichkrone, und laufe am sogenannten Gnevsdorfer Vorfluter zum dortigen großen Wehr. Gute sieben oder acht Kilometer Flussaufwärts ergießt sich die Havel über ein Wehr in die Elbe. Ein zweites Wehr, nur wenige Meter nebenan, steuert den Wasserzufluss in den Gnevsdorfer Vorfluter. Beide Wehre zusammen sind wichtige regulierende Bausteine bei einer extremen Hochwassersituation in der Elbe. Der Weg auf dem Deich ermöglicht sehr schöne Ausblicke beidseits davon. Auf der einen die weitläufigen Ackerflächen, und auf der anderen die beiden noch getrennten Wasserstränge, die sich hinter dem vor mir immer höher aufrichtendem Gnevsdorfer Wehr wieder vereinen. Normale Wasserstandszeiten ermöglichen es, den Blick über die künstlich geschaffene Landschaft des Elbdeichvorlandes schweifen zu lassen. Ich gebe zu, dass mir dieser Anblick äußerst sympathisch erscheint. Ganz anders sieht es aus, wenn wirklich einmal richtiges Hochwasser ist. Ich hatte im Jahr 2002 dienstlich in der Gegend zu tun und musste mit dem Auto durch Gnevsdorf fahren, als die Elbe eines ihrer sogenannten

Jahrhunderthochwasser hatte. Schon das kurze Stück entlang der Dorfstraße machte einen unwirklichen Eindruck. Aus fast jedem Haus führten Feuerwehrschläuche durch die Kellerfenster auf die Straße, und beförderten Wasser nach oben. Ich suchte mir einen abgelegenen Platz, und stellte das Auto ab. Vor mir der hohe Deichdamm. Ich nahm eine Auffahrt mit zügigen Schritt, und stieg nach oben. Wenn ich ehrlich bin, dann muss ich sagen, dass mir genau in dem Augenblick das Herz in

Gnevsdorf mit seinen Birnbäumen

die Hose gerutscht ist, als meine Augen das erste Mal über die Deichkrone blickten, und sich vor mir eine unendlich graublaue Wasserfläche ins weite Nichts ausbreitete. Ich sah nur Wasser. Nichts als Wasser, und das bis kurz unterhalb der Deichkrone. Noch knapp ein Meter Luft bis ganz hoch. Ich weiß es nicht mehr genau. Ich hatte nur noch ein solch unangenehmes Bauchgefühl, als könnte mich das Wasser in jedem Augenblick verschlingen. Meine irrwitzige Phantasie stellte sich in diesem Angstzustand sogar schon vor. Der Damm bricht gleich, und spült mich irgendwo in die Wallachei, wo ich später wie eine alte Plasttüte in einer Baumkrone hängen bleibe. In diesem Moment verstand ich, was es für Regionen auf der Erde bedeutet, die diesen Extremen viel häufiger ausgesetzt sind als wir. Schrecklich der Gedanke. Andererseits faszinierte mich dieser Anblick auch wieder, weil man es sich nicht wirklich vorstellen kann, woher diese Wassermassen kommen. Selbst beim Abstieg und den Blick auf die vielen Sandsäcke entlang der Trockenseite begleitete mich die Vorstellung eines Dammbruches, weil die Umstände es einfach hergegeben hätten. Keine Ahnung wie sich da die wenigen Einwohner in ihren Häusern fühlen, wenn sie den Druck der Wassermassen tagtäglich auf den Damm gleich nebenan wissen und spüren. Kann da noch jemand ruhig schlafen?

Wie völlig anders erlebe ich den Gang entlang der Straße ohne dieses schreckliche Szenario. Nichts erinnert an das Schlauchwirrwarr von damals. Den Straßenrand säumen lauter Birnbäume. Dahinter die alten Backsteinhäuser mit ihren weißen Fensterrahmen und den bunten Fensterladen. Blumenbeete direkt vor den Grundstücken laden zum Verweilen ein. Gegenüber die süße kleine Kapelle aus Fachwerk und Backsteinen. Die Vorgängerkapelle von 1722 stiftete Sophia Charlotta, die Frau des Feldmarschalls von Grumbkow, als ein Kind im Winter nach der Taufe verstarb. Vielleicht sorgt sie ja nebenbei auch dafür, dass der Ort vor Hochwassergefahren geschützt ist. Wer weiß das schon so genau zwischen Himmel und Erde. Ich bleibe geerdet, steige wieder hoch auf den Damm und laufe das letzte Stück nach Rühstädt. Ich schaue wieder hinüber zur Elbe. Die höher stehenden Wiesen des Elbvordeiches vermischen sich mit kleinen Baumgruppen, bevor die abflachende Landschaft wie von Zauberhand in den Wellen von Vorfluter und Elbe versinkt. Von nun an beherrscht der breite Strom wieder die Szenerie. Obwohl der Wasserstand normal ist, muss man schon Glück haben, will man eines der recht seltenen Boote erleben. Ich war schon öfters hier, einen

Schubverbund oder ähnliches habe ich allerdings noch nie gesehen. Ab und an schippert mal ein Leichtmatrose mit seinem kleinen Boot gegen die Strömung an, aber das war es dann schon. Meistens spielen die Wellen ihr eigenes Spiel und lassen sich gemütlich in Richtung Nordsee treiben. Auf dem Damm bin ich allein unterwegs. Heute jedenfalls. An anderen Tagen kann es ganz anders aussehen. Dann radelt hier einer neben dem anderen und es ist wie bei einer Völkerwanderung. Mancher denkt vielleicht, so ein Schutzdamm ist eine Erfindung der neueren Zeit, dabei sorgte schon König Friedrich Wilhelm I. von Preußen für örtliche Befestigungen an gefährdeten Uferabschnitten der Elbe. Ich sehe unten am Elbufer einen Trampelpfad. Da ich Luna anderes bieten möchte als den Plattenweg, steige ich nach unten und folge dort dem Weg. Hier ist das Rauschen der Elbe intensiver zu vernehmen, als oben auf dem Damm. In der Entfernung kommt uns eine Frau mit einem Hund entgegen. Luna schaut wie immer verdutzt. Sicherheitshalber nehme ich sie im laufen an die Leine. Die beiden anderen kommen uns näher und ihr Hund ist weiter ohne Leine. Er läuft vorbei, ohne sich groß um uns zu kümmern. Wir sind Luft für ihn. Ich komme mit der Frau ins Gespräch. Sie stellt sich als Melanie vor, und bemerkt gleich, dass sie mich heute früh aus ihrem Wohnwagen heraus am Parkplatz gesehen hat. Daraufhin wusste ich auch sofort, dass sie mit dem Meininger Wohnmobil dort stand. Wir quasseln darüber, was sie in die Gegend treibt und wo sie noch hin will. Von mir möchte sie gern wissen, wo sie außer an der Elbe noch etwas laufen kann. Ich erzähle ihr von meinem Weg und gebe ein paar Tipps, wo die Wege hinführen. Wir verabschieden uns, und jeder geht seiner Wege. Wieder zu Hause werde ich später auf Facebook ihre Tour durch Deutschland mit Wohnmobil und Hund weiterverfolgen. Das sind die kleinen Begegnungen, die das Wandern so mit sich bringen und neue Erkenntnisse vermitteln. Mein Weg rund um das Europäische Storchendorf Rühstädt mit seinen feuchten Wiesen und den vielen Brackgewässern endet wieder da, wo er begonnen hat.

07 Hinter den Deichen

Garsedow, Lütjenheide, Zwischendeich, Hinzdorf, Kuhblank, Groß Breese, Breese

Meine heutige Wanderung führt mich ebenfalls wieder in eine Region, die gleich hinter den Elbdeichen liegt. Der beste Ausgangspunkt dafür ist der große Parkplatz am Prignitzer Oberstufenzentrum in Wittenberge. Vom wuseligen Treiben rund um die Schule im ehemaligen Nähmaschinenwerk braucht es nur ein paar Schritte, und ich befinde mich schon da, wo eine andere Zeitrechnung wartet. Ich muss noch am letzten Zeichen der Neuzeit, der imposanten Eisenbahnbrücke vorbei, die auf riesigen Betonklötzen in der Elbe steht, und den Süden mit dem Norden verbindet. Mit mehr als einem Kilometer Länge überbrückt sie die Elbe. Damit ist sie in Wittenberge nicht die einzige Elbrücke. Nur wenige hundert Meter Flussabwärts, am westlichen Ende der Stadt, überwindet eine Autobrücke das Gewässer. Sie bilden zusammen die wichtigen Verbindungen zwischen den beiden Ufern. Eines Tages werden es sogar drei Brücken sein, wenn neben der jetzigen für Autos eine weitere für die neue Autobahn fertiggestellt sein wird. Das ist jedoch noch Zukunftsmusik. Für mich zählt das hier und jetzt. Schon in unmittelbarer Umgebung der Brücke gibt es gleich zwei prägende Flüsse der Prignitz zu sehen. Nördlich den Elbe-Port, den Wittenberger Elbe-Hafen, umfließend, trifft die Stepenitz auf die Kathane, die südlich am Elbe-Port vorbei fließt, und die sich gleich darauf gemeinsam in die nur noch wenige Meter entfernte Elbe ergießen. Beide Flüsse sind prägend für das Prignitzer Hinterland im Norden und im Süden. Das sich beide gerade hier mit ihren Mündungen treffen, nachdem sie sich mühsam durch die weite Landschaft geschlängelt haben, um gemeinsam in die Elbe zu fließen, ist schon erstaunlich und natürlich reiner Zufall. Während ein paar Autos die Straße auf dem Deich nutzen, laufe ich von da links hinunter an die Karthane und folge dort dem Weg in Ufernähe. Kurz danach erreiche ich Garsedow, eingepfercht zwischen dem Elbe-Deich und dem Karthane-Deich. Das putzige an Garsedow ist, dass die ganzen Wohnhäuser nur auf einer Seite der Dorfstraße stehen und nicht mal ab Nummer 1 mit dem ersten Haus beginnen. Das findet sich fast genau auf Höhe der Dorfmitte und war früher das Haus des Nachwächters und später des Bürgermeisters, weswegen die Nummer dort verblieb. Ein paar der noch vorhandenen Gebäude haben eine recht alte Geschichte. Die Nummer 5, Wendt`s Gehöft, zeigt noch Züge eines Vier-Seiten-Hofes, während Nummer 6 aus dem 19. Jahrhundert stammt. In der 5 haben engagierte Eigentümer eine Pension eingerichtet. Dabei haben sie den ehemaligen Schweinestall aus dem Jahr 1892 und die nach ihrer Aussage älteste Scheune des ganzen Landes Brandenburg saniert und in die Pension integriert. Das letzte Haus in der Dorfstraße, an dem ich Garsedow wieder verlasse, stammt vom Anfang des 20. Jahrhunderts. Ab hier muss ich doch wieder auf der Straße laufen. Zum Glück hält sich der Verkehr darauf in Grenzen. Der nächste Ort ist so winzig, dass man ihn fast nicht bemerken würde, würde er nicht in seiner idyllischen Umgebung noch einmal einen zusätzlichen Lichterglanz setzen. Schon bevor die Häuser von Lütjenheide richtig zu sehen sind, gefallen mir die kleinen Streuobstwiesen, die mit kunstvoll errichteten Holzzäunen umschlossen sind. Weidenbäume, ein paar Schafe und schmale Wasserläufe geben der Landschaft ein landschaftlich verführerisches Antlitz. Die Asphaltstraße steigt an, und für ein paar Meter wechselt der Belag jetzt zu Natursteinpflaster. Die leichte Anhöhe nennt sich Warft und ist typisch für die hiesige Prignitz-Region, denn dadurch sind die Höfe besser gegen Hochwasser geschützt. Apropos Höhe. Davon gibt es übrigens nur drei. Dementsprechend kurz ist der Weg durch Lütjenheide. Leider hatte ich nicht das Vergnügen, im Frühling hier zu sein, denn ich stelle es mir besonders schön vor, wenn die Obstbäume rund um die kleine erhöhte Insel blühen, und ihre Blütenpracht das schmückende Beiwerk zu diesem Gesamtbild bildet. Zu diesem Bild gehören für mich im Moment auch die beiden roten Flecken, die ich rechts hinten sehe. Ich mache mich kundig nach einem kurzem Weg dorthin und werde wieder ein Stück zurück beordert, um vor dem Dorf über die Wiesen dorthin zu gelangen. Es sind Gehöfte, die sich Zwischendeich nennen. An ein paar niedriger liegenden Wasserlöchern vorbei, stoße ich auf zwei getrennte kleine Dörfer. Ich entscheide mich für den linken Teil, was sowohl gut als auch schlecht ist. Gut ist der Umstand, dass ich hier ein typisches Runddorf vorfinde, deren Häuser sich wie ein Strahlenkranz vom Dorfzentrum wegbewegen, und von denen einige mit ihrer kunstvollen Backsteinarchitektur noch extra stark glänzen können. Sie zu sehen bin ich dankbar. Leider, und das ist der kleine Nachteil, möchte ich nicht den großen Bogen über die Landstraße nach Hinzdorf nehmen. So bleibt nur der Weg über die andere Dorfhälfte und von da über den Elbdeich. Die Aussicht von oben ist wieder zauberhaft. Unten die dahintreibende Elbe. Zwischen ihr und mir die unzähligen Buhnen, die wie lauter Rückenwirbel aussehen. Auch Überbleibsel von Elbwasser, das nach höheren Wasserständen in Erdmulden zurückgeblieben ist, leuchtet im Sonnenlicht.

Hinzdorf ist für mich eine Station auf dem Weg in den Norden. Für Kapitäne auf kleinen Booten als Rastplatz gut geeignet, denn in einer Elb-Buhne können sie zum ausspannen an einem Steg festmachen. Sehenswert ist durchaus die kleine Backsteinkirche im romanischen Stil von 1908. Zum Glück trifft man ab und zu jemand, der einen eine Auskunft geben kann. Natürlich bezieht sich meine Frage auf einen möglichen Feld- Wald- oder Wiesenweg rüber nach Kuhblank. Mir wird der nördliche Weg am Waldrand empfohlen, der am Ende an der Karthane endet, der ich nach links folgen soll bis zu einer kleinen Brücke. Das ich vorher noch einen schmalen Bach überwinden muss, sagt mir keiner. Das ist allerdings kein größeres Hindernis und eine Freude bringt mir diese Zusatzaufgabe auch noch. In den flachen Ufern der Wassergräben stehen Reiher, und halten nach Beute unter der Wasseroberfläche Ausschau. Auch ein Schwanenpäarchen hat sich das

Wasser als Ruheplatz ausgewählt, und gleitet langsam an der Oberfläche entlang, um ab und zu mal den Kopf unter Wasser zu stecken. Wenigstens finde ich die Karthane-Brücke hier schneller, als bei meiner Tour durch das Dannenwalder Luch. Von da an geht es kerzengerade aus unter der ICE-Strecke durch, und danach gleich rechts in Richtung Kuhblank. Zu meiner Überraschung begegnet mir fast eins zu eins noch einmal Zwischendeich, denn Kuhblank ist ebenso ein Runddorf, im Gegensatz zu Zwischendeich jedoch als Gesamtensemble in der Denkmalliste von Brandenburg aufgelistet. Ich will mich nicht lang aufhalten, denn auf den nächsten Ort freue ich mich schon den ganzen Tag, auch wenn der mich bisher schon mit

In Groß Breese

vielen tollen Eindrücken verwöhnt hat. Während meiner Arbeit in einer Krankenkasse hatte ich oft hier in der Gegend zu tun, und bin sehr viel durch den Ort gefahren, der schon allein beim durchfahren für Aufsehen sorgt. Ich nutze den Weg, der mich schon hier her gebracht hat. Da er vorhin weiter nach

Groß Breese geführt hat, laufe ich lieber dort als auf der Straße. In der Dorfmitte, genau gegenüber der Kirche, betrete ich das Dorf Groß Breese, das seinen Namen Breese aus dem slawischen hat und „Ort, wo die Birken stehen“, sinngemäß übersetzt bedeutet. Wer heute unter den Baumreihen steht und das langgestreckte Dorf sieht, der kann sich nicht vorstellen, dass auch dieses Dorf einmal als Runddorf existierte, bevor es ein Brand von der Landkarte tilgte. Eine Flurbezeichnung mit dem Namen „Altdorf“ verweist noch darauf. Die Familie von Saltern, damals das Verwaltungsoberhaupt der Region, ordnete den Neuaufbau des Ortes etliche Meter weiter nördlich, dem heutigen Standort, an. Das alles geschah in der Mitte des 19. Jahrhunderts. Interessant und für heutige Verhältnisse nicht mehr vorstellbar ist folgendes: Die errichteten Häuser wurden durch die Landesverwaltung verlost, was schon ein besonderer Aspekt ist. Das jedoch die Häuser schon den breiten Randstreifen zwischen Straße und Häuserzeile bevölkern. Alle akkurat gepflanzt und in jeder Jahreszeit mit einem anderen Farbkleid aufwartend. Besonders im Herbst werfen sie sich knallbunt in Schale, dass es eine Freude ist, unter ihnen entlang zu gehen. Sie geben dem Dorf das passende Ambiente, in dem sich die schmucken Fachwerkhäuser und Bauernhöfe bestens präsentieren können. Zu diesen gesellten sich noch ein Pfarrhof, ein Feuerwehrspritzenhaus und eine Schule. In der Mitte überragt der Turm der denkmalgeschützten neuromanischen Backsteinkirche aus dem Jahr 1879 alle anderen Dächer um Längen. Es gibt wunderbar sanierte Häuser, denen die Wendezeit mit ihren materiellen Möglichkeiten enorm geholfen hat. Wer weiß, was sonst aus diesen herrlichen Voraussetzungen geworden wäre. So gehört Groß Breese immer wieder zu den Dörfern der Prignitz, denen große Aufmerksamkeit zuteil wird, wenn es um die schönsten Orte im Landkreis Prignitz und im Land Brandenburg gehört. Der Zwillingsort von Groß Breese ist Breese, nur ein paar hundert Meter in Richtung Wittenberge entfernt. Er ist der letzte Ort meiner heutigen Wanderung. Sehr langgezogen und nicht sehr attraktiv. Was etwas Geschichte nach Breese bringt, sind auf der rechten Seite, kurz vor dem Abzweig nach Weisen, die dort stehenden zwölf Häuser, die im rechten Winkel zu zweit miteinander verbunden sind. Sie wurden 1903 als Wohnungen für höhergestellte Firmenangehörige der Firma Singer & Co in Wittenberge erbaut. Es sind nur ein paar Häuser mit etwas über 120 Jahren Standzeit, aber immerhin. Ein Blick darauf kann man schon mal werfen. Auf den letzten gut zwei Kilometern nutze ich den Gehweg entlang der neuen Straße, um über die Eisenbahnbrücke wieder in Wittenberge einzulaufen. Meine heutige Wanderung hat mir all das geboten, was eine Landschaft hinter den Deichen großer Flüsse auszeichnet.

08 Zwischen Rhododendron und Turnvater Jahn

Gadow, Lanz, Wustrow, Babekuhl, Cumlosen

Der Ausgangspunkt meiner heutigen Wanderung beginnt mitten im Wald. Aber nicht in irgendeinem Wald, sondern in einem Wald, der zu einem Schloss gehört. Vor Jahren war ich schon einmal im Frühjahr hier. Ich besuchte mit meiner Frau den Schlosspark, um die unzähligen Rhododendronsträucher mit ihren vielen Blüten zu bewundern. Nun bin ich erneut hier, und wieder blühen sie. Irgendwo zwischen den wenigen Häusern von Gadow stelle ich das Auto ab, lasse Luna aus dem Kofferraum, nehme sie sicherheitshalber an die Leine und laufe in die Richtung, an die ich mich noch schwach erinnern kann, wo meine Frau und ich damals den Eingang fanden, und tatsächlich liege ich nicht verkehrt, denn vor mir tauchen die beiden gelb leuchtenden Torpfeiler mit den geöffneten schmiedeeisernen Torflügeln, eingerahmt von blühenden Rhododendronbüschen, auf. Hässliche Betonplatten bedecken hier leider den Weg. Das passt überhaupt nicht zu diesem romantischen Bild und sah bei seiner Gestaltung mit absoluter Sicherheit auch noch nicht so aus. Unter Leitung von Graf Wichard von Wilamowitz-Moellendorff entstand ab Mitte des 19. Jahrhunderts aus dem vorhandenen Park ein ausgedehnterer Landschaftspark im englischen Stil als zuvor. Vorhandene Wiesen und Teiche wurden mit einbezogen. Sträucher werden von Rhododendren begleitet, über denen sich Eichen und Douglasien erheben. Eine Holztafel vor einem dicken braunen Stamm verweist darauf, dass es sich bei diesem Exemplar um die älteste Douglasie Gadows handelt, die 1865 hier im Park gepflanzt wurde. Im übrigen soll auch die älteste Eiche der Prignitz hier im Park stehen. Ich bin da zwar immer etwas skeptisch, aber ich will es mal glauben. Zum Glück sind die kleinen versteckten Wege zwischen all den Pflanzgruppen und den Skulpturen in ihrem natürlichen Zustand verblieben, so das der Gang zwischen ihnen sehr angenehm ist. Es gibt sicher

Schloss Gadow

Parks, die mit großzügigeren Rasenflächen und breiteren Sichtachsen aufwarten können, was hier im Park jedoch kein Mangel darstellt. Immer wieder wird der Blick auf die farblich abwechslungsreichen Blüten der Rhododendren gelenkt, und wenn sich die Aussicht einmal vergrößert, gleitet der Blick über kleine, fast versteckte Wiesen. Schon aus einiger Entfernung zeigt sich Stück für Stück das Schmuckkästlein des Parks, das Schloss Gadow. Wichtigste Nutzer waren Angehörige der Familie von Moellendorff, dem aus der Altmark stammenden Adelsgeschlecht. Die mittelalterliche Anlage ist lang schon Geschichte. Nach mehrmaligen Umbauten wurde aus dem Nachfolgebau ein spätbarockes Wohnhaus, das später in der Mitte des 19. Jahrhunderts völlig umgekrempelt wurde, und zum klassizistischem Landschloss mit drei Gebäudeflügeln und der zweiseitigen Auffahrt wurde. Die letzten Besitzer waren der Rittmeister Hans Wichard von Willamowitz-Moellendorff und sein Enkel Gero. Was das Innere betrifft, so ging der größte Teil in den Nachkriegswirren verloren und was dann noch übrig blieb, vernichtete der Umbau des Schlosses zu einem Ferienheim in Zeiten der DDR. Heute tummeln sich Kinder in dem als Ferienanlage genutztem Haus. Ob sie etwas über die Geschichte dieses Hauses und seines Gartens erfahren, wenn sie hier ein paar Tage verbringen? Ich weiß es nicht. Mich zieht es weiter durch den Park. Auf meinem Weg treffe ich auf ein ruhig dahin fließendes Gewässer. Es ist die Löcknitz, durch deren klares Wasser ich bis auf den Grund schauen kann. Bäume spannen ihre ausladenden Äste über den Fluss, der in den Park eingebunden ist und ihm zusätzlichen Charme verleiht. Der Weg der Lößnitz ist schon ziemlich bemerkenswert. So entspannt wie sie hier fließt, so spannend ist ihr Verlauf. Sie entspringt oben in Mecklenburg-Vorpommern, durchfließt dann Brandenburg von Nord nach Süd, um kurz vor der Elbe nach Westen abzudrehen. Dann, im westlichsten Zipfel der Prignitz, verlässt sie Brandenburg, um für ein kurzes Stück noch einmal durch Mecklenburg-Vorpommern zu fließen, bevor sie in einem dritten Bundesland als Neue Löcknitz, nämlich in Niedersachsen, in die Elbe mündet. Jahrzehnte zuvor endete ihr Flusslauf bereits vor Dömitz. Aus Hochwasserschutzgründen wurde ihr Bett um gut zehn Kilometer verlängert, und wurde so zur Neuen Löcknitz.

Der Eiskeller, der mir auf meinem Weg begegnet, weckt gemischte Gefühle in mir. Auf einer leichten Erhebung wirkt der gruselige Anblick mitten im Wald recht deprimierend. Andererseits macht das alte Backsteinmauerwerk mit der weiß abgesetzten Türverkleidung noch einen stabilen Eindruck. Ich kann mir vorstellen, wie früher die Bediensteten das gefrorene Eis zu Blöcken zersägt haben, um es hier für die Sommerzeit einzulagern, denn in unserem Dorf gab es gleich hinter unserem Haus ebenfalls einen Eiskeller, den die Gaststätte für die Bierkühlung genutzt hat. Das der hiesige als kleine Gaststätte gedient hat, lässt sich an den unschönen und kaputten Werbeträgern an der Eingangsfront erkennen. Der Infokasten für die Speisekarte sagt auch nichts mehr. Ich verlasse diesen traurigen Ort, der schon weit bessere Zeiten erlebt hat, laufe ein Stück die kleine Straße entlang, bis ich nach ein paar Metern einen Waldweg auf der linken Seite nehme, und an seinem Ende in Babekuhl lande. Das Dorf ist kein Touristenmagnet. Wer nicht hier wohnt, der hält auch nicht an. Wenigstens besaß das im Besitz des Deichhauptmanns von Moellendorff befindliche ehemalige Vorwerk mal eine Schmiede. Der Weg nach Lanz ist leider sehr unangenehm, denn bis kurz vor den Ortseingang bleiben mir und Luna nur der Seitenstreifen der ziemlich stark befahrenen Straße zwischen Wittenberge und Lenzen. Der Versuch, einen Feldweg zu nutzen, endet am Rand der Löcknitz. Da ich keine Brücke am Flusslauf sehen kann, muss ich wieder zurück auf die Straße, entdecke dabei in einiger Entfernung am Ende des Ackers und der Löcknitz zuvor noch einen Brückenbogen, der über den Fluss führt. Er ist ein Überbleibsel der ehemaligen Bahnverbindung von Wittenberge nach Lüneburg, die nach dem Krieg als Reparationsleistung in die damalige Sowjetunion verbracht wurde. An eine Wiederinbetriebnahme dieser Strecke zu denken, dürfte wohl eine Illusion bleiben.

Ich bin froh, als ich in Lanz von der Straße auf einen Gehweg wechseln kann. Das mir am Anfang meines Weges in Gadow etwas entging, werde ich jetzt hier in Lanz durch einen Zufall erfahren. Ein paar Meter vor mir läuft ein Mann mit seinem Hund, und tritt gleich darauf durch eine niedrige Tür auf sein Grundstück. Hundebesitzer kommen ja immer recht schnell in ein Gespräch. So auch wir beide. Unsere Hunde bieten den Anlass für eine kurze Unterhaltung über sie, und dabei kommen wir auch auf meine Wanderung und die eben erlebte Risikovariante zu sprechen, als Fußgänger den Rand der Bundesstraße nutzen zu müssen. Der gute Mann hat sofort einen Ratschlag für mich parat. Er empfiehlt mir, beim nächsten Mal den Weg durch den Forst zu nehmen, denn der führt gleich am Ortsausgang quer durch den Wald, und endet direkt in Gadow. Und, so spricht er mit gefühltem Stolz in seiner Stimme, würde ich da auf das Mausoleum derer von Moellendorff stoßen. Ich müsse von hier aus nur aufpassen, den fast unscheinbaren Pfad nicht zu verfehlen, dann könne ich mich auch nicht verlaufen. Das ist ein toller Hinweis, und mit der Bemerkung, dass ich dies auf dem Rückweg nach Gadow auf jeden Fall tun werde, verabschieden wir uns kurz darauf.

Wie ein Großteil der gesamten West-Prignitz gehörte auch Lanz ab 1952 zum ehemaligen Bezirk Schwerin. Obwohl es ein typisches Prignitzer Runddorf ist, werden Besucher wie ich erst einmal staunen, dass beim abbiegen von der durchführenden Hauptstraße überhaupt nichts darauf hindeutet. Der nördliche Teil, in den die Straße direkt hineinführt, wirkt wie ein normal zusammengewürfeltes Dorf. Nicht zu verfehlen ist hier das Turnvater Jahn Denkmal auf der Fläche unter den großen Bäumen. Der Sockel mit dem darüber befindlichen Obelisk, eingerahmt von einem niedrigen Metallzaun, erinnert an Johann Friedrich Ludwig Christopf Jahn, dem Initiator der deutschen Turnbewegung. Eingeweiht im Jahr 1928, steht es in unmittelbarer Nachbarschaft zur Turnhalle und Herberge, in der sich heute eine Schule befindet, dessen weißer Giebel den Schriftzug Jahn-Ehrenmal trägt. Am Sockel ist eine schwarze Platte angebracht, in die sein Name, sowie sein

Geburtstag samt Geburtsort, und sein Sterbetag, samt Sterbeort, eingraviert sind. Darüber, auf dem oberen Sockelteil, ist sein Konterfei in eine schalenförmige Nische eingearbeitet. Ein bisschen muss ich schmunzeln, denn diese runde Nische wirkt wie ein Heiligenschein über seinem Kopf. Ob das wohl so Absicht war? Seinen Namen kannte ich schon als kleiner Junge, denn in meiner Thüringer Geburtsstadt Arnstadt gibt es nur ein paar Meter entfernt von unserer Wohnung ein Stadion mit gleichem Namen. Das ich eines Tages mal in seiner Geburtsstadt stehen werde hätte ich mir nie vorstellen können. Jetzt, wo ich hier stehe, muss ich schon etwas an seiner glänzenden Fassade kratzen, denn so ganz aus Lust und Liebe hat er das alles nicht initiiert. Sich der aufstrebenden deutschen Nationalbewegung zugehörig fühlend, war einer seiner Gedanken dabei, die Jugend mit körperlicher Ertüchtigung auf den drohenden napoleonischen Einmarsch vorzubereiten. Auch wenn zahlreiche von ihm erfundene Turngeräte später zu einem festen Bestandteil des Sportes wurden, so gehört auch das Wissen um ihre geistigen Wurzeln dazu. Ich will jedoch nicht meckern, denn schließlich wäre auch heute ein bisschen mehr Bewegung und Sport, gerade in den Schulen, eine gute Sache, ohne gleich an eine mögliche kriegerische Auseinandersetzung denken zu wollen. Einfach nur aus Spaß sollte es sein. Da wäre manchem gesundheitlichen Problem schon geholfen. Ich folge der Jahn-Straße in den südlichen Dorfabschnitt, vorbei an ein paar hübschen kleinen Backsteinhäusern, und bemerke beim Anblick der Kirche sofort, dass sich das Dorfbild grundlegend verändert hat.

Die Kirche bildet mit ihrem holzverkleidetem Turm den Mittelpunkt des ganzen Platzes. Um sie herum richten sich alle Häuser mit ihrer Längsseite zu ihr aus. Zwar sind nicht alle in einem Top Zustand, aber es würde manchem Dorf zur Ehre gereichen, hätte sie nur eines davon in seiner Mitte. Einige könnten glatt weg als Herrenhäuser durchgehen, so chic sehen sie aus mit ihren Treppenaufgängen, Dachgiebeln, schmiedeeisernen Gartenzäunen oder den Gärten selbst. Großzügige Rasenflächen mit altem Baumbewuchs verleihen dem Anger herrschaftliche Weite. Die Feldsteinkirche mit ihrer Mauer drumherum sieht wohlgefällig aus, und der Gottesacker ist gepflegt. Nur der Kirchturm wirkt etwas schräg. Hoffentlich ist er gut gestützt. Ganz nah an der südlichen Kirchmauer, umschlossen von der Ringstraße, steht das Geburtshaus von F. L. Jahn. Hier kam er am 11.08.1778 als Pfarrersohn zur Welt. Aus Anlass seines 200. Geburtstag wurde in der ehemaligen Einraum-Klassenschule ein Jahn-Museum eingerichtet und zeigt eine Ausstellung zum Wirken und Schaffen des Turnvaters. Das er in der Kirche nebenan auch von seinem Vater getauft

Auf dem Anger in Lanz

wurde, wird jetzt niemand mehr überraschen. Ich setze meinen Gang um den Anger ganz gemütlich fort, genieße die angebotenen Augenfreuden und überlege mir unter einem schattigen Baum, wie ich zu meinem nächsten geplanten Weg nach Wustrow gelange. Meine grobe Vorplanung bot mir zwei Varianten an, wobei eine davon über eine Straße führen würde. Die fällt weg, so das ich mich dafür entscheide, in Lanz wieder etwas nach Norden zu laufen, um dann einem Waldweg zu folgen. Es folgt ein wenig die Suche nach dem richtigen Ortsausgang. Ich könnte es mir auch leichter machen, in dem ich mir eine der vielen angebotenen Wander-Apps aufs Handy lade, um dann draußen danach zu wandern. Ich bin ehrlich gesagt kein Freund davon. Ich mag es, lieber vor Ort eine Entscheidung zu treffen, und mich auf mein Bauchgefühl zu verlassen, welcher Weg in der Natur mir am ehesten zusagt. So wie jetzt der Waldweg den Vorzug gegenüber der Straße erhält. Kurz vor dem Denkmal schwenke ich links weg, um aus dem Dorf herauszukommen. Etliche Meter geht es durch eine offene Landschaft mit niedrigem Baumbewuchs, bevor sich über mir das grüne Dach schließt. Der Waldweg führt sehr schön in unmittelbarer Nähe des Waldrandes entlang, so das sich immer wieder kleine Ausblicke über die davor liegenden grünen Wiesen mit ihren Solitärbäumen ergeben. Die Aussichten verschwinden, und der Wald um mich herum wird dichter. Als vor mir eine Wegkreuzung auftaucht, und statt eines weiteren Waldweges eine schmale Asphaltstraße erscheint, nehme ich diese in die vermutete Richtung nach Wustrow. Jetzt bin ich froh, den Abzweig vor längerer Zeit verfehlt zu haben, der mich schon eher nach Wustrow geführt hätte. Zuerst bemerke ich beim laufen einen süßen Duft, der sich über den Asphalt legt, und in meine Nase steigt. Dann höre ich ein gleichmäßiges summen über mir, das jeden meiner Schritte begleitet. Ich blicke nach oben. Dort kann ich zwar die Ursache nicht erkennen, sehe jedoch den Grund. Über mir blinken die kleinen weißen Dolden der Akazie im Grün der Blätter, und wohl Millionen von Bienen erfreuen sich an ihrem süßen Nektar. Erst jetzt nehme ich so richtig bewusst wahr, dass rechts und links der Straße keine Kiefern oder ähnlich typische Bäume der Prignitz stehen, sondern sich etliche der schwarz schimmernden Bäume zum Spalier für mich aufgestellt haben. Ich genieße diese Meter, begleitet vom betörenden Duft und vom summen der Bienen. Am Ende des Waldes treffe ich auf die Straße, der ich in Lanz vorsorglich ausgewichen bin. Die letzten Meter bis zum Ortsrand trete ich mit den Füßen auf ihr herum. Einen hübschen Anblick bietet mir noch ein Acker mit jungem Getreide, das an einigen Stellen mit einem Teppichmuster aus blauen Kornblumenblüten übersät ist.

Die Höfe im Dorf liegen großzügig verteilt. Das Zentrum des aus einer wendischen Ansiedlung hervorgegangenen Dorfes bilden die Kirche, das alte Schulhaus, ein Kriegerdenkmal und das Pfarrhaus, welches etwas abseits von den drei anderen steht. Beide, Kirche und Schulhaus, sind als Fachwerkbau errichtet, deren Gefache mit Backsteinen gefüllt sind. Auffällig an der Kirche mit seiner niedrigen Feldsteinmauer sind die hoch angesetzten Fenster. War sie einst ein Rückzugsort bei Überfällen? Die Dorfschule hat nicht nur grüne Fensterladen und eine Heimatstube, sondern auch noch einen grünen Beschützer. Ein uralter Baum, als Friedenseiche dem Deutsch-Französischen Krieg von 1870-71 gewidmet, steht in unmittelbarer Nähe der Schule, wo auch ein kleines Denkmal für die Opfer des 1. Weltkrieges errichtet wurde, und an dem später eine weitere Erinnerungsplatte angebracht wurde, welche an die Gefallenen des 2. Weltkrieges erinnert. Ein paar der Häuser, die hier noch im direkten Umfeld des kleinen dreieckigen Angers stehen, geben mit ihren angepflanzten Bäumen ebenfalls ein formidables Bild ab. Dazu zählt auch das Pfarrhaus in der angrenzenden Straße. Das im 19. Jahrhundert erbaute Gebäude im Stil der Neugotik besticht durch seine symmetrische Form, dessen zentraler Teil einen Mittelrisalit mit Eingangstür und Stufengiebel bildet. Es ist nicht sehr groß, aber fein gearbeitet. Der Dorfstraße, der ich von Norden her ins Dorf gefolgt bin, widme ich wieder meine Aufmerksamkeit, und folge ihr nach Süden, aus dem Dorf hinaus. Mit dem Wissen, wo sich Lanz geografisch befindet, folge ich am Ende der Straße dem kreuzenden Weg nach Osten. Es gibt keinen Schutz vor der Sonne, die von oben herunter knallt. Allerdings scheint sie nur im Nordosten der Republik, wie die Wetterkarte am Abend im Fernsehen verkündet. Da wird eine ziemlich abgefahrene Meldung gezeigt. Während in unserer Region Temperaturen von durchschnittlich 22 Grad Plus angezeigt werden, liegt sie gleichzeitig am Nürburgring in der Eifel bei völlig verrückten Minus 1 Grad! Da nehme ich doch lieber die 22 Grad Plus. Zum Glück gibt es wenig später eine Art geistige Erfrischung, denn plötzlich liegt auf der Nordseite des Weges ein Wasserlauf, der als Kanal bezeichnet wird. Woher er kommt, kann ich nicht erkennen. Er ist auf einmal einfach da. Sein Wasser fließt auch nicht, jedenfalls kann ich keine Bewegung erkennen. Die Oberfläche ist zu großen Teilen mit grüner Entengrütze bedeckt. An manchen Stellen des Ufers haben sich Gelbe Wasserlilien ihren Platz erobert. Frösche machen mit lautem Gequake auf ihre Anwesenheit aufmerksam. Der eine oder andere bringt sich mit kühnem Sprung ins Wasser in Sicherheit, um irgendwo abzutauchen, oder vorsichtig in der Entengrütze wieder aufzutauchen. Männchen der wunderschön blau glänzenden Gebänderten Prachtlibelle schwirren über das Wasser, oder suchen sich ein Grasblatt als Landeplatz. Auch die langen schlanken Blauen Federlibellen vertreiben sich die Zeit auf und über dem nassen Strang. Immer wieder bleibe ich stehen, und sehe dem Spiel ihrer Kunstflüge am Wasser interessiert zu. So wird mir der Weg überhaupt nicht langweilig. Unter dicken Eichen lege ich den letzten Abschnitt bis nach Lanz zurück. Das ich hier im Radfahrerland unterwegs bin, beweist mir zum wiederholten Male ein sogenannter Knotenpunkt. An ihm können sich die Radfahrer orientieren, wie weit es in verschiedene Richtungen ist. Finde ich toll, leider hilft mir das als Wanderer nur bedingt, denn ständig auf einem möglichen Kollisionskurs mit ihnen unterwegs zu sein, mag ich gar nicht. Es gibt nämlich nicht nur die rücksichtsvollen Radler, sondern auch die, welche schon 3 Kilometer vorher anfangen wie wild zu klingeln oder sich sonst wie bemerkbar zu machen, nur damit sie im Vollsprint an einem vorbei feuern können. Für die Natur haben solche

Zeitgenossen leider kein Auge. Hauptsache schnell irgendwohin kommen. Das habe ich alles schon genug erlebt während meiner Wanderungen auf dem Rennsteig, oder entlang der Werra, von der Quelle bis nach Hann.Münden. Von mir aus können sie so schnell rasen wie sie wollen. Sie sollten jedoch daran denken, dass nicht nur sie allein unterwegs sind und es auch noch andere Fortbewegungsarten gibt.

Am anderen Ende von Lanz erinnere ich mich wieder an die Unterhaltung von heute morgen. Ich bin aufmerksam, und entdecke tatsächlich zwischen den hier noch recht kleinen Bäumen einen schmalen Trampelpfad. Hätte ich es nicht besser gewusst, wäre ich garantiert daran vorbei gelaufen. Es ist

Erbbegräbnisstätte derer von Moellendorff

ein Weg so ganz nach meinem Geschmack. Weicher Boden. Viele Bäume. Gefühlt weit weg von der Zivilisation. Und dann plötzlich taucht es auf, das angekündigte Mausoleum der

Familie von Moellendorff. Es liegt zwar ein wenig versteckt hinter einem großen Rhododendronstrauch, kann aber nicht verfehlt werden. Kein Laut dringt hier her. Es ist ruhig. Nur die Blätter rascheln etwas im Wind. Unter dem großen Rhododendron liegen zwei große Findlinge. Während ich Schwierigkeiten habe, die linke, schon verwitterte, Inschrift halbwegs zu entziffern, ist die rechte problemlos zu lesen. Er ist Christiane Gräfin von Wilamowitz-Moellendorff, geb. von Krogh, gewidmet, die am 23.12.2016 verstarb. Ein bisschen sieht die dahinter liegende Erbbegräbnisstätte aus wie ein Tempel im alten Griechenland. Vielleicht nicht ganz so grazil. Eher etwas monumentaler. Daniel Theodor von Wilamowitz hat mit diesem Bau das testamentarische Erbe des königlich-preußischen Generalfeldmarschalls Wichard Joachim Heinrich von Moellendorff in die Tat umgesetzt, der hier als erster seine letzte Ruhestätte finden wollte. An dem schmalen Portal zwischen den vier Säulen, schaue ich durch ein Gitter, welches Einsicht gewährt, aber den Zugang versperrt. Ich habe es schon vermutet, und der Blick ins Innere bestätigt es mir, dass hier nichts zu sehen sein wird von irgendwelchen Särgen, Gräbern oder ähnlichen Dingen eines Erbbegräbnisses. Es ist relativ dunkel darin. Lediglich durch die Halbkreisfenster fällt Licht herein. Rechts und links sind offene Nischen in den Seitenwänden eingezogen. Über ihnen erhebt sich ein Tonnengewölbe. Trotz des schwachen Lichtes lassen sich immer noch ganz gut die kunstvollen Ausmalungen erkennen. Aufgemalte Kassetten bedecken die Gewölbedecke. Manche von ihnen sind zerstört und von den ganzen Wappen der Familienangehörigen ist auch nichts mehr vorhanden. Auf einem schief herabhängenden Plakat wirbt die Stiftung Deutsche Denkmalpflege um Unterstützung, die dringend Not tut, um wieder etwas von dem Glanz zu erzeugen, den das Mausoleum vor seiner Zerstörung durch Vandalismus in den 1960-er Jahren besaß. Dessen ungeachtet, erheben die noch vorhandene Ausstattung im Inneren, und der bedeutsame klassizistische Außenkörper, das Mausoleum in den Stand eines kunsthistorisch wertvollen

Gebäudes in der Prignitz, zumal es im Kontext mit seinem Umfeld von Schloss und Park durchaus das Potential für eine absolute Sehenswürdigkeit besitzt. Ich mache von Luna und mir mit dem Mausoleum im Hintergrund noch schnell ein, zwei Fotos, und begebe mich wieder auf den Weg. Ein letzter Blick zurück, und weiter geht es. Vorbei an einer weiten Lichtung und dem Ufer eines verwunschen wirkenden Teiches komme ich dem Schloss in Gadow näher, und Kinderstimmen schallen jetzt immer lauter werdend durch den Wald. Davon war heute früh noch nichts zu hören. Damit ist jetzt auch klar, dass sich wirklich hier Kinder zur Erholung aufhalten. Wie es der Zufall noch will, präsentiert er mir just am Ende meiner Wanderung einen Wegweiser, der den Weg von hier zum Mausoleum aufzeigt. Aber jetzt mal ehrlich: War es nun gut oder schlecht, dass ich das nicht schon heute früh entdeckt habe? Ich weiß nicht, wie ihre Antwort ausfällt. Für mich ist sie klar. Hätte ich es gewusst, wäre ich vielleicht gleich hier lang gegangen, und auch wieder so zurück gekommen. Dadurch wäre womöglich nicht nur der Weg über den Eiskeller und Babekuhl ins Wasser gefallen, sondern auch die Entdeckung des Brückenpfeilers der alten Eisenbahnlinie samt der Begegnung mit dem Lanzer Hundehalter. Beim wandern muss man loslassen können. Sich einlassen auf das Neue und Unbekannte. Erkenntnisse kommen immer erst unterwegs. Deshalb bin ich froh, es heute früh noch nicht gewusst zu haben. Vielleicht hilft mir dieser Erkenntniszuwachs später bei einer anderen Gelegenheit noch einmal. Wer weiß das schon.

Auf der Heimfahrt lege ich in Cumlosen noch einen Zwischenstopp ein, der im übrigen auch das Ergebnis einer Erkenntnis des heutigen Morgens ist, und nicht eingeplant war für heute. Beim passieren des Ortes habe ich mir gedacht, dass er einen sehr einladenden Eindruck macht mit seinem vielen Grün, der auffälligen Kirche und einigen hübsch restaurierten Bauernhäuser. Also suche ich mir jetzt am Nachmittag in der Nähe der Kirche einen Parkplatz, und laufe ein wenig auf dem

Dorfplatz umher. Hier befindet sich wohl der Mittelpunkt des Dorfes. Es gibt rund um die Kirche neben dem zugehörigen Pfarrhaus noch das ehemalige kombinierte Schul- und Küsterhaus, sowie die Heimatstube. Das wird ergänzt von zahlreichen Bäumen und Wegen, die alles miteinander verbinden. Zentrale Blickpunkte sind die hell leuchtende Kirche von 1858, die als neugotischer Bau errichtet wurde und das zugehörige Pfarrhaus. Der Kirchturm wirkt dank seiner Bauweise recht hoch. Das hier alles auch so schon etwas höher liegt, hat nichts mit einer größeren Nähe zu ihrem Gott zu tun, sondern ist Ausdruck des Wissens um die verheerende Wirkung von Elbehochwasser. So haben sie auch hier, wie in vielen anderen Dörfern im Hinterland der Elbe, ihre Gebäude auf die sogenannten Warften, ein künstlich erhöhtes Gelände, gesetzt. Das Areal rund um Kirche und Pfarrhaus vermittelt mit seinen verschiedenartigen Bäumen fast schon den Eindruck eines Parks. Das Pfarrhaus haben die Cumlosener zu einer Künstlerherberge umgestaltet. Am restaurierten Küsterhaus mit dem Gemeinde-Kultur-Zentrum steht eine kleine Stele mit Informationen zu einem gewissen Gottfried Benn. Er wurde in der Nähe von Putlitz geboren und gehörte zu den bedeutendsten Dichtern der literarischen Moderne, die mit den traditionellen Inhalten und Techniken brachen und den Literaturbetrieb neu belebten. Es wird also viel getan, um diesen Ort zu etwas besonderem zu machen. Von daher war es keine schlechte Idee, mir Cumlosen etwas genauer anzusehen. Es war den Stopp wert.

09 An der Elbe

Lenzen, Fähre, Elberadweg, Mödlich, Wootz, Gaarz

Heute ist ein Abschnitt des Elbe-Radweges das bevorzugte Territorium für meine Wanderung. Er liegt im äußersten Nordwestzipfel von Brandenburg. Auch Lenzen als größte Stadt hier in der Gegend habe ich mit eingeplant, und sie wird der Ausgangspunkt meiner Unternehmung. Wettermäßig zeigt sich Deutschland heute ebenfalls wieder recht eigenartig. Es ist Ende Oktober. Der Westen des Landes wird mit Sturm malträtiert, während hier an der Elbe ein strahlend blauer Himmel vorhanden ist, die Temperaturen bei 15 Grad liegen und einen wunderschönen Herbsttag anbieten. Die gut tausendjährige Geschichte von Lenzen prägten die Prignitzer Adelshäuser von Quitzow, von Platen und von Moellendorff. Wenn sich auch vieles aus ihrer Zeit nicht mehr erhalten hat, so bietet das verträumte Städtchen mit seinen kleinen Gassen und Häusern immer noch genug Sehenswertes. Die ganz großen Veränderungen nach der Wendezeit haben um Lenzen einen Bogen geschlagen. Lenzen besteht für mich gefühlt aus zwei Teilen.

Der größere, weit versprengte nördliche Teil, und der alte historische Stadtkern unterhalb der Burg. Wer durch die schmalen Gassen der Altstadt schlendert, der bekommt einen Eindruck davon, wie es sich vor langer Zeit hier hat leben lassen. Der beste Platz, um sich einen Überblick über die Stadt von oben zu verschaffen, ist die Burg von Lenzen. Der lockere Aufstieg auf die 929 erstmals erwähnte Burg lohnt auf jeden Fall. Eine Zeitlang stand sie unter slawischer Kontrolle, bevor sie im 13. Jahrhundert für knapp einhundert Jahre in den Besitz der Markgrafen von Brandenburg gelang. Dann kamen die Havelberger Bischöfe und all die anderen Regenten. Nach dem Dreißigjährigen Krieg erlangte Lenzen durch seine günstige Lage an der Kreuzung bedeutsamer Verkehrswege überregionale Bedeutung. Mit der Verlagerung einiger wichtiger, damit zusammenhängender Funktionen wie dem Wasser- und Landzoll, in andere Regionen, verlor die Stadt zwar ihre strategische Bedeutung, nicht aber ihren Charme. Wer neben dem Besuch des Informationszentrum von BUND und NABU die Möglichkeit zu einem Aufstieg auf den Burgturm hat, sollte die Treppe nach oben auf jeden Fall benutzen. Von dort bietet sich bei schönem Wetter eine phantastische Aussicht in alle Richtungen an. Kennen sie einen Ort, von dem aus sie gleich in vier Bundesländer blicken können? In Lenzen können sie es mit Brandenburg, Sachsen-Anhalt, Niedersachsen und Mecklenburg-Vorpommern tun. Doch nicht nur der Blick in die Ferne ist toll. Der Ausblick auf den unterhalb der Burg liegenden Burggarten, mit der Löcknitz als Nebenarm der etwas weiter entfernt dahinfließende Elbe und ihrem Deichhinterland bieten viel sehenswertes für die Augen. Natürlich trifft das auf die gleich angrenzende Altstadt von Lenzen im vollen Umfang ebenso zu. So wie es im Mittelalter üblich war, überragt der Kirchturm mit über 40 Metern die niedrigen Häuschen des Stadtkerns, die auch später nie höher erbaut wurden als die umliegenden Häuser, so dass sich eine schöne gleichmäßige Stadtansicht erhalten hat. Bevor ich mich durch die Gassen treiben lasse, führt mich mein erster Weg zu eben jener Kirche.

Der der Heiligen Katharina gewidmete Backsteinbau ist nicht nur in der gesamten Gegend die größte Kirche. Sie ist es auch für den in seiner Anlage recht kleinen Stadtkern. An der dreischiffigen, spätgotischen Hallenkirche gefällt mir vor allem das große repräsentative Eingangsportal. Es hat die Form eines gotischen Stufenportals und ist mit verschiedenfarbigen glasierten und unglasierten Backsteinen verziert. Die Kirche umrahmen schön sanierte Häuser, die meisten davon in Fachwerkbauweise. Der auf dem Kirchplatz stehende Preußische Postmeilenstein erinnert an die Zeit, als Lenzen den schon erwähnten wichtigen Verkehrsknotenpunkt bildete. Nur wenige Meter hinter der Kirche verlief die alte Stadtmauer. Der Stumpfe Turm an der Straße nach Berlin ist ein Überbleibsel jener Zeit, als noch alle Reisenden hier hindurch mussten. Drei seiner Art hat es damals gegeben. Ein Stück der alten Stadtmauer ist noch zu erkennen. Leider scheinen einige der hier stehenden Häuser schon länger keinen Besitzer zu haben, denn ihr Zustand gefällt mir überhaupt nicht. Ich begebe mich wieder in die Altstadt, und folge einfach meinem inneren Antrieb. Ich laufe durch verschiedene Gassen, in denen die niedrigen Häuser mit höchstens einem Obergeschoss bunt aneinandergereiht stehen. Natürlich gibt es immer mal wieder eines, was verlassen aussieht, aber im großen und ganzen wirkt das alles sehr harmonisch, auch wenn die Schräglagen mancher Häuserfronten besorgniserregend aussehen. Da es hier in der Altstadt gar nicht so viele Straßen und Gassen gibt, führt mich mein Weg irgendwann von ganz alleine zum

Altstadtstraße in Lenzen

Rathaus, ohne das ich gezielt danach suchen muss. Es unterscheidet sich schon von den anderen Häusern, und selbst wenn man nicht weiß, dass es sich um das Rathaus handelt, spürt man es sofort.

Über einer Art Souterrain liegen noch zwei Geschosse und ein ausgebautes Krüppelwalmdach. Gekrönt wird es von einem Uhrturm, der die Eigenheit hat, nur einen Stundenzeiger zu besitzen. Die groß in den Giebel eingelassene Zahl 1713 benennt das Einweihungsjahr des Rathauses, nachdem schon vorher zwei existierende Häuser bei Bränden vernichtet wurden. Dann findet sich noch eine große Bronzefigur neben der Eingangstür, die für eine Überlieferung aus der Historie der Stadt Lenzen steht. Sie zeigt die „Brezeltante“ Anna Grieben, die in der Frühen Neuzeit um 1600 gutes getan haben soll. Sie gilt als Stifterin der sogenannten „Brezelsalve“, nachdem ihr ein Kind gestorben war. In dieser Zeit empfand die Christin große Zuneigung Gottes und beschloss, von nun an auch andere Kinder regelmäßig daran teilhaben zu lassen. Daraufhin verschenkte sie jedes Jahr am Palmsonntag an jedes Kind drei Brezeln und zwei Bogen Papier. Auch die Lehrer und die Geistlichen der Kirche erhielten diese Gaben. Dieser Brauch wurde dank ihrer Stiftung über dreihundert Jahre fortgeführt, und fand sein Ende leider mit dem 1. Weltkrieg. Es ist eine rührselige Geschichte, die jedoch wunderbar zu dieser Stadt passt. Ganz anderes, und noch gar nicht so lange aus den Geschichtsbüchern verschwunden, erlebe ich gute anderthalb Kilometer weiter an der Elbe.

Hier, direkt am Fähranleger zu stehen, war schon kurz nach der Wende und unserem Umzug von Weimar in die Prignitz etwas besonderes. Irgendwo hatte ich gelesen, dass die Stadt Lenzen zur Wintersonnenwende am Ufer der Elbe ein großes Feuer brennen lassen wollte. Uns zog diese Geschichte an, und wir sind mit dem Auto über die damals noch nicht so gut ausgebauten Straßen bis hier her gefahren. Es war die Zeit des Aufbruchs, und sowohl die Wärme des riesigen Feuers, als auch die hoch aufschießenden Flammen, stimmten uns hoffnungsfroh. Alles wirkte berauschend. Das Feuer. Die schwarz erscheinende Elbe. Der funkelnde Sternenhimmel. Es passte alles zusammen. Noch wenige Monate zuvor wäre dies alles nur ein Traum gewesen. Der auf Dammhöhe stehende Beobachtungsturm der Grenztruppen der DDR erinnert heute daran, dass diese Region für den DDR-Bürger eine Terra Incognita war. Niemand hätte auch nur einen Fuß hier her setzen können. Die Erinnerung an das Feuer von damals zog mich in den Jahren danach, auch arbeitsbedingt, immer mal wieder her, und lockte zu einem kleinen Gang auf dem Deich. Auch meinen Geschwistern zeige ich bei ihren Besuchen diese Gegend. Nun stehe ich also erneut hier.

Die Fähre hat ihren Betrieb aufgenommen. Ein Auto wartet schon an der Auffahrt auf das in den von der Elb-Strömung etwas geschützten Nebenarm herannahende Fährboot. Wenn er die andere Elbseite erreicht, steht er am Fuß der Höhbeck-Berge, auf dem der hohe Sendemast Gartow 2 steht. Ich warte nicht auf das anlegen, und laufe auf der Dammkrone flussabwärts. Bis Mödlich gibt es kaum bemerkenswerten Baumbewuchs. Das ändert sich ab da. Nun sind immer öfters große Einzelbäume zu sehen, die sich auch zu Baumgruppen vereinen können. Bäume, deren Wurzeln durch immer wiederkehrende Feuchtigkeit an Halt verloren haben, fallen eines Tages einfach um, und dienen der Natur als Nahrung. Ich weiß nicht, ob ich es mir nur einbilde, aber ich habe das Gefühl, dass die Elbe wie ein Saugrüssel funktioniert, und ich mitten im Schlauch stehe, denn mir kommt stets ein gleichmäßiger Wind flussaufwärts entgegen. Ein paar Kilometer werde ich nun auf dem über 1000 Kilometer langen Elbe-Radweg unterwegs sein. Hier durchfährt er das UNESCO-Biosphärenreservat Flusslandschaft Elbe. Die Natur ist wahrscheinlich der einzige Gewinner des alten DDR-Grenzregimes. Egal ob am Grünen Band oder hier an der Elbe. Überall haben sich dank der Abschirmung von jeglichem öffentlichen Leben seltene Pflanzen, Tierarten oder landschaftliche Besonderheiten bestens erhalten und bieten uns heute noch einen recht ursprünglichen Zustand, auch wenn sich durch den Tourismus schon etliches verändert hat. Die rechts von mir liegende Bundesstraße ist die einzig vernünftige Straßenverbindung zwischen den Elbbrücken von Wittenberge und Dömitz. Sie berührt fast alle Dörfer, die sich zwischen Lenzen und Gaarz hinter dem Deich wie eine Perlenkette aufreihen. Nicht immer sind sie klar voneinander abzugrenzen. Einzelne Gehöfte verteilen sich zwischen ihnen, und vom Deich aus ist es nicht auszumachen, zu welchem Dorf sie gehören. Im Grunde genommen ist es auch egal. Ob Mödlich, Wootz oder Kietz. Ob Unbesandten oder Besandten. Ob Baarz oder Gaarz. Überall zeigen sich die kleinen Sehenswürdigkeiten.

Auf meiner Wanderung entlang der Werra, da wo ich den Werra-Radweg nutzen musste, sind viele Radler einfach achtlos an den am Wegesrand stehenden Schönheiten vorbei gefahren, ohne sie wahrzunehmen. Meist versteckt hinter alten Obstbäumen, oder eingerahmt von kleinen Blumengärten, stehen hier die Höfe. Manch heutiger Bewohner eines solchen Hofes hat wohl nicht viel im Sinn mit Obst zum Selbstpflücken. In einem Garten stehen zwei große Apfelbäume, unter denen die roten und gelben Früchte einen farbigen Teppich bilden, und wo noch unzählige der eßbaren Kugeln an den Ästen hängen. Die Existenz der großen Bäume ist geschichtlich interessant. Man hat sie ja nicht nur der Schönheit wegen gepflanzt. Sie erfüllten, und erfüllen noch heute, ganz bestimmte Aufgaben. Zum einen dienen Obstbäume natürlich der eigenen Versorgung. Stämme konnten für den Bau verwendet werden. Bei Linden wiederum dienten die Blüten als Heilpflanze. Darüber hinaus hatten sie auch eine Schutzfunktion. Die hohen Kronen halten den Wind ab und verhindern so das abdecken eines Daches. Oder im Winter sollten sie den Funkenflug aus dem Hausschornstein auf andere Dächer verhindern. Selbst als Blitzableiter finden sie durch ihre Höhe über den Häusern Verwendung, damit er da zuerst einschlagen möge. Schon Friedrich II. erließ dazu entsprechende Dekrete. Da hilft es heute auch, dass die Häuser mal mit einfachen Blechdächern abgedeckt, dann wieder kunstvoll mit Reet belegt sind. Alte Scheunen mit Fachwerk, deren Lehmgefache schon teilweise kaputt sind, geben den Blick ins Innere frei. Dann wieder finden sich herrlich restaurierte oder erhaltene Fachwerkhäuser, die sogenannten Niederdeutschen Hallenhäuser, wie es sie in Mödlich, Besandten oder Baarz zu entdecken gibt. Überhaupt sind viele Hofgruppen schon von den Eigenheiten des niederdeutschen Landschaftsbildes geprägt. Hinter den Dörfern erstreckt sich die Lenzerwische, ein flaches weitläufiges Gelände aus Acker und Grünflächen, das von unzählige Wassergräben durchzogen ist. Je weiter der Weg flussabwärts geht, desto imposanter erheben sich am Horizont die vierzig Meter hohen Hügel der Binnendüne von Klein Schmölen. Die gut zwei Kilometer lange, und bis sechshundert Meter breite Düne, ist ein Relikt der letzten Eiszeit vor rund 12000 Jahren. Für einen Besuch liegt sie jedoch für mich heute zu weit weg. Während auf den Flächen zwischen Damm und Elbe eine Vielzahl von Brackwassern zu sehen sind, gibt es

Kirche von Mödlich

hinter dem Damm welche bei Mödlich, Kietz und Unbesandten. Fast jedes gefüllte Wasserloch hat Gäste, egal ob Enten, Gänse oder Kraniche. Sie fühlen sich wohl hier und genießen die Ruhe. Auch die Altwasserarme sind ein beliebter Aufenthaltsort. Auch Kirchen liegen auf meinem Weg, die alle ihre Besonderheiten besitzen. Die spätgotische Kirche in Mödlich stammt in ihrem Ursprung aus dem 15. Jahrhundert. Schöne Fenster mit romanischen Bögen lassen Licht ins Innere. Äußerlich besitzt sie eine Vorhalle an der Süd-, und einen Pfeilergiebel an der Ostseite. Die Vorhalle ist nicht einfach so dran gesetzt. Sie ist mit einem gleichartigen Stufengiebel wie der an der Ostseite ausgestattet. Ein Gedenkstein erinnert an Arnold Gysel van Lyr, einem holländischem Admiral, der in Diensten von Kurfürst Friedrich Wilhelm von Brandenburg stand, und sich später um die Erhaltung der Deiche kümmerte. Sein Sarg liegt heute gemeinsam mit dem seiner Tochter im Kirchturm. Das früher zum Kirchensprengel gehörende Pfarrhaus ein paar hundert Meter weiter, stammt von 1865. Es stand viele Jahre leer und erfuhr erst jetzt eine Verwandlung in ein Ferienhaus. Seine auffallend gelbe Farbe im Garten mit den Weiden und Eichen, Obst- und Walnuss-Bäumen, unterscheidet es von den meisten anderen Häusern hinter dem Damm. Die Dorfkirche in Wootz ist eine schmucklose Kirche mit Fachwerk und Backsteingefachen, die leider etwas weiter weg vom Dammweg steht. Dafür entdecke ich in einer Dammbeule auf einem Grundstück mit einem hübschen Haus ein paar seltene Exemplare von Eseln. Es sind Poitou-Esel. Sie werden schon seit dem 10. Jahrhundert in Südwest-Frankreich für den Einsatz in der Landwirtschaft und dem Militär gezüchtet. Mit der Industrialisierung in der Landwirtschaft ging ihr Bestand stark zurück und in den 1970-er Jahren waren sie fast ausgestorben. In Frankreich und Deutschland werden seitdem die Esel in einem Arche-Nutztier-Programm wieder gezüchtet, und hier haben einige Exemplare ein zu Hause gefunden. Sie sehen putzig aus mit ihrem langen zotteligen Fell und den vielen Haaren an den Ohren. Völlig entspannt verfolgen sie meine Bewegungen, die mich in Richtung Kietz führen. Kurz vor dem Landhaus Elbe-Flair fällt mir ein leuchtendes goldenes Kreuz auf einer Turmspitze auf. Obwohl es ein paar Meter weiter weg vom Deich liegt, mache ich mich interessehalber am Landhaus vorbei auf den Weg dorthin. Es ist eine Kirche, die völlig frei liegt. Kein Haus oder ähnliches steht um sie herum. Wie andere Häuser in der Gegend liegt auch sie in einer etwas gesicherten Lage auf einer Warft, die hier natürlichen Ursprungs ist, jedoch sicherheitshalber noch künstlich erhöht wurde. Darauf steht nun ein stattlicher neuromanischer Backsteinbau aus dem Ende des 19. Jahrhunderts. Hatten es Kirchen in der DDR so schon schwer genug, so trifft diese hier ein doppeltes Schicksal. Direkt an der innerdeutschen Grenze gelegen, verhinderte das dazu gehörige Sperrgebiet eine Nutzung, und so verfiel sie sehr stark. Selbst die Kirchenverwaltung stand schon vor dem Abriss. Informationstafeln vor der Kirche geben ein paar interessante Informationen preis. So soll der Vorgängerbau eine ganz tolle Innenausmalung besessen haben, deren Kopien sogar bis ins Märkische Museum Berlin gelangten, bis sie dort in den Kriegsjahren verloren gingen. Blitzeinschlag und Hochwasser bereiteten das Ende der alten Kirche vor. Einiges der hölzernen Inneneinrichtung konnte erhalten werden, und durch Nachbauten ersetzt werden. Da soll sogar die königliche Regierung in Potsdam darauf gedrängt haben, dass alles, was noch zu verwenden war, zu sichern sei. Das spricht sehr für die kunsthistorische Bedeutung der heutigen St. Johannis Kirche, die nach der Wende dank eines Fördervereins von einem baufälligen, gesperrten Haus, wieder zu einem Haus Gottes und der Kultur wurde. Für mich geht es wieder zurück zum Deich, und dort noch ein Stück bis kurz hinter Besandten. Danach gibt es zwar noch zwei kleine Ansiedlungen, Baarz und Gaarz, aber ein mir entgegenkommender Deichgänger meint, dass es nichts zu sehen gäbe, was den Weg lohnen würde. So schaue ich nur in die Richtung und weiß, dass ich eigentlich am westlichsten Ende des Landes Brandenburg stehe, bevor die Landesgrenze zu Mecklenburg-Vorpommern folgt. An schicken Häusern habe ich rechts vom Deich genug gesehen.

Auf dem Rückweg gilt von nun an der Elbseite meine besondere Aufmerksamkeit, auch wenn mir der eine oder andere Blick schon auf meinem bisherigen Weg zeigte, dass außer Wiesen kaum etwas anderes zu sehen sein wird. Ich empfinde das nicht als Nachteil, denn nach den vielen optischen Eindrücken herwärts, können sich meine Augen jetzt etwas entspannen. So flach wie auf der rechten Dammseite ist

Die Elbniederung

es auch auf der Elbseite. Die flachen Landschaften zwischen Damm und Elbe, häufig als Werder bezeichnet, prägen mit ihren Brackgewässern und Baumgruppen die Ansicht. Nicht immer ist die Elbe nah. Da, wo weite Überschwemmungswiesen liegen, fließt sie so weit weg, dass sie nur zu erahnen ist. An anderen Stellen, wie zwischen Mödlich und Wootz, kann ich sie fast mit der Hand berühren. Die Buhnen recken sich wie ausgestreckte Finger in Richtung Flussmitte und sorgen für die Kanalisierung des Elbwassers auf die Flussmitte. Enten und Gänse bevölkern jedes nur erdenkliche Gewässer. Wenn der Damm nicht mal einhundert Meter vom

Elbufer entfernt ist, sehe ich die scheinbar bewegungslose Elbe, wie sie mit ihren flachen Wellen spielt. In den Buhnen entstehen durch das rotierende Wasser Schaumkronen, die sich gleichwohl im Kreise drehen, bevor sie auf den Elbstrom hinausgetrieben werden, und sich dort im Nichts auflösen. Hinter der Elbe ragen auf der Niedersächsischen Elbseite die Türme vom Bergwerk Gorleben aus den Baumkronen. Die Landschaft auf der anderen Seite ist wesentlich hügeliger. Wenn sich der Deich weit vom Ufer zurückzieht, entfaltet sich ein farbenreiches Herbstbild. Wind kräuselt die Oberfläche der je nach Sonnenlichteinfall andersfarbig schimmernden Wasserfläche. Die Sommergräser haben ihr ehemaliges Grün gegen verschiedene Brauntöne eingetauscht. Die blattlosen Stengel bilden buschige kleine Felder. Alles scheint harmonisch aufeinander abgestimmt. Auf der Bank an der Alten Fischerkate lege ich eine letzte Pause ein, und schaue über die unzähligen kleinen Wasserlöcher und alten Flussarme zwischen Deich und Elbe. Hinter dem Fluss sind ein paar Häuser von Vietze im Wendland zu erkennen. Knapp über dem Elbstrom suchen ein paar Wildgänse einen ruhigen Platz in einem der Seitenarme. Auf dem Wasser tanzen die grünen und roten Leitbojen für die Schifffahrt sanft hin und her. Die weiße Fähre überquert immer noch die Elbe. Langsam legt sich die Sonne auf den Höhbecker Berg, und meine heutige Wanderung geht ihrem Ende entgegen.

10 Naturwunder Rambower Moor

Stavenow, Boberow, Nausdorf, Leuengarten, Rambow, Mellen, Glövzin, Premslin

Der heutige Tag soll ein vollkommen entspannter werden. Ich habe eine Wanderung vorgesehen, die mich zu einer Prignitzer Sehenswürdigkeit führen wird, die fast ausschließlich Natur bereit hält. Wie immer mal wieder überrascht mich dabei schon eine besondere Ansicht bei der Anfahrt. Zuerst ist es nur ein flüchtiger Blick aus dem Auto, der an den gelben Herbstblättern rund um ein Kirche hängen bleibt. Das Gold der Bäume und das Rot des Kirchendaches faszinieren mich sofort, und schon nutze ich meine Autobremsen, um mir sogleich einen geeigneten Parkplatz zu suchen. Jetzt stehe ich an der Feldsteinmauer vor der Kirche im Zentrum von Stavenow, das in einer Urkunde aus dem 13. Jahrhundert erstmals erwähnt wurde. Zwei Dinge finde ich bemerkenswert. Da ist der Turm im Stil der Neorenaissance, der mit seiner eingezogenen Spitze einen eigenartigen Eindruck hinterlässt. Den Vorgängerbau der heutigen Kirche ließ der damalige Gutsherr Andreas Joachim von Kleist als Patronatskirche 1726 erbauen. Zur Erinnerung daran ist über dem Eingang das Wappen der Familie von Kleist angebracht. Die beiden Wappenzeichen gehören zu Andreas Joachim von Kleist und seiner Frau Maria Elisabet von Hacken, wie auf der Inschrift der Tafel zu lesen ist. Zum Glück wurde ein geplanter Abbruch der Kirche wegen Baufälligkeit 1982 nicht in die Realität umgesetzt. Das die ersten richtigen Sicherungsmaßnahmen mit Beginn der 1990er Jahre eingeleitet wurden, erklärt vielleicht die etwas ramponierte Außenansicht. Eine kleine Infotafel zur Kirchengeschichte verrät mir, dass die Spitze 2000 durch einen Sturm beschädigt wurde. Das könnte dann auch der Grund sein, weshalb die Kirchturmspitze diese eigenartige Form aufweist. Eine zweite Tafel zur Ortsgeschichte, touristisch geschickt gleich daneben angebracht, verrät mir, dass es in Stavenow noch eine Burg gibt. Ohne sie wäre ich wohl gar nicht auf sie gestoßen, denn Kenntnis hatte ich davon keine. Das ist eben bei mir so, wenn ich mich, ohne riesige und zeitaufwendige Voruntersuchungen, auf Tour begebe. Stavenow bestätigt mir geradezu beispielhaft, dass solche Vorplanungen auch kaum nötig sind, wenn man mit offenen Augen unterwegs ist. Das Glücksgefühl in diesen Momenten, etwas unvorhergesehenes zu finden, macht die weggelassene Suche nach Sehenswürdigkeiten mehr als nur wett. Mir ist dann so, als hätte ich gerade einen neuen Erdteil entdeckt, auch wenn viele andere Menschen zuvor schon hier gewesen sind. Ich liebe einfach solche Augenblicke, und suche natürlich die Burg auf. Ich weiß zwar nicht, was mich erwartet, aber trotzdem. Einen Versuch ist es wert, auch wenn die Mehrzahl der heute noch existierenden Burgen und Schlösser kaum öffentlich zugänglich sind. Die zu den ältesten Burgen der Prignitz gehörende Anlage liegt etwas außerhalb in westlicher Richtung, ganz gut versteckt hinter Bäumen und Sträuchern, auf einer leichten Erhebung. Die Lage ist ganz bewusst gewählt, denn gleich nebenan fließt die Löcknitz, und mit ihr eine Flussüberquerung an der alten Handelsstraße von Perleberg nach Lübeck. Das riecht förmlich nach einer Geldeinnahmequelle. Ritter Gerhard von Stavenow, der wohl erste Besitzer, war Vasall der Edlen Gans zu Putlitz. Es folgten die Herren von Bosel, die von Quitzows, die von Blumenthal, und schließlich die schon von der Kirche bekannte Familie von Kleist. Von den ursprünglich vorhandenen Gebäuden steht heute nur noch der Südflügel, dessen rot-weiße Fensterflügel von der Straße aus zu sehen sind. Friedrich August Stüler, ein Schüler Schinkels, baute im 19. Jahrhundert die Burg, deren erster Vorläufer wohl schon im 12. Jahrhundert stand, im Stile der Neorenaissance um, bevor Anfang des 20. Jahrhunderts Veränderungen vorgenommen wurden. Nach dem 2. Weltkrieg sorgte eine Brandstiftung und die Verfüllung des Burggrabens für den vorläufig letzten Ansichtswandel der Burg. Zwischen Straße und Südflügel befindet sich ein kleiner Garten, der durch einen Mauerrest von der Burg getrennt ist. An der Auffahrt zum Burghof steht noch das alte Burgtor mit zwei schmiedeeisernen Torflügeln. Der etwas jüngere Anbau auf der Nordseite des Südflügels passt für meinen Geschmack nicht so richtig zur Gesamtansicht, könnte allerdings noch ein Relikt aus DDR-Kinderferienlagerzeiten und Schulungsheim sein. Heute befindet sich hier eine Art Entspannungsoase für Großstädter, welche die heutigen Besitzer nach Jahren des Leerstandes eingerichtet haben. Da ich schon auf dem richtigen Weg bin, folge ich ein Stück der alten Handelsstraße. Über Mankmuß mit seiner kleinen verputzten Feldsteinkirche, einer in der Prignitz nur noch selten anzutreffenden Form, und dem Turm aus Fachwerk, erreiche ich Boberow, das eigentliche Ziel meiner heutigen Wanderung.

Das Auto stelle ich in der Nähe der Kirche ab. Boberow ist ein altes Prignitzer Dorf, das Anfang des 14. Jahrhunderts als Boberowe in einer Urkunde auftaucht. Die Feldsteinkirche, etwa aus der gleichen Zeit, gehört mit ihrem Turm, dem Schiff und Chor, schon von ihrer Optik her geteilten Form zu den nicht so oft in der Prignitz anzutreffenden dreiteiligen Kirchen. Die Kirchumfriedung bildet eine ebenfalls aus Feldsteinen bestehende Mauer, die obenauf von kunstvoll arrangierten Backsteinen gekrönt wird.

Ich folge hinter der Kirche der Ausschilderung, die mich über die Nausdorfer Straße aus dem Dorf führt. Es dauert nicht lange, und jeglicher Lärm wird von dem sich hinter mir schließendem Wald ferngehalten. Nun bin ich draußen angekommen am Rambower Moor, einem noch fast unberührtem Flecken in Mutter Natur. Zuerst nur leicht angedeutet durch einen langsamen Abstieg, der einige Blicke auf Wiesen frei gibt. Spätestens am gleich folgenden Beobachtungsturm bin ich ganz nah dran. Am Moorblick Boberow nutze ich die Möglichkeit, die Treppe zu nutzen und einen Blick von oben über die Moorlandschaft zu werfen. Direkt vor mir liegt ein Streifen einer wasserdurchtränkten Grasschicht. Hinter ihm breiten sich dann die braunen Stängel eines Schilfgürtels aus. Dieser umschließt in der Mitte des Moores die grau-blau schimmernde Wasserfläche des Rambower Sees, um sich dann dahinter bis auf die andere Moorseite auszudehnen. Dort steigt der Uferbereich wieder nach oben. Ein paar Häuser und die Kirchturmspitze vom namensgebenden Ort Rambow ragen zwischen den Bäumen hervor. Den Abschluss bilden noch weiter hinten die langen Stangen namens Windrad. Auf dem Wasserstück sind die weißen Punkte der Schwäne zu sehen, wie sie bewegungslos auf der Wasseroberfläche ruhen. An manch geeigneten Stellen mitten im Schilf haben sich junge Baumsprösslinge angesiedelt, die mit dem feuchten Untergrund gut zurecht kommen. Es wird nicht mehr lange dauern, dann werden die ersten Zugvögel auf ihrer Reise in den Süden hier einen Zwischenstopp einlegen. Meinen beende ich, und begebe mich wieder auf den Weg. Für ein paar Meter verdeckt

Blick über den Uferbereich des Rambower Moores

mir ein kleines Wäldchen den Blick auf das Moor. Das gibt mir Zeit, den Blick auch mal auf die andere Seite des Weges zu werfen. Den Hang hinauf stehen vor allem langstämmige Lärchen, unter denen schon die nächsten Baumgenerationen heranwachsen. Forstarbeiter haben hier leider mal wieder herumgewirtschaftet, und sämtliche Stubben und Äste einfach liegen gelassen. Das ist wie immer ein gräulicher Anblick. Zum Glück öffnet sich gleich wieder die Aussicht auf der Moorseite, und ich entdecke ein etwas seltsames Gefährt. Da steht mitten im Schilf eine Art Boot. Wie sich später herausstellt, ist es ein multifunktionales Amphibienfahrzeug. Mit ihm kann Schilf geschnitten, oder kleine Kanäle freigehalten werden. Ich denke, gerade ersteres ist hier von Bedeutung, denn das Schilf aus dem Rambower Moor erfreut sich großer Beliebtheit. Da es eine feine Struktur besitzt, wird es gern für Reetdächer verwendet, denn es gibt dadurch den Dächern eine besondere Dichtigkeit. Mit jedem Schritt wandelt sich die Mooransicht. Manche Ansichten vom Moor könnten durchaus auch als Filmkulisse für einen Gruselfilm dienen. Die schon sehr herbstlich gefärbte Natur, dazu der riesige alte abgestorbene Baum und das ganze in Gedanken mit wabernden Nebelschwaden versehen, sorgt locker dafür, sich eine Gänsehaut zuzulegen. Niemand würde einen in dieser Einsamkeit vermissen. Zum Glück verschont mich das Wetter mit solch einer Atmosphäre. Es ist zwar bewölkt, doch kommt immer mal wieder die Sonne durch. Das bis jetzt den breiten Randstreifen bestimmende Schilffeld wird ganz allmählich von Wiesenflächen verdrängt. Auch die gegenüberliegende Seite rückt langsam näher. Auffallend sind die kerzengerade gezogenen, und parallel liegenden Kanäle, die vom Rand zur Mitte verlaufen. Über mir erhebt sich das Geschrei der Kraniche, die schon zu hören sind, bevor sie sichtbar werden. Sie sind schon ganz schöne Schreihälse. Links am Waldhang breiten sich gerade die Ruten des Ginsters aus. Schade das ihre Zeit der herrlich gelben Blüten schon lange vorbei ist. Überhaupt ist die Baumvielfalt ganz ordentlich. Überall stehen Haselnusssträucher, Kiefern, Eichen und Buchen links des Weges. Die Birken, Weiden und Erlen bevorzugen mehr die Moorseite mit ihrem feuchten Untergrund. Am Großen Torfstich finden sich auch dank der hier aufgestellten Informationstafel interessante Fakten zum Moor. So kann ich mir durch einen bildhaften Vergleich mit einem hier stehenden Baum gut vorstellen, wie dick die unter mir liegende Torfschicht ist, die sich im Verlaufe von tausenden von Jahren durch abgestorbene Pflanzen gebildet hat. Auch erschließt sich mir jetzt der Sinn der vielen kleinen Kanäle. Das Rambower Moor ist ein Durchströmungsmoor. Bereits an seinem erhöhten nördlichen Ende, zwischen

Boberow und Mellen, entspringen unzählige kleine Wasserläufe, die sich unten in der Senke des Rambower See sammeln, um dann durch den als Kanal bezeichneten zentralen Wasserlauf in der Moormitte nach Süden abzufließen. An diesem Hauptkanal enden dann auch die vielen kleinen Nebenkanäle, die ich schon gesehen habe. Erbaut hat man den fünf Kilometer langen Kanal übrigens in den Jahren von 1862 bis 1879. Fünfzig Jahre später erhielt er durch einen weiteren Eingriff seine heutige Größe. So sorgen die natürlichen und künstlichen Gegebenheiten dafür, dass das Moor stets in einem gleichmäßig feuchtem Zustand gehalten wird, was wiederum der typischen Moorvegetation zu gute kommt. Nicht immer hatte es seine jetzige Größe. Es ist viel kleiner, als es einmal war. Eine alte Landschaftskarte von 1777 aus dem Preußischen Geheimen Archiv zeigt, dass früher drei Seen im Moor lagen, von denen nur noch der Rambower See übrig ist. Der Rest verschwand Stück für Stück in und nach der Regierungszeit von Friedrich dem Großen, der mit seinen Eingriffen mittels der Idee zur Landgewinnung durch Entwässerung zur Austrocknung maßgeblich beitrug. Genau so wie im Dannenwalder Luch. Nicht immer ist gut gedachtes auch gut gemacht. Das galt früher schon, und gilt heute genau so.

Ich war so frei, und habe aus Neugier mal ein paar Schritte auf der anschließenden Wiese unternommen. Wenn ich ehrlich bin, waren es wirklich nur ein paar. Jeder meiner Schritte sank für ein bis zwei Zentimeter in den schwammigen Untergrund, und erzeugte dabei in mir ein komisches Gefühl. Natürlich habe ich *nur* aus reiner Rücksicht auf meine Schuhe Abstand von weiteren Gehversuchen genommen. Man weiß ja nie. Andererseits wäre mir außer feuchten Schuhen wohl nichts weiter passiert, denn eine Kuh wiegt schon etwas mehr als ich, und davon laufen hier schließlich auch welche auf einer Weide herum. Ich treffe kurz darauf den dazugehörigen Bauern, der gerade von einer abgegrasten Weidefläche den Koppelzaun abbaut. Wir unterhalten uns ein wenig, wobei Unterhaltung wahrscheinlich zu hoch gegriffen ist, denn seine Auskünfte auf meine Fragen sind sehr überschaubar. Nur als es um die Sinnhaftigkeit der Weidehaltung hier im Moor geht, wird er richtig munter. Sofort wettert er los gegen alles und jeden, was sein Leben als Bauer so schwer macht. Eigentlich lohne sich das ganze überhaupt nicht mehr. Für Fleischkühe gäbe es keine vernünftigen Preise um zu überleben, da lieber billiges Fleisch aus Nord- und Südamerika importiert wird. Ganz Unrecht hat er da leider nicht. Globalisierung und internationale Zusammenarbeit ist nicht immer gut.

Nach meinem bisherigen Weg stehe ich jetzt vor einer zu treffenden Entscheidung. Ich habe Nausdorf erreicht. Das kleine Dorf liegt am Ende des Moorgebietes, und bietet hier den einzigen Weg auf die andere Seite des Moores. Deshalb führt der gelbe Kreis auf weißem Quadrat, dem Kennzeichen des Zweiseitenweges rund ums Rambower Moor, auch durch das Dorf, das um 1800 zur Prignitz der Kurmark Brandenburg gehörte. Gleichzeitig verweist eine Tafel darauf, dass es bis Leuengarten noch zwei Kilometer sind. Aus meiner Arbeitstätigkeit weiß ich, dass dort der nördlichste Punkt des Rudower Sees ist, und das es einen Rundweg um diesen See gibt. Und wo ein Rundweg ist, da dürfte es auch keine Unterbrechung geben. Ergo müsste ich auch dort auf die andere Seite gelangen. Nun ist nur zu entscheiden, ob ich das möchte. Die gut zwölf Kilometer des Zweiseitenweges würden sich auf dann rund sechzehn oder siebzehn erweitern, was eine angenehme Wanderentfernung für mich ist. Nach kurzem Check meiner bisher gelaufenen Zeit und der in Aussicht stehenden Verlängerung entscheide ich mich für den Weg weiter nach Leuengarten. Ich lasse also Nausdorf rechts liegen, und laufe weiter. Der Weg führt nach oben, und hinter mir liegt das Moor jetzt wie in einem Talkessel, eingerahmt rechts und links von den Boberower und Rambower Höhen. Ein alter steinerner Wegweiser, dessen ehemalige Beschriftung leider nicht mehr zu erkennen ist, steht zwischen zwei Eichen an einer Weggabelung. Da ich nicht nach Ferbitz will, bleibt nur der andere Weg. Kurz vor Leuengarten komme ich meinem Drang nach, wieder etwas von oben betrachten zu können, und ersteige den Aussichtsturm Rudower See, der wirklich einen schönen Blick auf die weit unten liegende Wasserfläche frei gibt. Irgendwo da unten soll es auch für mich weitergehen. Leuengarten ist nicht groß, aber scheinbar beliebt bei Ruhe suchenden Landsleuten. Etliche recht große Gartenhäuschen und Bungalows sprechen dafür. Eine Christliche Begegnungsstätte, angeschlossen an die Diakonie, gibt es hier ebenfalls. Das Grundstück gehörte als Ferienlager einmal zur Wittenberger Öl-Mühle. Heute dient es dem Austausch christlicher Gedanken. Gegenüber haben etliche Wohnwagenbesitzer auf einem Natur-Campingplatz ihren Platz gefunden. Da ich immer noch auf der Anhöhe unterwegs bin, brauche ich jetzt einen Weg, der mich hinunter zum See bringt. Entdecken kann

Abfluss des Großen Hauptkanal aus dem Moor in den Rudower See

ich erst einmal nichts, so dass ich auf der Straße weiter in Richtung Lenzen laufe, immer mit Blick rechts runter, in der

Hoffnung, einen Weg zu finden. Nichts dergleichen passiert. Ich drehe nach einigen hundert Metern wieder um und laufe zurück. Verdammt, denke ich. Die Bewohner des Camping-Platzes werden doch im Sommer auch irgendwie zum See kommen, denke ich mir. Ich versuche zuerst, auf den Platz zu gelangen. Nichts. Geschlossenes Areal. Ich versuche, im daneben liegendem Ferienappartement jemand zu finden, der mir helfen kann. Wieder nichts. Dann entdecke ich zwei weiß-rote Pfosten, wie sie zur Sperrung für Fahrzeuge verwendet werden. Und, welche Freude, zwischen ihnen führt ein schmaler Trampelpfad am Zaun des Camping-Platzes entlang, und hinunter zum See. Scheinbar hat man hier wenig Interesse, Ortsfremden diesen wunderschönen Platz am Ufer des Rudower Sees zu zeigen, und will lieber unter sich bleiben. Zum Glück bin ich schon auf etlichen unbekannten Wegen zu meinem Ziel gelangt. Meine Spürnase funktioniert ganz gut. Meistens jedenfalls. Am heutigen Tag ist die Liegewiese an der Badestelle verwaist. Niemand außer mir ist weit und breit zu sehen. Nur ein Schwan treibt auf dem See, und ein Reiher erhebt sich gerade aus dem Uferschilf. Ansonsten Stille. Das klare Wasser ist in Ufernähe ziemlich flach, soweit ich das erkennen kann. Die Bäume am Ufer spiegeln sich auf der spiegelblanken Wasseroberfläche. Es ist ein idyllischer Ort, und ich bin froh, die Entscheidung für die Verlängerung getroffen zu haben. Der Übergang ist mit einer Brücke über die letzten Meter des Kanals auch schnell ausgemacht. Langsam, und fast kerzengerade, fließt das braune Kanalwasser in seinem Bett auf sein Ende zu, bevor es sich endgültig im See verliert. Von nun an werde ich auf der anderen Seite wieder zu meinem Ausgangspunkt zurück laufen. Von der Brücke weg geht es gleich wieder bergauf. Als sich der Weg wieder teilt, entscheide ich mich nicht dafür, den etwas ausgefahrenen zu folgen, sondern nehme in der Hoffnung, hier später wieder ans Moorufer zu gelangen, den Weg geradeaus in den Wald. Leider ist das dieses mal eine Fehlentscheidung. Nach anfänglich gutem Zustand verwildert der schmaler werdende Weg immer mehr, bis überhaupt nichts mehr davon zu erkennen ist. Zum umkehren habe ich nach den vielen schon gelaufenen Metern keine Lust. Nicht jede Entscheidung ist also immer die richtige. Das muss man akzeptieren. Ich muss mich also links den Hang hocharbeiten, um dann irgendwo wieder auf den Weg zu stoßen, den ich verlassen habe. So die Hoffnung, dass er auch da oben ist. Ansonsten würde ich wohl recht lange durch das dichte Unterholz kraxeln müssen. Zum Glück hält sich dieses Abenteuer in Grenzen, und ich gelange wirklich wieder auf einen Waldweg. Richtig entspannt bin ich jedoch erst wieder, als ich auf den winzigen Nausdorfer Ortsteil Klein-Serbitz stoße, und bald darauf auf Nausdorf selbst. Nun kann nichts mehr schief gehen. Ein hübscher versteckter Weiher kurz nach Nausdorf ist Aufenthaltsort für ein paar Ruhe suchende Wildenten. Ein kleines Waldstück verbirgt danach für kurze Zeit wieder den Blick aufs Moor. Dahinter geht es nun fast durchgängig mit freiem Blick bis nach Rambow. Von dieser Moorseite gelange ich viel näher an die vielen kleinen Seitenkanäle heran. Ich folge manch alter Traktorspur hinaus auf die Wiesen, um mir die Wasserläufe aus der Nähe anzusehen. Immer wieder stoße ich dabei auf die von Reh oder Wildschwein aufgewühlte Erde. Dann liegt der fast schwarze Boden der Grasunterseite obenauf und verströmt seinen feuchten Geruch. Eine blattlose weiße Birke, mehr in der Moormitte, sieht aus wie eine Krake, die mit ihren tausend Armen wild um sich schlägt. Überhaupt stehen hier am Weg viel mehr Birken. Dazu gesellen sich später auch noch Akazien. Der Abstand rüber auf die andere Seite hat sich schon wieder vergrößert, doch Schilf findet sich in diesem mittlerem Abschnitt auf dieser Seite kaum. Lediglich an den Kanälen sind sie zu sehen. Erst unterhalb von Rambow reicht es wieder bis an den Moorrand. Gerollte Heuballen haben einen schlechten Platz erhalten, denn um sie herum steht das Grundwasser schon höher als das Gras auf der Wiese. Damit haben etliche Erlen kein Problem, die um einen kleinen runden Weiher stehen. So ähnlich wie auf den Bergwiesen des Thüringer Rennsteigkammes werden auch die hiesigen Moorwiesen gepflegt. Am Rennsteig blühen auf den Wiesen viele seltene Pflanzenarten. Um sie zu schützen, dürfen sie während ihrer ganzen Vegetationszeit nicht abgemäht werden. Erst wenn sie sich zurückgezogen haben, wird gemäht, und damit auch die Offenhaltung der Wiesen gewährleistet. Ähnlich verhält es sich hier. Es wird zwar gemäht, um Futter zu gewinnen, jedoch bleiben genügend Flächen unbearbeitet, auf denen sich im Sommer die besondere Artenvielfalt eines Moores entwickeln kann. Ein besonderes Tier, welches solche ungemähten Flächen benötigt, ist der Große Feuerfalter. Seine Raupen brauchen im Sommer das Grün des Wasserampfers, und rollen sich über den Winter in seine Blätter ein, um im neuen Jahr den gleichen Lauf von vorn zu beginnen. Würde der Wasserampfer gemäht, wäre das sein Todesurteil. Zu seinem Glück nimmt man hier auf ihn Rücksicht. Den Aussichtsturm Rambower Moorblick lasse ich jetzt mal unbesucht und entferne mich etwas vom Moor. Ein Gang durch Rambow soll mir zwar nur als Zwischenstation auf dem Weg nach Mellen dienen, birgt aber auch ein paar hübsche Kleinode wie die hochaufgeschossene neugotische Kirche, oder das gegenüberliegende mächtige Holztor eines Kutschbetriebes. Auch im sich nahtlos anschließenden Dorf Mellen gibt es ein paar schöne Landhäuser. Nicht mein Ziel, aber trotzdem mit einem Besuch gewürdigt, habe ich die wahrlich niedliche, verspielte kleine Kirche in einer Seitenstraße. Sie besitzt zwar keinen Turm mehr, doch ist der niedrige Feldsteinbau aus dem 14. Jahrhundert trotzdem sehenswert. Umgeben von einer durchbrochenen Backsteinmauer sieht sie fast zerbrechlich aus. Von Mauern an den vier Ecken gestützt, sind die oberen Giebelhälften mit Zierfachwerk versehen. Den Eingang an der nördlichen Längsseite kann man fast übersehen. Er ist so mit Efeu bewachsen, wie das Schloss von Dornröschen mit Rosen. Richtig romantisch das kleine Kirchlein.

Eine ganz andere Kategorie besuche ich kurz vor dem Ortsausgang in Richtung Karstädt. Es sind zwar *nur* Steine, aber was für welche. Die Sage erzählt davon, dass vor ewigen Zeiten ein Riese große Steine in den Rambower See warf, um seine Kraft zu zeigen. Als er starb, haben seine Freunde diese Steine wieder herausgeholt, und dem Riesen daraus seine Grabkammer errichtet, die heute noch zu sehen sei. Nun sind Sagen etwas sehr schönes, und es gibt wunderbare überall in unserem Land. Nur leider haben sie selten etwas mit der Wirklichkeit zu tun. Und so ist es auch hier in Mellen. Das mit der Grabanlage stimmt insofern, als das es sich um eine Feldsteingrabanlage handelt. Hier liegen einige ziemlich große Brocken auf einem überschaubaren Areal. Es ist ein sogenanntes Megalithgrab, die zu den ältesten vorgeschichtlichen Hinterlassenschaften gehören. Beim betrachten sieht man zwar, dass sie nicht die Größe der Steine von Stonehenge in England haben, aber wie der größte Stein auf ein paar darunter

Mellener Megalithgrab

liegende gekommen ist, wirkt tatsächlich so, als hätten des Riesen Kumpels sie so hingelegt. Leider haben einige der früher noch vorhandenen Feldsteine schon das zeitliche gesegnet, denn bis in die Mitte des 19. Jahrhunderts wurden sie als Baumaterial oder Straßenpflaster verwendet. Erst ein paar Jahrzehnte später stellte man sie unter Denkmalschutz. Ursprünglich waren die Feldsteine der Grabfläche bedeckt und besaßen insgesamt die Ausmaße der noch vorhandenen äußeren kleinen Steine. Durch eine Art Gang, gebildet durch die Auflage von Deckensteinen auf Stützsteinen, gelangte man in das Grabinnere. Die Lage des noch vorhandenen größten Steines gibt davon eine Vorstellung. In ganz Europa existierten solche Steinhäuser seit dem 4. Jahrtausend vor Christi. Das hier in Mellen schätzen Experten ganz grob auf die Zeit um das 3. Jahrtausend vor Christi, und es ist das letzte Grab dieser Art in der Prignitz. Daran sieht man wieder, dass die Natur allein gut zurecht kommen würde, wenn der Mensch nicht immer seine Hände ins Spiel bringen brächte. Ich beende meinen Besuch in der Vergangenheit, und begebe mich wieder in Richtung meines abgebrochenen Rundganges. Es geht wieder ein bisschen bergab. Der Weg an diesem Ende ist wesentlich länger als unten am Rudower See. Es geht leicht bergauf und bergab. Unten stehen die Rinder auf der Wiese und mampfen vor sich hin, schauen aber sofort auf, als sie Luna entdecken. Die führt aber nichts im Schilde und für die Rinder interessiert sie sich nicht die Bohne. Ich spüre auf diesem Abschnitt, was mir vor Stunden eine Infotafel verraten hat. Tatsächlich kreuzen den Weg immer wieder kleine unscheinbare Wasserläufe, die den Weg runter zum Moor nehmen und den Weg an manchen Stellen ziemlich feucht halten. Gegenüber verrät mir ein gelb strahlendes Trafohaus, wo bald mein wandermäßiges Ende nahen wird. Auch das Schilf rückt mir wieder näher auf die Pelle, und ich kann ihre kleinen buschigen Spitzen erkennen. Dazu gesellen sich gleich darauf die unzähligen grünen Hügel des Wollgrases, zwischen denen ich ein paar Schritte unternehme. Der Boden ist feucht und gibt bei jedem Schritt wie ein Trampolin nach. Da spüre ich wieder den Mooruntergrund, wie er elastisch nachgibt. Die letzten Meter vor Boberow geht es unter einer Akazienallee weiter nach oben, vorbei an der Veranstaltungsstätte MoorScheune und dann bis zur Kirche. Von ihr oben schaue ich noch einmal hinunter auf das Moor, denke kurz an die vergangenen Stunden des des heutigen Tages, und mache mich über Karstädt auf den Heimweg.

Da mir in Premslin und Glövzin die jeweiligen Kirchen ins Auge fallen, lege ich an beiden noch einen kurzen Zwischenstopp ein. Beide sind recht attraktive Bauten aus einer Mischung von Feldstein und Backstein. Die Neugotische Kirche in Glövzin stammt aus dem 19. Jahrhundert. Auffällig sind die vielen Blendnischen am Saalbau und am Turm. Noch etwas vielschichtiger ist die in Premslin, deren ursprüngliche Kirche aus dem 14. Jahrhundert stammt. Der rechteckige Bau aus Feldsteinen hat einen Turmaufsatz aus Fachwerk mit Schieferdach. Das Fachwerk ist gemustert. Fenster und Tür sind ebenfalls mit Backsteinen abgesetzt. Die Apsis dagegen besteht völlig aus Backsteinen. Den Giebel, am Übergang vom Saalhaus zur Apsis, krönt oben ein Stufengiebel mit Blendnischen. Die ganze Ansicht, dazu noch umrahmt von schönen großen Bäumen, ist trotz des starken Durchfahrtverkehrs auf der naheliegenden Bundesstraße ein schönes Beispiel norddeutscher Kirchenbaukunst, mit dessen Anblick meine heutige Unternehmung ihr Ende findet. Das Moor mit seiner vielfältigen Landschaft hat die Wanderung zu einem wunderschönen Erlebnis werden lassen, an das ich mich gern erinnern werde.

11 Vom Schloß zum Kloster

Von Meyenburg nach Stepenitz

Heute drehe ich mich nicht im Kreis, sondern laufe im Dreieck. Wobei, hätte ich das Ende vorausgeahnt, wäre meine Entscheidung wohl etwas anders ausgefallen. Dazu aber später mehr. Der Ausgangspunkt für meine Wanderung befindet sich ganz weit oben. Ich bin in Meyenbug, der nördlichsten Stadt der Prignitz. Gleich hinter der Stadtgrenze kommt schon Mecklenburg-Vorpommern. Im weiteren nördlichen Umfeld entspringen gleich drei Flüsse, die sich mehr oder weniger durch die Prignitz schlängeln. Die Elde fließt in Richtung Westen, während die Dosse nach Osten abdriftet. Die Stepenitz fließt nach Süden bis zur Elbe. Die Lage von Meyenburg nahe zu Mecklenburg hat die Stadt natürlich interessant gemacht für unterschiedliche Machtansprüche, zumal eine Handelsstraße durch den Ort führte. Das es zur Sicherung sowohl der Landesgrenze als auch des Handelsweges eine Burg gab, scheint da schon fast logisch. Das Wissen um ein Schloss in Meyenburg zieht mich zu Beginn meiner Wanderung auch zuerst dort hin. Vom Süden her durchquere ich den zugehörigen Park und kann dabei immer wieder schöne Ansichten genießen. Erst vor ein paar Jahren hat man ihn nach altem Vorbild wieder restauriert. Egal ob es eine Holzbrücke, alte Baumriesen oder die flachen Teiche sind, die übrigens aus artesischen Quellen gespeist werden, bis hin zum Schloss am anderen Endes des Parks, gibt es was zu entdecken. Die Harmonie der grünen Oase setzt sich dann am Schloss fort. Die zweiflügelige Anlage im Stil der norddeutschen Renaissance gehört für mich neben dem Schloss in Wolfshagen mit zu den schönsten Schlössern der Prignitz. Der rote Backstein, abgesetzt von beigefarbenen architektonischen Stilelementen, wie den Voluten, und den schönen Stufengiebeln, passt sich herrlich in die Parklandschaft ein. Die efeubewachsenen Stellen geben ihr übriges dazu. Das Schloss lag direkt an der Stadtmauer, von der noch einige Reste zu sehen sind. Am Ende des langen rechten Torflügels ist etwas zu sehen, was optisch nicht zur sonstigen Ansicht passt. Als die im 13. Jahrhundert erbaute Burg wohl im darauffolgenden Jahrhundert aufgegeben wurde, blieben einige Reste davon erhalten, so wie der teilweise noch vorhandene Turm, in den der Anbau integriert wurde. Während in anderen Landstrichen der Prignitz die Quitzows und die Edlen von Gans ihre Spuren hinterließen, spielte in Meyenburg die Familie von Rohr die Hauptrolle. Sie bestimmten vor allem ab dem 14. Jahrhundert bis zum 19. Jahrhundert die Geschicke der Stadt. Als Hauptmänner der Prignitz standen sie mit den anderen Adelsgeschlechtern ganz vorn an der Adelsspitze. Sie besaßen neben Meyenburg noch weitere Schlösser. Ihr Eigentum am Schloss endete zwar durch die Bodenreform nach dem 2. Weltkrieg, jedoch verstarb der letzte Rohr`sche Schlossherr bereits im 1. Weltkrieg. Danach wurde das Schloss bis zum Ende des 2. Weltkrieges verschiedenen zeittypischen Nutzungen zugeführt, genau so wie danach. Erst nach der Wende erfuhr das Haus eine vierzehnjährige umfassende Restaurierung, die in der Nutzung als Modemuseum, Schlossmuseum und Bibliothek aufging. Gerade das Modemuseum mit seiner umfangreichen Sammlung von europäischer Damenmode, samt Schuhen, Hüten und anderen Accessoires aus dem 20. Jahrhundert, bildet das Schmuckstück des Hauses. Ein Besuch sollte bei einem Aufenthalt in der Stadt auf jeden Fall eingeplant werden. Mein Plan sieht für heute den Weg aus dem Park vor. An der Kirche vorbei und durch die Marktstraße mit ihren typischen Wohn- und Geschäftshäusern nehme ich den Weg nach Norden. Für einen kurzen Augenblick sehe ich noch einmal ein Stück des Schlosses, welches jedoch gleich wieder verschwindet. Ein grober Blick auf die Gegend bei meiner Wandervorbereitung offenbart nur ganz wenige Möglichkeiten, um zu meinem nächsten Ziel, dem kleinen Ort Stepenitz zu gelangen. Wenn ich nicht auf der Straße laufen will, sondern auf Feld- und Waldwegen, bleibt mir nur der Weg nördlich der Landesstraße, vorbei am Friedhof und einer Elektroanlagenbau-Firma, der mich auf Kurs bringt. Manchmal hilft es mir, so wie hier, wenn ich eine Region schon vorher einmal in einem anderen Zusammenhang, und von einer anderen Perspektive aus gesehen, oder kennengelernt habe.

Auf der Landstraße zwischen Meyenburg und Stepenitz bin ich öfter dienstlich unterwegs gewesen, und habe deshalb eine ungefähre Vorstellung vom möglichen Wegverlauf, der hier nicht weit entfernt etwas nördlicher verlaufen muss. Meine Vorahnung erweist sich mal wieder als richtig. Von unterbrochenen Baumreihen rechts und links führen mich meine Schritte in Richtung einer Kläranlage. Zum Glück hat mich auf dem Stück kein Güllefahrzeug überholt, um sein Abwasser hier loszuwerden, und nebenbei noch einiges von der staubigen Straße aufzuwirbeln. Gleich hinter der Anlage schwenke ich nach links ab, um Kurs auf Krempendorf zu nehmen. Hinter den weiten Ackerflächen, südlich von mir, sind immer wieder Fahrzeuge auf der Landstraße auszumachen. Das gibt mir das gute Gefühl, auf dem richtigen Weg zu sein. So liegt mit jedem Schritt Meyenburg weiter hinter mir, während vor mir Krempendorf immer näher kommt. Nicht mal mehr einen Kilometer liegen die ersten Gebäude entfernt. Da ich nicht in das Dorf möchte, durchquere ich nach einer Biegung auf der rechten Seite ein kleines Waldstück, und folge dem fast kerzengeraden Feldweg für gute drei Kilometer nach Westen. Anders als auf dem bisherigen Stück findet sich jetzt kein Baum am Wegesrand, der mir etwas Schatten spenden möchte. Nur weite Äcker begleiten mich zu beiden Seiten, bevor ich ein winziges Stück Wald durchquere. Mein Gefühl gibt mir eindeutige Zeichen, dass ich mich jetzt in unmittelbarer Nähe von Stepenitz befinden muss. Nach dem Waldstück folgt noch ein Ackerstück, bevor ich wieder Wald erreiche. Mutig folge ich einem fast unscheinbarem Trampelpfad, der links in einen Buchenwald abzweigt. Der Untergrund ist ziemlich feucht. Nach ein paar Schritten kommt mir ein anderer Weg von der anderen Seite entgegen, und beide führen zu einer kleinen Brücke, die hier über die Stepenitz führt. Das klare Wasser des flachen Flusses gleitet nur wenige Zentimeter unterhalb der Uferböschung unter mir hindurch. Auf der anderen Flussseite geht es leicht bergauf, und ich stehe auf dem Gelände des Klosters Marienfließ. Vor mir baut sich die Nordseite der Klosterkirche auf, die von ein paar Funktionsgebäuden begleitet wird. Ich nutze den vorhandenen Weg für einen Gang rund um das einzige noch stehende Haus des ältesten Zisterzienserklosters der Prignitz. Die Kirche ist ein frühgotischer Backsteinbau, deren weiße Spitzbogenblenden und die verschiedenen Portale das äußere Ansehen prägen. Den Zugang zum Inneren finde ich an der Westseite des Gotteshauses. Neben den schönen Backsteinornamenten an den Fenstern und der Apsis gefällt mir insbesondere die kunstvolle Deckenbemalung. Sie zeigen mit viel Farbenpracht die Wappen alter Prignitzer Adelsgeschlechter, die eng mit dem Kloster verbunden waren. Neben der Verbreitung des christlichen Glaubens und der Legende von einer angeblichen Bluthostie diente das Kloster vor allem einem politischen Zweck. Als es Ritter Johann Gans zu Putlitz

Klosterkirche Marienfließ

1231 gründete, lag sein Machtbereich in Grenznähe zu den Mecklenburgern, wie auch heute noch die Prignitz zu Mecklenburg-Vorpommern. Heute zwar friedlich, aber das war damals anders. Die dortigen Grafen und Fürsten hatten es immer wieder auf die naheliegenden Ländereien abgesehen. Die Putlitzer Burg wäre auf Dauer kein sicherer Schutz gewesen. So konnte er zwar kurz zuvor einen Vertrag über die Grenzen abschließen, doch Sicherheit verhieß ihm das wohl nicht. Die Lösung war ein Kloster, denn deren Besitz blieb normalerweise bei kriegerischen Auseinandersetzungen von Brandschatzung und Zerstörung verschont. Zuwendungen von Adelshäusern, interessanterweise auch der Schweriner Grafen, trugen maßgeblich zum Reichtum des Klosters bei. Unverheiratet gebliebene Töchter der Adligen erhielten im Kloster Unterricht und eine standesgemäße Versorgung. Auch nach der Reformation, die sich erst recht spät durchsetzte, konnten die adligen Damen ihr Leben weiterhin in einem dann evangelischen Damenstift verbringen, und sich der Pflege älterer und kranker Menschen widmen. Diese Tradition hat sich in gewisser Art und Weise bis heute erhalten. Das Seniorenzentrum der Stephanus-Stiftung betreut hier in nachbarschaftlicher Gemeinschaft junge und ältere Menschen, die sich in der weitläufigen Anlage mit Wasseroasen, alten Baumriesen und Obstbäumen gut aufgehoben fühlen können. Durch das schmiedeeiserne Tor vorn an der Straße verlasse ich das Gelände des ehemaligen Klosters und den Ort Stepenitz, ein Prignitzer Angerdorf, in dem das Kloster sicherlich das historisch wertvollste Erbe in der Gemarkungsgrenze ist, und folge schräg gegenüber der Lindenstraße Dorfauswärts den letzten Metern auf befestigter Straße, bevor ich wieder auf einem Feldweg gelange, der mich in südöstlicher Richtung nach Frehne bringt. Mir voraus drehen sich nun als meine ständigen Begleiter über dem Horizont die Flügel der rotierenden Windkraftanlagen mit ihren grell blitzenden Warnlichtern. Dieser Anblick macht mich wieder traurig. Er ist einfach nicht schön, auch wenn das Ergebnis dieser Dreherei sicher in einer gewissen Art und Weise notwendig zu sein scheint. Hier im flachen Land hat man leider kaum eine Chance, an ihnen vorbei zu kommen, ohne sie bereits früh zu entdecken. Schlimm ist nur, dass sie so verstreut sind. Angeblich soll ja ab und zu der Wind an einigen Stellen nicht so blasen, wie er soll. Aber mal ehrlich; wo weht er denn in der Ebene mal nicht? Ließen sich da nicht größere, zusammenhängendere Flächen finden, nicht unbedingt in unmittelbarer Nähe zu den Dörfern, auf denen die Stangen konzentriert werden könnten? Das würde auch der Bündelung notwendiger Leitungen und Einspeisungspunkte dienen. Warum bekommen manche Orte die gesamte Wucht solcher Windparks aufgebrummt, während andere trotz gleicher geografischer Voraussetzungen vollkommen ungeschoren davon kommen? Am Wind kann es ja wohl nicht liegen, und selbst manch schützenswertes Areal wird oft genug wirtschaftlichen Interessen geopfert. Wo bleibt da die Verhältnismäßigkeit? Das sind alles so Gedanken, die einen unterwegs in den Kopf kommen, wenn man ein Bild ständig vor Augen hat. So wie diese Windräder rund um Frehne. Sehenswertes begegnet mir auf diesen Kilometern nicht. Nur der Weg unter meinen Füßen, und die Äcker rechts und links davon. Am Ortseingang entdecke ich zwischen ein paar Häusern etwas zurückgesetzt ein dreiflügeliges Gebäude mit einem Mansardenwalmdach. Glücklicherweise kann ich jemand fragen, um was für ein Haus es sich handelt, denn wie ein Bauernhaus sieht es nicht gerade aus. Meine stille Vermutung bewahrheitet sich sogleich in einem Satz. *Das ist das alte Gutshaus*, gibt mir die gute Frau zum besten. *Da hat einer Ferienzimmer eingerichtet*, folgt als Satz Nummer zwei gleich hinterher. Ich will mal in ihre Tonlage nicht zu viel hineininterpretieren, aber ein bisschen skeptisch klingt sie schon, so nach dem Motto – wer will schon zu uns aufs Dorf. Zwar sieht die etwas ramponierte Asphaltzufahrt nicht sehr einladend aus, doch die zwischen den alten Bäumen sichtbare Eingangsfront macht einen freundlichen Eindruck. Ich mache mich auf den Weg zum Haus. Es scheint niemand anwesend zu sein, denn nirgendwo regt sich etwas. Hinter dem Haus sehe ich etliche alte Bäume, die wohl den zugehörigen Park bilden. Über dem Eingangsportal, das durch ein säulengestütztes Dach von oben her geschützt ist, zeigt eine Wappentafel die beiden Wappen des Hans Georg Heinrich von Graevenitz und seiner Frau Margarete Elisabeth von Falcken, die als die Bauherren des Gutshauses gelten. Frehne selbst tauchte erstmals im 13. Jahrhundert in den Geschichtsannalen auf, und die von Graevenitz legten von Anfang an ihr Augenmerk darauf, die bis dato existierenden verschiedenen Höfe anderer Adligen zu einem gemeinsamen Gut zu vereinen, was ihnen mit dem Gut Frehne gelang. Bis 1945 existierte es, bevor die Enteignung das Ende besiegelte. Danach diente es der Gemeinde und dem örtlichen Landwirtschaftsbetrieb als Quartier. Nun nimmt es wieder ein ansehnliches Äußeres an, und kann sich zu einem kleinen Schmuckstück des Dorfes entwickeln, und zieht in Zukunft trotz eventuell vorhandener Skepsis im Dorf wieder Gäste in das Haus. Vielleicht habe ich ihn vor lauter Windrädern nicht gesehen, den Kirchturm. Deswegen mache ich mich auf die Suche nach der Kirche, die ich nicht weit entfernt finde, und sie ist wirklich Turmlos. Dadurch ist sie mir wohl auch entgangen. Bereits seit etlichen Jahrzehnten fehlt er. Ihr heutiges unscheinbares Äußeres erinnert mich deshalb mehr an einen Stall als an ein Gotteshaus. Wie sehr doch traditionelle Vorstellungen von etwas im Gedächtnis hängenbleiben, und man genau das sucht.

Den Weg nach Meyenburg muss ich nicht extra suchen. Von der Autobahn führt eine Landstraße direkt bis dorthin. Sie ist leider der einzig vernünftige Weg. Ich weiß zwar, dass der Gang hier entlang nicht ohne sein wird, denn von der Autobahn her nutzen recht viele Lastwagen die Straße. Ich muss aufpassen. Luna habe ich an der Leine zu meiner Linken, und wir nutzen jede Möglichkeit, die uns Trampelpfade jenseits der Straße bieten, um für ein paar Meter das Asphaltband verlassen zu können. Viel Lust habe ich nicht, mir entspannt die Gegend beim laufen anzusehen. Das einzige was mir auffällt ist, dass Meyenburg von hier wie in einer kleinen Senke zu liegen scheint, was durch die leicht abschüssige Straße noch verstärkt wird. Über den Dächern schaut die Spitze der Stadtpfarrkirche hervor. Dort in der Nähe liegt mein morgendlicher Startpunkt, der für mich bald das Ziel sein wird. Bis auf die letzten Kilometer von Frehne nach Meyenburg ist diese Wanderung eine sehr angenehme, die bis in die tiefste Vergangenheit der Prignitz reicht. Wer es jedoch nicht so mit Abenteuerlust auf Landstraßen hat, dem empfehle ich, einfach den gleichen Weg ganz entspannt von Stepenitz nach Meyenburg zurück zu nehmen, denn manchmal gibt es, und das habe ich auf meinen beiden Rennsteigwanderungen vom jeweils anderen Ende aus gemerkt, völlig neue Ansichten, die man zuvor gar nicht wahrgenommen hat. Es ist nicht immer langweilig, wenn ein Weg zweimal genommen wird. Und wenn ich ehrlich bin, hätte ich Frehne auch weglassen sollen. Ein kleines Kirchlein und ein Gutshaus sind es nicht wert, das Risiko einer lebhaft befahrenen Straße einzugehen. Nun ja. Hinterher ist man immer schlauer, doch gehört das eben auch zu den Erfahrungen eines Wanderers. Ich kann als Fazit für meine heutige Wanderung auf jeden Fall festhalten: Stepenitz und Meyenburg bieten allein mit ihrer Vergangenheit genug Geschichte zum nacherleben.

12 Zwischen Schlössern und Königsgrab

Groß Pankow, Dannhof, Wolfshagen, Seddin, Seddiner Königsgrab

Vor vielen Jahren war ich mit meiner Frau bei einer sogenannten König Hinz Performance in Seddin. In den Sonnenuntergang hinein zogen Aktive und Gäste in einem bunten Zug hinaus zum Seddiner Königsgrab. Dort gab es eine kleine Feuershow, etwas Musik und wilde Tänze von Stelzenakrobaten. Dann ging es je nach Ausdauer wieder zurück. Das einzige was ich nicht sah in der hereinbrechenden Dunkelheit, war das Seddiner Königsgrab. Auch das mir heute bestens bekannte Wolfshagener Schloss gehörte damals nicht zu den

Dingen, die ich sah. In der Zwischenzeit sind so viele Jahre vergangen, und es hat sich einiges getan. Durch meine Arbeit kam sogar in der Gegend noch ein dritter Ort hinzu, den ich jedoch nur aus dienstlicher Distanz kennenlernte. Was lag für mich also näher, diese drei geschichtsträchtigen Orte in einer Wanderung zusammenzufassen? Gedacht, geplant und umgesetzt. So mache ich mich also auf den Weg nach Groß Pankow.

Gutshaus Groß Pankow (Rückseite)

Mein Ziel ist ein altes Haus, welches in seinem Inneren mit modernster Technik ausgestattet ist, denn eine Augentagesklinik hilft hier Menschen bei der Wiederherstellung ihrer Sehkraft. Es ist beim schreiben dieser Zeilen leider schon bekannt, dass sich die Klinik in absehbarer Zeit an einem anderen Standort niederlassen wird. Das wird auf jeden Fall ein herber Verlust für die Gemeinde. Da bin ich mir ziemlich sicher. Noch sind ein paar Tage Zeit bis zur Trauer. Das alte Haus, von dem hier die Rede ist, ist nicht irgendeines. Es ist das Gutshaus der Familie Gans zu Putlitz. Als mit der sogenannten Separation Anfang des 19. Jahrhunderts, bei der Ackerflächen neu aufgeteilt und den bestehenden Höfen zugeordnet wurden, wirtschaftliche Stabilität einzog, errichtete Carl Theodor Gans Edler Herr zu Putlitz hier auf dem Gelände ein neues Gutshaus. Er ließ einen Neuklassizistischen Bau erbauen, dessen großer Mittelrisalit den Blickfang der Südfront bildet. Vom Parkplatz bis zum Haupteingang erstreckt sich eine gerade Achse, die rechts und links von Blumenrabatten begleitet wird. Auf den Blüten tummeln sich unzählige Bienen Ich nähere mich dem Gutshaus. Davor stehen Rosen nebst vielen anderen Sträuchern und Blumen. Von den ehemaligen Wirtschaftsgebäuden haben es auch noch ein paar Häuser überlebt, die heute zum Teil Funktionen für die Klinik erfüllen.

Rechts locken mich große Bäume, die zum alten Gutspark gehören, darunter imposante Bestände von Eichen, Silberahorn, Douglasie, Lärche, Tulpen- und Trompetenbaum. Verteilt in dem überschaubaren Park bilden sie markante Sichtpunkte. In der Mitte endet ein unter einer Holzbrücke ankommender Bachlauf in einem kleinen Teich, der mit Schilf und Seerosen bewachsen ist. Die großen schildartigen Blätter des Schaublattes überdecken das Ufer. Als ich mir alles ganz nah am Wasser ansehe, tauchen plötzlich zwei kleine Gesellen in dichtem Fellkleid auf, die sich wohl vorher in der Mitte des Teiches treibenden Seeroseninsel versteckt hatten. Meine Anwesenheit scheint ihre Neugier geweckt zu haben, denn sie kommen bis ans Ufer an mich heran. Zuerst habe ich sie für Biber gehalten, doch als sie vor mir schwimmen, erkenne ich an ihren Schwänzen, dass es sich um Nutrias handelt, die den Teich wohl als ihr Revier betrachten. Angst kann ich bei ihnen zwar keine erkennen, doch nach einer kurzen Betrachtung meiner Person drehen sie wieder ab und machen sich langsam aus dem Staub. Später erklärt mir Professor von Barsewisch, dass es sich tatsächlich um Nutrias handelt, er mit ihrer Anwesenheit jedoch alles andere als zufrieden ist. Das weitläufige Wassersystem ist für sie natürlich ein idealer

Lebensraum, doch er fürchtet um den Bestand seiner schönen Wasserpflanzen, die ihre Hauptnahrungsquelle darstellen. Mehr als sie zu akzeptieren bleibt ihm jedoch nicht übrig. So werden sie wohl immer mal wieder in den Teich zurückkehren. Professor von Barsewisch ist es übrigens zu verdanken, dass sich nach der Wende die Augentagesklinik hier angesiedelt hat. Das war zwar kein Selbstläufer, doch die Voraussetzungen waren gegeben. Als Enkel des Konrad zu Putlitz, und damit der Edlen Gans zu Putlitz, erwarb er das Gutshaus und den Park seiner Vorfahren. Seinem Engagement ist es zu verdanken, dass sich der Park wieder in einem sehenswerten Zustand befindet. Dazu gehört auch der am Endes des Parks liegende Familienfriedhof. Es ist immer wieder der von solchen Orten ausgehende morbide Charme, der Einblick in die lange Familienhistorie gibt und an Schicksale erinnert, wie die Reihe der gusseisernen Namensplatten hinter den einfachen Gräbern mit Efeubewuchs, die vom Tod etlicher Familienangehöriger am gleichen Tag im Frühjahr 1945 erzählen, als die sowjetischen Sieger des 2. Weltkrieges ihrer Wut freien Lauf ließen. Auch das ist Teil der Geschichte. Durch eine imposante Lindenallee zwischen Grabgelege und Gutshaus verlasse ich den Park, anschließend das gesamte Areal, und laufe westwärts durch den Ort über ein Bahngleis und die folgende Bundesstraße, in Richtung Wolfshagen. Auf der anderen Straßenseite begleiten mich noch ein paar Einfamilienhäuser, bevor ich zuerst ein Waldstück auf der linken Seite erreiche und ein bisschen weiter mich ein weiteres auf der rechten Seite in die Mitte nimmt. Wenn mich mein Blick auf die Karte für Radfahrer nicht täuscht, muss mich der Weg, der jetzt links in den Wald verschwindet, rüber nach Dannhof führen. Da ich ansonsten erst bis Wolfshagen an der Straße entlang laufen müsste, lasse ich vielleicht die Chance liegen, ein weiteres Dörfchen der Prignitz zu besuchen, auch wenn ich nicht weiß, was mich dort erwartet. Wer nicht wagt, der nicht gewinnt. Also biege ich links ab. Es sind nur wenige Meter, und ich erreiche die andere Waldseite.

Vor mir liegt eine frei Fläche, hinter der die Häuser von Dannhof zu sehen sind. Da ein direkter Weg dort hin nicht zu erkennen ist, folge ich einfach dem Pfad immer am Waldrand entlang. Irgendwo hoffe ich einen Weg zu finden, und das mir zu Liebe nicht doch erst in Wolfshagen. Ich muss zwar ein paar Meter laufen und scheine mich gefühlt wieder von Dannhof zu entfernen, bis ich auf einen Weg treffe, der von rechts und links kommt. Ich nehme natürlich den in Richtung Dorf und überquere gleich einen kleinen Bach. Es ist die Panke, die Groß Pankow wohl zum Namen verhalf. Ich bin jetzt frohen Mutes, denn der Weg führt mich direkt in das Dorf. Auffallend sind für mich einige riesige alte Eichen entlang der Dorfstraße. Auch das fast alle Häuser aus hellem Backstein bestehen und sich ziemlich ähnlich sehen, entgeht mir nicht. Ansonsten ist es beschaulich und ruhig im Dorf, ohne größere Besonderheiten, so dass ich mich die zwei Kilometer bis Wolfshagen auf den Weg mache. Leider kann ich niemand fragen, ob es hier irgendwo einen direkten Weg zum Königsgrab gibt, denn das müsste nach meiner groben Übersicht gleich westlich von hier liegen. Da muss ich wohl einen Bogen schlagen.

Funde aus längst vergangener Zeit beweisen, dass sich hier schon ein alter Siedlungsplatz aus der Bronzezeit befunden hat. Aber nicht diese Vergangenheit interessiert mich hier. In Wolfshagen weiß ich, dass mich etwas anderes erwartet. Das rosafarbene kleine Schloss kann man nicht übersehen. Zu auffällig und anmutig steht es mitten im Dorf, leicht verdeckt hinter Bäumen und einen Mauerstück mit Eingangsportal, samt schlichten schmiedeeisernen Tor. Es ist ein Erbe der Familie Edle von Gans, die sich um die Wende vom 12. zum 13. Jahrhundert aus der Altmark kommend hier in der Region niederließ. Zuerst eine Burg bewohnend, errichteten sie nach dem Zerfall im Dreißigjährigen Krieg Ende des 18. Jahrhundert an gleicher Stelle einen neuen Schlossbau, der einige Veränderungen bis zur heutigen spätbarocken Form erfuhr. Sie alle existierten an der Stelle einer Furt über die Stepenitz. Was die heutige Zeit schlägt, ist an der Hauptseite des Schlosses zu sehen und zu hören. Am Mansardwalmdach über der Eingangstür zeigt eine schöne Uhr die aktuelle Zeit, und ein kleines Glöckchen darüber erklingt mit fröhlichem Klang. Bis zur Enteignung nach dem 2. Weltkrieg spielte sich hier unter ihr herrschaftliches Leben ab. Nach dem Krieg hat man zunächst Flüchtlinge aus dem Osten im Schloss untergebracht, bevor die Dorfschule Einzug hielt. Im Keller des Schlosses können sich Besucher heute ein Bild davon machen. Einige Exem-

Schloss Wolfshagen

plare typischer DDR-Schulgegenstände finden dort in einem Raum ihren Ausstellungsplatz. Was die DDR in die Bildung investierte, hat sie bei den notwendigen Investitionen in die Hülle, sprich dem Schloss, leider ausgespart. Nach dem Ende der DDR wird die Gemeinde Groß Pankow neuer Eigentümer. In weiser Voraussicht, dass der Schlossunterhalt ihren finanziellen Rahmen sprengen würde, übergibt sie die Nutzung an einen Förderverein, dessen Vorsitzender kein geringerer als der schon von Groß Pankow bekannte Professor von Barsewisch ist. Unter seiner Führung hat es sich zu einem bedeutendem Haus in der Prignitz entwickelt. Wer das niedliche kleine Schloss mit den zwei Gebäudeflügeln noch nie gesehen hat, der sollte unbedingt einmal herkommen. Er kann das gern mit einem Museums- oder Adventsmarktbesuch verknüpfen. Gerade das Museum enthält eine Vielzahl wunderbarer Kleinode, die es für meine Begriffe so in der Prignitz nicht all zu oft zu sehen gibt. Die wunderbare Sammlung alter Porzellane aus der Sammlung von Professor von Barsewisch gibt Einblick in die herrschaftlichen Tischsitten. Eine Festtafel verrät, wie man im Adelsstand speiste. Möbel, die Gutshausküche, feinste weiße Spitzenware und viele andere sehenswerte Exponate sind zusammengetragen worden und bereichern das Museum. Wer dann genug hat von der Besichtigung, der lässt sich zum Abschluss seines Besuches im Cafe ein Stück selbstgebackenen Kuchen auf schönem alten Porzellan munden, und lässt den Besuch entspannt ausklingen. Dank Corona konnte ich das sogar draußen vor dem Schloss auf einer kleinen Bank, bevor ich mich wieder auf den Weg mache. Gleich gegenüber, auf der anderen Straßenseite, steht ein altes Fachwerkhaus. Ein Vorgänger von ihm wurde bereits in der ersten Hälfte des 16. Jahrhunderts erwähnt, denn es handelt sich um eine Wassermühle. Das nötige Wasser wird auf der Nordseite des Schlosses von der Stepenitz abgeleitet, und über einen Graben zur Mühle geleitet. Anders als viele gleichartige Mühlen wurde ihr schon recht früh ein Turbinenhaus eingebaut, so dass die Wasserkraft für die Stromerzeugung genutzt, und das ehemalige mechanische Mühlwerk mit Strom betrieben werden konnte. Als technisches Museum könnte es durchaus dienen, doch müsste sich ein finanziell gut ausgestatteter Investor finden, der das ganze Gelände übernimmt, bevor es sich womöglich nach Jahren der Nichtnutzung in eine Ruine verwandelt. Hinter der Stepenitz-Brücke zweigt die schmale Straße nach Seddin ab, der ich folge. Links funkeln ab und zu kleine Wellen der Stepenitz, angestrahlt durch Sonnenlicht, zwischen

Bäumen und Sträuchern, und begleiten mich ein paar Meter. Ein Weiher und ein dreieckiger Anger mit einer Gedenktafel für die Seddiner Opfer im 1. Weltkrieg auf einem Findlingsstein wollen mir sagen, dass ich Seddin erreicht habe. Ich folge der Straße nach Süden, und werde kurz danach von einem etwas seltsamen Anblick aufgehalten. Auf einer leichten Erhöhung, begrenzt von einer niedrigen Feldsteinmauer, und umgeben von alten Linden, steht die kleine evangelische Dorfkirche aus der Zeit um 1300. Später wurde auch sie, wie fast

Seddiner Kirche mit separaten Glockenturm

alle Kirchen, noch einmal umgebaut. In ihrer Form erinnert sie mich etwas an die Kirche in Krampfer, doch hier fällt eher der Glockenturm auf, der so gar nicht in seinem Aufbau und seiner Farbgebung zur bescheidenen Feldsteinkirche passen will. Anfang des 20. Jahrhunderts zerstörte ein Blitzeinschlag den bis dato existierenden Turm, so dass man sich entschloss, einen neuen Turm neben die Kirche zu setzen, wo er nun neugierige Blicke auf sich zieht. Am nebenan stehendem ehemaligen Pfarrhaus vorbei, mache ich mich auf den Weg hinaus zum Königsgrab im Süden von Seddin. Es ist der Weg, auf den ich vor vielen Jahren mit meiner Frau und anderen Besuchern zur König Hinz Performance gelaufen bin. So schick wie heute war er damals nicht. Statt der heutigen zwei parallelen Streifen aus Beton-Lochelementen staubte es vor Jahren auf dem unbefestigten Feldweg kräftig unter den Besucherfüßen. Auch bin ich, trotz der historisch bedeutsamen Stätte, ganz allein, mit Ausnahme von Luna, unterwegs in Richtung Königsgrab. Wenn nicht diese ganzen Informationstafeln wären, könnte man meinen, irgendwo in den Weiten der Prignitz zu stehen. Dabei ist dieses von Feldern umgebene kleine runde Waldstück abseits vom Weltgeschehen ein 3000 Jahre altes Königsgrab, und zählt zu den größten Grabdenkmälern Europas. Nicht mit steinerner Grabeinfassung und Gedenkstein, sondern mit Erdwall und vergitterter Grabkammer. Ein kleinerer runder Erdhügel bildet eine Art Schutzhügel vor dem eigentlichen Grab, dessen höherer Erdwall dahinter aufragt. Ich nutze den linken Pfad am Vorhügel vorbei und dann stehe ich vor einer Art Erdkuppel, der man ein Stück herausgeschnitten hat und wo deshalb der Rand nach innen eingefallen ist. Dieser Einschnitt lenkt meine Schritte direkt auf ein paar Stufen aus Feldsteinen zu. Es mutet an wie der Eingang in die Unterwelt. Hinter einem kunstvoll zweigeteiltem schmiedeeisernen Tor schaut mich zwischen riesigen aufeinandergeschichteten Feldsteinen ein schwarzes Loch an. Ich öffne das Tor, mache mich ganz klein, und schaue in den schwarzen Schlund. Eine kleine Höhle tut sich vor mir auf. Feldsteine sind so übereinander geschichtet, dass ein Teil übersteht, auf denen dann der nächste Steinring liegt, bis der letzte Stein ganz oben alles abdeckt, ähnlich einem Schlussstein in einem Torbogen. Ich glaube nicht, dass ich darin aufrecht stehen könnte. Es ist ziemlich flach hier drin, dafür sehr dunkel. Ich bleibe lieber draußen. Man weiß ja nie, ob noch der Geist des alten Hinz umher schwebt. Ich schließe wieder das Tor und ziehe mich zurück. Vorn am Waldrand betrachte ich noch einige der aufgestellten Infotafeln. Was sie verkünden, ist mit dem Blick in eine längst vergangene Zeit schon interessant. Das hier vor der Entdeckung des Grabes Feldsteine für andere Dinge entnommen wurden, und somit ein Teil der ursprünglichen Anlage verloren ist – geschenkt. Sie wussten es einfach nicht besser. Das die bedeutenden Funde aus dem Grab allesamt in das Märkische Provinzialmuseum, dem heutigen Märkischen Museum, nach Berlin kamen – geschenkt. Brandenburg war nur eine Provinz. Berlin die Hauptstadt. Später bekam die Prignitz wenigstens originalgetreue Repliken zurück. Das in den Wirren der Kriegsjahre etliche Teile verlustig gegangen sind – geschenkt. Vielleicht tauchen sie durch Zufall eines Tages doch noch einmal auf. Ob hier wirklich ein König beerdigt wurde – geschenkt. Wer will es schon nach Jahrtausenden von Jahren mit absoluter Sicherheit behaupten. Niemand kann das sagen. Für mich ist das auch gut so, denn Geschichten, welche die Phantasie anregen, sind manchmal wertvoller, als die vielleicht schlichte Realität. Was allerdings gesagt werden kann, sind die gesicherten Erkenntnisse über das Königsgrab von Seddin. Dazu gehören für mich auf jeden Fall die Leistungen der damaligen Menschen, die dieses Werk hier vollbracht haben. Ist es nicht bewundernswert, eine aus schweren Feldsteinen bestehende Kammer zu errichten, und darüber Tonnen von Erde aufzuschütten? Wie sie das alles geschafft haben ist genau so spannend und faszinierend wie die Geschichte der Pyramiden in Ägypten oder der Nasca-Linien in Peru. Möge die heutige Wissenschaft eine hohe Wahrscheinlichkeit für die Errichtung oder Bedeutung solcher Werke attestieren - egal. Es bleibt immer ein Rest zum träumen und spekulieren übrig. Diese Ungewissheiten nehme ich gern auf den Rückweg mit, mache mir so meine Gedanken, und denke dabei noch einmal an die Sage von König Hinz, die sinngemäß wie folgt lautet:

Es soll vor langer Zeit einen König namens Hinz in der Prignitz gegeben haben, der allen gegenüber gut und gerecht gewesen sei. Die Untertanen sollen ihn sogar geliebt haben. Nach seinem Tod errichten sie ihm zu Ehren und zur Erinnerung ein monumentales königliches Grab von enormen Ausmaßen, dessen Ansicht ein mächtiger Hügel prägte.

Die Geschichte des Königs wurde über Generationen hinweg weiter erzählt, bis eines Tages ein Bauer begann, in einem auf seinem Besitz befindlichen Hügel zu graben. Er buddelte Tag für Tag, fand jedoch nur Steine, vergaß dabei seine eigentliche Arbeit und stand bald mittellos da. Das soll der Sage nach die Rache des Königs für die Habgier des Bauern gewesen sein. Bis im Jahr 1899 durch Zufall eine der reichsten spätbronzezeitlichen Gräber in ganz Europa entdeckt wurde. Wir wissen nur eines:

Das eine ist die Sage, während das andere die Realität ist. Und weil wir manchmal daran glauben, dass Phantasie und Fakten etwas miteinander zu tun haben, lieben wir einfach solche Geschichten wie die von König Hinz.

13 Vergangenheit neu erleben

Mesendorf, Groß Woltersdorf, Brünkendorf, Lindenberg, Groß Welle,

Heute ist das kleine Mesendorf Ausgangspunkt meiner Wanderung. Ich brauche dafür fremde Hilfe, denn ich habe eine Strecke ausgesucht, die mich nicht mehr zurück führt, sondern bei mir zu Hause in Groß Welle endet. Die Möglichkeit findet sich in der Nachbarschaft, denn in gleicher Richtung liegt die alte Kreisstadt Pritzwalk, die ab und zu auch von Groß Wellern angefahren wird. Auch ich fahre regelmäßig dort hin, um unsere Einkäufe für die Woche zu tätigen. Daher ist mir das Dorf wenigstens von Durchfahrten bekannt. In Mesendorf lasse ich mich in der Dorfmitte, direkt vor der Kirche, absetzen. Sie bietet auf ihrer Erhöhung keinen schönen Anblick. Und das mitten im Dorf, von jedem Durchreisenden einsehbar. Der neugotische Backsteinbau vom Ende des 19. Jahrhunderts sieht aus, als wären hier erst vor ein paar Jahren die letzten Kriegshandlungen beendet worden. Der Putz und das Mauerwerk am Turm weisen unzählige Beschädigungen auf, die teilweise wie Munitionseinschläge aussehen und den seltsamen Eindruck noch verstärken. Womöglich liegt es auch daran, dass die Kirche seit Jahren nicht mehr genutzt wird, was ich ungewöhnlich finde für ein Dorf, welches größer als manch anderes ist, und die selbst dort eine Kirche in weit besserem Zustand besitzen. Es wird mir ein Rätsel bleiben. Der Name Mesendorf wird mit zweierlei Deutungen verbunden. Die eine besagt, dass er von der Meise abstammt, die in den umliegenden Wälder zahlreich zu Hause gewesen sein sollen. Die andere geht auf slawischen Ursprung zurück, wo das Wort Mesa für einen Hofbesitzer steht. Da Mesendorf aus einem Rittergut entstanden sein soll, könnte diese Version stimmen. In der scharfen Rechtskurve Richtung Pritzwalk liegt das ehemalige Gut, eingebettet in den Gutspark. Das Gutshaus bietet keinen schönen Anblick. Denkmalgeschützter Gutshofbereich hin oder her. Dem Krüppelwalmdach sieht man an, dass es an mehreren Stellen schon ausgebessert wurde. Die Fassade darunter sieht auch nicht besser aus und das Umfeld hat ebenfalls schon bessere Tage erlebt. Im Gut, deren Besitzer die Familie von Platen war, gab es die typischen benötigten Gewerke wie Sägewerk und Schmiede. Für einen Teil des leiblichen Wohles sorgte eine Brennerei und Molkerei. Einem versteckten Kleinod geht es ähnlich, nur kann dies nichts dafür, denn es ist wesentlich älter als alles andere in Mesendorf.

Rechts hinter dem großen Stall, teils umschlossen von einem Wasserring, gelegen im Gutspark, angelegt wohl im 19. Jahrhundert, und inmitten uralter Eichen, die zwischen 700 und 900 Jahre alt sein sollen, stehen die Reste einer Burgruine. Die Ruine gehörte zu einer Wasserburg, deren Bau im 15. Jahrhundert oder früher erfolgte. Besitzer sollen zuerst die Herren aus

Stendal gewesen sein, später die bekannte Familie von Quitzow. Geblieben sind die Reste ihrer Geschichte. Etwas, was heute Menschen auch von weit her nach Mesendorf zieht, finde ich genau am anderen Ende des Dorfes. Es ist jedoch nicht mein eigentliches Ziel, denn Mesendorf und Lindenberg sind eng miteinander verbunden. Die Geschichte möchte ich aber lieber am Ende meiner heutigen Wanderung erzählen, denn ich finde, diese passt besser nach Lindenberg. Also noch ein wenig Geduld.

Ich laufe vom Gutshaus auf dem Fußweg neben der kerzengeraden Straße bis zur Kurve im Süden entgegen. Wenn es stimmt, was ich im Internet gefunden habe, dann wurde die Straße hoch nach Pritzwalk 1840 vom König der Preußen Friedrich Wilhelm II. persönlich eingeweiht. Dazu fallen mir zwei Dinge ein, die dazu passen. Die Strecke zwischen Mesendorf und Pritzwalk gehört zur B107, die von Pritzwalk bis nach Coswig in Sachsen-Anhalt reicht, und mit einer kurzen Unterbrechung sogar bis nach Chemnitz in Sachsen weiter führt. Das ist schon mal eine ordentliche Strecke. Dazu kommen noch etliche Zufahrten aus den Regionen rechts und links davon, so dass sich auf ihr schon ein ordentliches Verkehrsaufkommen zusammenschieben kann Das spüre ich in Groß Welle ja auch. Ich kenne die Strecke von der A9 bis zu uns ganz gut, und weiß, dass es im Fläming einen Abschnitt gibt, wo eine recht enge Baumallee die Straße begleitet. Das gleiche Erlebnis haben alle Kraftfahrer, die jetzt ab Mesendorf nach Pritzwalk fahren. Hier ist die Straße so eng, dass zwei Lkw nicht ohne größeres Ausweichmanöver auf den losen Seitenstreifen aneinander vorbei kommen, was aus Zeitgründen aber niemand abhält, eine andere Strecke zu benutzen. Das dürfte zu Wilhelms Zeiten und in der DDR anders, und kein großes Problem gewesen sein, denn der Straßenverkehr hielt sich hier ja stark in Grenzen. Da spielte es auch weniger eine Rolle, dass es sich mehr um eine Feldsteinstraße gehandelt hat, die später zuerst mehr provisorisch mit etwas

Asphalt bedeckt wurde, bevor nach der Wende eine weitere Aufschichtung erfolgte. Eng ist sie trotzdem geblieben. Den gleichen Zustand besaßen auch die Ortsdurchfahrten an der B107 Groß Welle, Garz, Tüchen und Mesendorf. Löchrige und sandige Sommerwege neben gewölbten bruchstückhaft asphaltierten Feldsteinstraßen. Man kann es sich vielleicht vorstellen, was zunehmender Verkehr für alle Anwohner bedeutete. Nun gab es schon einen Plan, alle vier Ortsdurchfahrten völlig neu aufzubauen. Weg mit dem alten Feldsteinpflaster, und komplett neu bauen. Das war der Plan, bis ein paar Politiker in Potsdam die leider dumme Idee hatten, diese Maßnahme zu Gunsten Berlin naher Investitionen aufzugeben, und unseren Dörfer ihre ruinösen Straßen zu belassen. Das regte unseren Widerstand, und wir hatten einen günstigen Zeitpunkt vor uns. Der hatte eigentlich überhaupt nichts damit zu tun, aber das war uns egal. Der Zweck heiligt manchmal die Mittel. Wenn ich immer von „uns“ schreibe, so hat es damit zu tun, dass ich in dieser Zeit Bürgermeister war, und ich die anderen drei Bürgermeister mit ins Boot brachte, gemeinsam den „Aufstand“ zu wagen, und mit einem Boykott der anstehenden Europa-Wahlen zu drohen. Das schreckte in Potsdam und der Prignitz einige Politiker auf, die sich vielleicht in ihrer Ehre gekränkt gefühlt haben. Uns war das egal. Wir wollten unsere versprochenen Ortsdurchfahrten. Und tatsächlich. Nachdem in der Zwischenzeit sogar Deutschlandweit die Presse auf den Zug gesprungen war, knickte Potsdam ein. Es gab in allen Dörfern eine Ortsbesichtigung mit einem Vertreter der Landesregierung, und hier in Mesendorf fand dann die abschließende Beratung mit provisorischer Pressekonferenz statt, in deren Ergebnis der schon ausgemusterte Plan wieder in Kraft gesetzt wurde. So sind wir alle, einer nach dem anderen, doch noch zu unseren neuen Straßen gekommen, wo ich gerade neben einer davon unterwegs bin. Mit großer Freude über so viel Zusammenhalt denke ich heute immer noch gern zurück.

In der Kurve verlasse ich Mesendorf auf dem Plattenweg in Richtung Groß Woltersdorf. Es ist ein angenehmer Weg durch die leicht hügelige und baumbewachsene Landschaft, wo mir nur ab und an ein Fahrzeug begegnet. Ich biege diesmal schon vor dem noch etwas entfernten Waldlehrpfad ins Dorf ab, denn die Tochter eines Freundes von uns hatte dort ihre Hochzeit gefeiert, und deshalb kenne ich die Anlage. Wer sich für ein bewusstes Naturerlebnis interessiert, der ist auf der großzügigen Anlage genau richtig. Auf Tafeln und Schildern kann er viel über unsere Natur erfahren. Viele verschiedene Baumarten und Sträucher lassen sich so entdecken. Ein Besuch lohnt sich also. Auch in Groß Woltersdorf scheint es etwas besonderes zu geben, denn hinter einem Zaun lockt eine Sommerrodelbahn zum Besuch. Leider habe ich gerade kein Glück, denn es ist niemand da, der mich hinunter sausen lassen könnte. Also laufe ich weiter ins Dorf. Ein Naturbad lädt hier ebenfalls zum Entspannen ein. Da muss ich vielleicht später einmal her, um zu sehen, wie das Wasser so ist. Heute muss ich weiter. Hätte sowieso kein Badezeug dabei, und nackig will ich auch niemand erschrecken. Die folgende Kirche beeindruckt durch ihren recht bulligen viereckigen Kirchturm, der sich an das Gotteshaus aus Backstein und Fachwerk anlehnt. Die Dorfstraße heißt mal ausnahmsweise nicht Dorfstraße, sondern ganz nett „Am Märchenwald“. Sie muss ich jedoch bald verlassen, denn mein Ziel ist Lindenberg, und nicht Klein Woltersdorf.

Ein paar Häuser bilden eine winzige Ansiedelung namens Brünkendorf. Wenn ich mir sie so betrachte und darüber nachdenke, wo ich gerade herkomme, dann muss ich feststellen, dass die wenigen Höfe alle ganz schön abseits jeglicher Zivilisation liegen. Da wohne ich doch lieber an einer gut befahrenen Bundesstraße. Auch wenn ich die Einsamkeit beim wandern mag, wohnen möchte ich nicht so abgeschieden. Kurz nach Brünkendorf treffe ich auf ein Bahngleis. Sie gehört zu dem, weswegen ich heute auch noch nach Lindenberg möchte.

Bin ich schon von Mesendorf bis Groß Woltersdorf eine ruhige Strecke gelaufen, so bin ich von nun an in völliger Einsamkeit gelandet. Der zweispurige Plattenweg führt mich mal knapp am Waldrand entlang, und dann wieder mitten durch sein grünes Herz. Die Rufe der Waldvögel begleiten mich genau so wie der Duft nach Pilzen. Am Ende des Waldes führt eine kleine Brücke über das schmale Rinnsal des Cederbaches, und vor mir liegen weite Gras- und Ackerflächen, zwischen denen der Weg bis nach Lindenberg führt. Vom ersten Haus an führt die Dorfstraße fast kerzengerade bis ans andere Ende. Ein typisches Prignitzer Straßendorf. Obwohl Lindenberg als solches erstmals Mitte des 17. Jahrhunderts genannt wird, ist es unter anderen Namen schon rund 300 Jahre älter. Gut auf der Hälfte komme ich an der Dorfkirche vorbei. Es ist ein Ensemble, das aus dem spätgotischen flach eingedeckten Feldsteinbau der Kirche, dem schräg dahinter stehenden Pfarrhaus und einem herrlichen Holztor besteht. Der Turm der Kirche ist genau so breit, wie das davor liegende Kirchenschiff. Unter dem pyramidenförmigen Dach des Turmes zeigt eine Uhr auf der Straßenseite die aktuelle Stunde an. Schön ausgeschmückte Schallöffnungen, und die aus Backsteinen gesetzten Ecken im oberen Teil, ergänzen die Turmseiten. Die Fläche vor der Südseite ist etwas einfacher gestaltet, besitzt jedoch mit dem Kriegsdenkmal eine Stätte der Erinnerung. Ganz anders dagegen die Nordseite. Die Rasenfläche ist mit vielen schmückenden Blumen durchsetzt und wird begrenzt von einem kleinen Eisenzaun. Er trägt leider Kennzeichen von Vandalismus, die manchem vielleicht gar nicht auffallen. Den ehemaligen kleinen weißen eingelassenen Kreuzen im Zaun haben unbekannte den oberen Teil einfach abgetrennt. Ob aus ideologischer Verblendung, oder wegen des Metalls, wird wohl nur der oder die Täter aufklären können, sofern noch im Leben weilend. Von herzlicher Lebenslust zeugt die ganze Fläche zwischen Pfarrhaus und Hoftor. In Anbetracht, dass es sich um den Pfarrhof handelt, lässt sich eine kleine Brücke zum Garten Eden bauen. Es grünt und blüht überall, und dazu gesellt sich in harmonischer Friedlichkeit das hübsche kleine Fachwerkhaus hinter all der Blütenpracht und dem überdachten Tor. Der große Torbogen für Fuhrwerke und der kleine für Gäste des Hofes bilden eine Einheit. Das Gebälk aus Eichenholz und Backsteinen, bewachsen mit Immergrün, bildet so den optischen Blickfang des ganzen Pfarrhofes. Wer hier eintritt, ist bestimmt ein gern gesehener Gast.

Lindenberger Kirche mit Pfarrhof

Gäste finden sich an mehreren Wochenenden oder an Feiertagen im Jahr von ganz allein in Lindenberg ein. Ist das der Fall, dann ist Pollo-Zeit. Es ist eine alte Geschichte, die in einer Neuauflage ihre Wiederbelebung erfahren hat. Lindenberg bekam im Oktober 1897 einen Gleisanschluss samt Bahnhof. Durch seine besondere Lage befand sich hier ein wichtiger Knotenpunkt. Ein Gleis kam vom Norden aus Pritzwalk. Eines führte nach Süden zum Bahnhof in Glöwen. Die Verbindung von Kyritz nach Perleberg verläuft in seiner Ost-West Verbindung ebenfalls über Lindenberg. Damit war in allen Richtungen die Anbindung an den überregionalen Zugverkehr gesichert. Die Prignitzer Kleinbahn diente vor allem dem Transport landwirtschaftlicher Erzeugnisse und dem der Bevölkerung kreuz und quer durch die Prignitz und in die Städte. Als der allerletzte Streckenabschnitt Anfang der 1970er Jahre stillgelegt wurde, trat für eine lange Zeit ein Dornröschenschlaf ein, bis sich Anfang der 1990er Jahre von der Bahn begeisterte Menschen wieder daran machten, mit einem Förderverein etwas Leben in die alte Geschichte zu bringen. Zu Beginn diente lediglich ein Stück Gleis dazu, auf ihm einige der noch vorhandene Waggons herzurichten, und für Ausstellungszwecke zu nutzen. Aus diesen kleinen Anfängen heraus entwickelte sich im Verlaufe der Jahre eine interessante Geschichte in weitaus größerem Rahmen rund um die ehemalige Prignitzer Schmalspurbahn, die jedes Jahr tausende Besucher nach Lindenberg zieht. Neben dem Bahn-Museum in einem ehemaligen Bahnhofsgebäude kommen die meisten jedoch wegen etwas anderem. Der Verein hat es in vielen Jahren geschafft, ein Stück der alten Gleisstrecke so herzurichten, dass auf ihm wieder Züge fahren können. Zwar besitzt der Verein nur eine Diesellok, doch zu besonderen Anlässen holen sie sich von anderen befreundeten Kleinbahn-Vereinen eine Dampflok, die sie vor ihre Wagen spannen, und mit der sie sich auf die heute neun Kilometer lange Strecke von Lindenberg nach Mesendorf begeben. Mesendorf, der erste Ort meiner heutigen Wanderung, erhielt nämlich 1907 einen Gleisanschluss an der Pritzwalker Strecke. Zwar nicht so umfassend wie in Lindenberg, zeigt jedoch auch der andere Endpunkt Bahn-Geschichte zum Staunen und bewundern. Wem einmal während einer Fahrt auf dem offenen Waggon durch den Wald bei einer Flasche Bier, einem Kaffee, oder einem Glas Sekt der Rauch der Lokomotive um die Nase geweht ist, der wird sich gern an diese Tour erinnern. Ich habe schon öfters eine solche Tour mitgemacht, und jedes mal hat sie mir Freude bereitet. Man sitzt auf schönen Holzbänken, schaut ungehindert in den Wald, wird leicht hin und her geschaukelt, und genießt es einfach. Ganz so wie in meiner Kindheit, wenn meine Eltern mit mir am Wochenende mit der Dampflok in den Thüringer Wald gefahren sind, und ich draußen auf dem Perron stand, und mir die Fahrluft um die Nase wehen ließ. Eine Fahrt mit dem Pollo kann diese Kindheitserinnerungen problemlos zurück bringen. Das ist der wahre Geist einer Pollo-Fahrt.

Dampflokomotive auf den Gleisen des Pollo

Steht noch für diejenigen, die nicht wissen, woher der kuriose Name „Pollo" stammt, die Erklärung aus, die wie so häufig den Gedankengängen eines Humoristen entsprungen sein könnte. Als die schnaufende Bahn ihren Fahrbetrieb aufnahm, soll der Hund des Dannenwalder Försters den fahrenden Zug angekleft, und ihn nebenher verfolgt haben. Der Förster wollte ihn natürlich zurückhalten, und rief ständig „Pollo", den Namen seines Hundes, in Richtung des Zuges. Die Leute drumherum haben jedoch angenommen, dass der Förster den Zug meinte, und gaben ihn von da an den Namen des Hundes „Pollo". So dampft und wackelt heute wieder eine Wagenreihung hinter einer Lokomotive mit gleichem Namen her, und erfreut seine

Gäste. Vom Museumsbereich rund um den kleinen Dorfteich habe ich es nicht mehr weit zu meinem letzten Wanderabschnitt. Ich muss nur noch über die Straße, und auf der anderen Seite den Weg in Richtung Wald einschlagen. Ich bleibe immer auf dem sandigen Waldweg, der für mich an der Kreuzung mit dem Plattenweg zwischen Kunow und Groß Welle endet. Auf ihm folge ich die letzten knapp zwei Kilometer bis nach Groß Welle. Hier endet meine heutige Wanderung, die mich an ein Stück Prignitzer Geschichte geführt hat, die vor vielen Jahren beendet schien, dank begeisterter Menschen aber wieder eine neue Gegenwart und Zukunft erhalten hat. Und wer weiß, vielleicht werden eines Tages aus den heute befahrbaren neun Kilometern doch noch einmal ein paar mehr, und der Pollo übernimmt dann wieder den Transport von landwirtschaftlichen Produkten und Gütern. Oder er fährt die Menschen der Prignitz wieder zu ihren Verwandten an entfernte Orte. Es soll aus Träumen ja schon mal Wirklichkeit geworden sein. Wer weiß.

14 Im Niemandsland

Berge, Neuhausen, Bresch, Pirow, Berge

Für meine letzte richtige Rundwanderung habe ich mir ein Stück im „Niemandsland" der Prignitz ausgesucht. Auf einer alten Karte der Prignitz, keine Ahnung von wann die ist, ist in dieser Gegend kaum etwas eingezeichnet. Nur ein leerer Fleck ist östlich von zwei meiner Ziele zu sehen. Ich habe mich heute noch einmal ganz bewusst in die Mitte zwischen Karstädt und Putlitz, kurz vor der Grenze zu Mecklenburg-Vorpommern, begeben. Nach meinen ganzen bisherigen Wanderungen, die mich mehr oder weniger rund um die Prignitz geführt haben, wollte ich einfach noch einmal abseits der sonst eher belebten Gegenden der Prignitz unterwegs sein. Dafür schien mir der tote Fleck auf der Landkarte genau recht. Ich weiß natürlich, dass hier Leben existiert. Vor langer Zeit, wenige Jahre nach der Wende, hatte ich hier schon zu tun. Da waren große Teile der Straßen noch reine Sandpisten. Die Orientierung war nicht leicht, und so landete ich auf der Suche nach meinem nächsten Ziel auch schon mal im Nachbarbundesland. So wenig wie es heute Kartenmaterial für Wanderwege durch die Prignitz gibt, so wenig Karten gab es damals für Autofahrer. Ich musste mir für meinen Arbeitsbereich die kleinen blauen Faltkarten organisieren, die es mal an Tankstellen oder in Gemeindeverwaltungen gab, die aber meistens nur das regionale Gebiet der Gemeinde umfasste. So hatte ich mir eine ganze Sammlung dieser Miniaturkarten zusammengesammelt, die mich dahin brachten, wo ich hin musste. Heute ist das alles wesentlich einfacher. Wer mag, gibt sein Ziel einfach ins Navi ein und fährt los. Da auch die Straßen besser geworden sind, ist es heute kein Abenteuer mehr, solche einsamen Landstriche zu besuchen. Das sich trotzdem kaum jemand hier her verirrt, hat für meine Begriffe drei Gründen. Zum einen liegt die Region einfach zu weit nördlich der Elbe, die mit ihrem Radweg und dem Biosphärenreservat ein tolles touristisches Potential anbietet. Zum anderen liegt sie auch viel zu weit entfernt von der weiter nördlich liegenden Mecklenburgischen Seenplatte, die erholungsuchende Menschen in ihr reichliches Grün mit den vielen Seen lockt. Und wenn es hier am Rand der Brandenburger Prignitz schon landschaftlich keine Besonderheiten zu bestaunen gibt, dann sollten wenigstens andere touristische Magnete für einen Besucherzuwachs existieren, was bis vielleicht auf eine Ausnahme auch nicht zutreffend ist. So bleibt es hier ruhig, und die Region wird wohl auf unbestimmte Zeit den typisch ländlichen Prignitzer Charme bewahren. Wer fährt aber schon gern in eine Gegend, wo es außer teils immer noch schlechten Straßen, nichts weiter zu sehen gibt, als ein paar Dörfer, die von weitem Land umschlossen sind. Das kann man in anderen Regionen einfacher haben. Ich wollte es jedoch noch einmal wissen, und habe mich auf den Weg ins *Niemandsland* gemacht.

Ich habe hier eine der größeren Ansiedelungen für meinen Wanderstart ausgesucht. Es ist Berge, eines der in der Gegend überall von Slawen als Runddorf angelegten Dörfer. Eigentlich standen hier vor der Vereinigung zu einem Ort zwei Dörfer mit gleichen Namen. Rund um das Dorf liegen Äcker und Felder, wohl die zu erwartende typische Begleitung meiner nächsten Stunden. Natürlich nicht zu vergessen, die hoch aufragenden Windräder, die sich leider in der flachen Landschaft besonders hervortun. Der Parkplatz am Einkaufszentrum eignet sich gut zum abstellen des Autos. Auf der anderen Straßenseite stehen inmitten etlicher Bäume die Dorfkirche und das Haus des Pfarramtes. Die Kirche wurde im 15. Jahrhundert als Feldsteinkirche erbaut. Ihre rötlichen Steine harmonieren sehr schön mit den Backsteineinfassungen der gotischen Fensternischen und dem Kirchturm aus Fachwerk. Die Ur-Form eines Runddorfes findet sich gleich ein paar Meter weiter. Der Name Dorfring deutet es schon an. Die zugehörigen Häuser bilden einen Ring um den Mittelpunkt des Dorfangers, der wie eine längliche Nadelöse aussieht. Manche davon tragen die Patina der Vergangenheit noch stolz vor sich her. Zufällig entdecke ich am Ende des Dorfringes einen schmalen Gang, der grob in die gleiche Himmelsrichtung führt, in die ich sowieso will. Also lasse ich mich auf das kleine Abenteuer ein, und folge dem Gang. Am Ende davon stehe ich wieder auf einem halbwegs ovalen Anger, der im Vergleich zu dem eben verlassenem fast kahlem Platz mit vielen Bäumen bewachsen ist. Das es sich hier um den Anger des zweiten Runddorfes handelt, werde ich erst zu Hause bei meinen Nach-Recherchen erfahren. Im Moment ist es mir noch egal. Mir gefällt der Platz mit seinem dichten Baumkronendach. An der schmalsten Stelle des Angers verlasse ich ihn, und orientiere mich weiter in Richtung Süden. Dort sollte Neuhausen liegen, mein nächstes Zwischenziel. Das Ortsschild verrät mir, dass ich richtig bin. Eine einfache, schnurgerade Landstraße führt mich hin. Da mir meine Radwanderkarte keine Möglichkeit aufzeigt, auf der ich vielleicht ohne größere Umwege zu meinem nächsten Ziel hinter

Neuhausen gelangen kann, bleibe ich auch in Neuhausen auf der Straße die nach Süden führt. Auf meinem Weg dort hin begegnet mir kurz vor Ortsausgang das, was Dorf, samt Umland, hier für Besucher vielleicht doch noch sehenswert und attraktiv genug für einen Besuch macht. Hinter einer aufgeschütteten Feldsteinmauer stehen rechts der Kirchturm und das zugehörige Kirchenschiff. Beide sind nicht miteinander verbunden, sondern sind durch ein paar Meter voneinander getrennt. Beide sind mit Backsteinen errichtet, wobei im Turm die Steine die Gefache des Fachwerkes ausfüllen. Die Kirche selbst gehört zu den ältesten Gotteshäusern aus Backstein in der Prignitz, man spricht von einem Bau aus dem 15. Jahrhundert, während der Turm sehr viel später errichtet wurde. Alt zu sein trifft auf das Dorf wohl selbst auch zu, denn bereits im 12. Jahrhundert bekam es eine urkundliche Erwähnung. Mitglieder der Familie von Rohr werden als erste Besitzer genannt. Ihnen wird, als Bewohner einer Burg hier im Dorf, sogar das Patronat über die Kirche zugesprochen. Ob der Kirchenbau oder andere Dinge ihnen das Leben schwer machten weiß ich nicht, doch ihre finanziellen Grundlagen konnten wohl mit ihren Erwartungen und Ansprüchen nicht ganz mithalten, so dass es in der Folge zu mehreren Besitzwechseln kam. Das eine Burg hier bestand, hat mit der Lage des Dorfes zu tun. Wie bereits erwähnt, befinde ich mich in unmittelbarer Nähe zur Landesgrenze zu Mecklenburg-Vorpommern. Ähnlich der Situation in Stepenitz, befand sich auch die hiesige Region in ständiger Streiterei mit den expansionsfreudigen Mecklenburgern. Doch statt der Errichtung eines Klosters zogen es die hier zuständigen Adligen vor, durch Machtdemonstrationen ihren Herrschaftsanspruch auf die Region in Form einer Burgen zu bestätigen. Das eine seit langer Zeit existierende Burg eines Tages den Lebensgewohnheiten ihrer Bewohner nicht mehr entspricht, habe ich ja schon in Kletzke, Meyenburg oder Mesendorf erleben können, wo die Neuerrichtung von Herrschaftshäusern oder kleinen Schlössern zum raschen Niedergang und Verfall der

Burgen beigetragen hat, und wo heute nur noch bescheidene Mauerreste an ihre alte Existenz erinnern. Nun werde ich in Neuhausen erneut Zeuge einer solchen Metamorphose. Das schöne hier an der Kirche ist nämlich, dass sich genau gegenüber von ihr, auf der anderen Straßenseite, das barocke Schloss Neuhausen erhebt. Seine Geschichte beginnt mit der Existenz einer der Burgen, die der Sicherung der Macht dienten. Das alte adlige Spiel der Besitzwechsel und der regelmäßigen Umbauten endet 1945 mit der Enteignung und dem Einzug der Sowjetarmee, die es zur Versorgung genutzt haben, und in dem später Flüchtlinge untergebracht werden. Jahre später wird das Schloss leergeräumt, und dem Verfall überlassen. Erst nach der Wende erwirbt eine Familie die Dreiflügelanlage, die es wieder auf Vordermann bringt. Sie haben auch das einzig noch erhaltene Gebäude des ehemals zugehörigen Gutes, welches ansonsten vollkommen abgerissen wurde, zu einem kleinen Hotel umgebaut, und bieten auf dem Gelände die Möglichkeit der Durchführung verschiedener Veranstaltungen und Feiern. Das heute zu sehende Schloss mit seiner einfach gehaltenen Fassade, ist eine Dreiflügelanlage mit zwei Geschossen unter einem Mansardwalmdach. Es wurde im 18. Jahrhundert durch Umbau des alten Herrenhauses zum heutigen Barock-Schloss. Die Auffahrt ist traditionell noch mit Feldsteinen gepflastert. Rechts davon leuchtet die leicht grüne Oberfläche des wahrscheinlich ehemaligen Wassergrabens, der die alte Wasserburg umschloss. Ein Tor im flacheren Südwest-Flügel führt auf die Südseite mit Blick über die weitläufige Grünanlage. Einen Blick ganz weit zurück in die Historie bieten die alten Mauern der ehemaligen Burg, die sich im südwestlichsten Zipfel des Parks finden lassen. Ein kleines ruhiges Fleckchen, in dem die Gedanken frei umher wandern können. Auch ich mache mich wieder auf den Wanderweg. Mein nächstes Ziel ist das Dorf Bresch.

Ich folge der wieder kerzengeraden Landstraße in Richtung Neuhof. Mit Kurven hat man es hier nicht so. Wozu auch. Es gibt keine landschaftlichen Hindernisse, die zu umfahren sind, und die winzigen niedrigen Erhebungen sind auch kein Problem. In einer leichten Rechtskurve schlage ich mich nach links in die Büsche, oder besser gesagt, zuerst auf einen kleinen Weg, und dann am Rande von Äckern entlang. Am Ende von Feld und Baumreihe finde ich zum Glück ohne größere Sucherei den Feldweg, der mich am Rande eines kleinen Waldstückes bis nach Bresch bringt. Der Kirchturm ist mir ein guter Wegweiser, und die zugehörige Kirche liegt auch gleich vor mir. Ein früher Vorläufer bestand schon im 16. Jahrhundert. Der heutige Bau entstand dagegen erst Mitte des 19. Jahrhunderts. Anders als das Schiff aus Stein und einem Teil Fachwerk, hat man dem Turm mit einer Holzhaut versehen, über den eine Spitze aus Schiefer thront. Gleich gegenüber steht der Fachwerkbau des Pfarrhauses. Von hier aus laufe ich entgegen dem Uhrzeigersinn um die Kirche, um zu sehen, was mich im Dorf noch erwartet. Es liegen auf der rechten und linken Seite ein paar schöne Häuser mit ihren Längsseiten zur Straße ausgerichtet. Von links kommt eine Straße, die mit meiner wieder ein Spitze bildet. Ganz so, wie ich es schon zwei mal in Berge gesehen habe. Jetzt möchte ich natürlich wissen, ob die Straße wieder hoch zur Kirche führt. Noch versperren mir einige Häuser den Blick da hin, wo ich sie vermute. Dafür begegnet mir auf meiner rechten Seite wieder ein Déjà-vu zu einer anderen Wanderung. Als ich rund um Schloss Gadow unterwegs war, kam ich auch nach Lanz, der Geburtsstadt Friedrich Ludwig Jahns. An der dortigen Kirche lief ich ebenfalls um sie herum, und sah sehr schöne Häuser, die alle viele Meter abseits der Straße standen. Rasenflächen und Vorgärten trennten dort beides voneinander. Und was sehe ich hier? Ebenfalls einen riesigen Abstand zu den Häusern, die erst hinter einer breiten Rasenfläche stehen. Was die Schönheit der Fassaden betrifft, so mache ich hier schon einige Abstriche. Es glänzen nicht alle mit ihrem Aussehen. Manche Abschnitte sehen immer noch so aus, als wäre die Wendezeit gerade erst vor zwei, drei Jahren gewesen. Da hilft auch nicht immer die unter Denkmalschutzstellung. Ein bisschen Rest-DDR-Flair schwebt leise über der Ortsmitte, die mich zum Schluss doch wieder an der Kirche landen lässt. Und ich stelle fest, dass Bresch ebenfalls ein Dorfrundling ist. Zwar etwas oval, und nicht ganz rund, aber immerhin. Ich setze mich auf die Feldsteinmauer und studiere meine Karte, wie ich von hier nach Pirow komme. Ich stelle fest, dass es gar keine schlechte Lösung war, dem Kreis der Straße zu folgen, denn ich kann gleich die nach Osten aus dem Dorf führende Dorfstraße nutzen, die außerhalb des Ortes zu einer einfachen Landstraße wird, die, wie konnte es auch anders sein, wieder schnurgerade verläuft. Also auf gehts.

Pirow besitzt einen wendischen Ursprung. Historiker gehen davon aus, dass es schon vor der ersten urkundlichen Erwähnung im 14. Jahrhundert existierte. Im Dorf angekommen, zieht es mich wie fast immer zuerst zur Kirche. Sie sind sehr häufig ein Abbild der dörflichen Vergangenheit, erzählen einiges darüber mit ihren vielfältigen Details und besitzen somit eine historische Bedeutung für den Ort. Bei meinem Weg zur Kirche überkommt mich sofort das Gefühl, hier schon wieder in einem Rundlingsdorf unterwegs zu sein. Die Straße teilt sich erneut wie bei allen schon vorher gesehenen Dörfern. Die Häuser zu beiden Seiten stehen eng beieinander. In der sich bildenden Spitze stehen umgeben von einer kleinen Umzäunung mehrere Gedenksteine. Der größte besteht aus bearbeitetem Sandstein und erinnert an die Gefallenen der beiden Weltkriege. Auf den anderen, vorwiegend aus Findlingen bestehend, sind Erinnerungen von den Napoleonischen Befreiungskriegen bis zur Wiedervereinigung aufgebracht. Ich mache es so wie in Bresch, und laufe auf der leicht gebogenen Dorfstraße entlang. Die Häuser stehen sehr nah und sehr eng nebeneinander am Straßenverlauf und bilden optisch fast eine Wand. Hinter einigen Häusern und Bäumen erscheint jetzt auf dem Platz die Kirche. Anders als in Bresch wirkt sie klein und gedrungen. Linden bilden einen Sichtschutzkreis für das Gebäude, das in der Mitte des 19. Jahrhunderts in seiner heutigen Hülle errichtet wurde. Der Turm mit seinem oberen holzverkleidetem Bereich auf dem Fachwerk- und Backsteinunterbau sieht aus, als ob er mit dem Saalbau verbunden ist, doch beim nähertreten zeigt sich eine schmale Lücke zwischen beiden. Das der Saalbau überhaupt neu aufgebaut werden musste, hat einen etwas seltsamen Grund. So erzählt man es wenigstens in einigen Texten, die ich später im Internet entdeckt habe. Kirchen sind ja so was wie ein unantastbares Heiligtum. Man versündigt sich einfach nicht daran. Anders wohl hier in Pirow. Nachdem die Kirche schon viele Jahre aus Altersgründen gestützt werden musste, fiel sie eines Tages angeblich ohne äußere Einwirkung in sich zusammen. Böse Zungen behaupten jedoch, dass die Stützen an- oder durchgesägt wurden, und so der Einsturz herbeigeführt wurde. Was an dieser Geschichte wahr ist, wird wohl nie aufgeklärt werden können. Mysteriös klingt sie auf jeden Fall. Ich begebe mich wieder auf die Straße, und stehe bald darauf an der Straßengabelung mit den Gedenksteinen. Nun bin ich mir auch sicher, das es sich um ein Rundlingsdorf handelt. Das ist jetzt der vierte Ort auf meiner heutigen Wanderung, und alle entsprechen sie der typischen Form eines Runddorfes, oder auch Rundling genannt. Eine solche Konzentration ist recht selten und für Leser, die sich für die Geschichte der Prignitzer Dorfbebauung interessieren, durchaus einen Besuch wert. Das bestätigt meine Auffassung, dass selbst da, wo es scheinbar nichts weltbewegendes zu entdecken gibt, doch noch die eine oder andere Überraschung warten kann. Es müssen nicht immer die spektakulären Sachen sein, die einem begegnen. Manchmal reicht einfach eine Kirche inmitten einer kleinen, rund angelegten Straße im Zentrum eines Dorfes.

Wer wandert, der wird sich immer wieder mal fragen, auf welchem Weg es weitergeht. Hier darf man unseren Vorfahren dankbar sein, dass sie sich bei der Bezeichnung von Wegen und Straßen immer am naheliegendsten orientiert haben – ihren Nachbardörfern oder Städten. Manchmal sind es auch alte Flurbezeichnungen, die Eingang in unsere heutige Welt gefunden haben. Es müssten darum keine neuen Namen erfunden werden. Leider sind Traditionen nicht immer und überall so beliebt, dass sie Jahrhunderte oder Jahrzehnte schadlos überstehen. Dieser Verlust ist nach meiner Empfindung in Städten stärker ausgeprägt als auf dem Lande. So wie hier. In Berge gibt es die Pirower Straße, und in Pirow den Berger Weg. In Bresch findet sich die Reetzer Straße, und in Neuhausen die Brescher Straße. Ich möchte von Pirow wieder zurück nach Berge zum Auto, also nutze ich den Berger Weg. Er wird mich schon dorthin bringen, wenn der Name passend gewählt wurde.

An ausgedehnten Feldern vorbei, und unter rotierenden Windrädern hindurch, lande ich wieder an meinem Ausgangspunkt. Auf dieser Tour ist mir so ziemlich alles begegnet, was die Prignitz der heutigen Zeit prägt. Das Runddorf, die uralte Dorfform, die bereits die Erstsiedler erbauten. Verschiedene Baumalleen spendeten mir freiwillig Schatten. Darunter waren nicht wenige mit Obstbäumen, die früher der Winterbevorratung dienten. In ruhigen Wäldern hörte ich die Unterhaltung der Tiere. Große und kleine Äcker, Felder und Wiesen bedeckten einen großen Teil der Landschaft, die hier auf meinem Weg nur einmal von einem Wasser durchzogen war. Die Karwe, ein schmaler Bach, kreuzte mich kurz nach Neuhausen und Bresch. Seen, geschweige denn größere ihrer Art, sind in der Prignitz sowieso nur rar gesät. Und natürlich die immer schlimmer aus dem Boden schießenden Windräder, welche einen den sonst so entspannten Ausblick in die Ferne total vermiesen können. Man sieht, auch ein Niemandsland hat seine schönen und schlechten Seiten.

15 Die Städte der Prignitz

Eine kurze Entstehungsgeschichte

Städte sind so etwas wie die Aushängeschilder einer Region. Wenn sich Macht oder Reichtum, unter Umständen sogar beides zusammen, an einem Ort einfinden, dann entstehen Ansiedelungen, welche genau diese Bedeutung verkörpern. Das ist ein Prozess, der sich nicht von heute auf morgen vollzieht, sondern über viele Epochen entsteht. Es benötigt immer ein paar außenstehende Voraussetzungen, damit es sich entwickeln kann. Das kann die Lage an einer Flussfurt sein, wo für einen sicheren Übergang ein Zins zu zahlen ist. Es kann die Kreuzung von Handelswegen sein, an der das Marktwesen erblüht und wo die Ratsherren das Recht auf den ersten Zugriff haben. Es kann ein strategischer Punkt sein, der für die Sicherung eines Gebietes von Bedeutung ist, und wo extra dafür eine Burg errichtet wird. An all diesen Flecken siedeln sich Menschen an, die zum Anwachsen vor Ort beitragen, weil sie der Meinung sind, hier ihre Lebenschancen zu verbessern. Auch die Städte in der Prignitz haben diese lange Entwicklung durchgemacht, wie noch einmal ein kleiner Blick in die Historie zeigt.

Die Mark Brandenburg, entstand vorwiegend aus der Nordmark, die sich von der Elbe bis zur Oder, und von Mecklenburg bis hinunter zum Fläming ausdehnte. Im 7. Jahrhundert besiedelten Slawen die Region um Havelberg rechts der Elbe. Zu Beginn des 12. Jahrhunderts konnte König Lothar III. Havelberg zwischenzeitlich erobern, bevor es Albrecht der Bär endgültig unter Kontrolle brachte, und nach vielen Siegen und Niederlagen beim Kampf um das Land östlich der Elbe ins Rampenlicht trat. Der sogenannte Wendenkreuzzug führte zum vollständigen Besitz der Prignitz, die einer Blaupause der Nordmark für die spätere Mark Brandenburg ähnelt. Einige Teile davon wurden zwar erst noch anderen Regionen zugeordnet, doch wurden diese später wieder in die Mark zurück geholt. Seine Erfolge ließen Albrecht der Bär zu einem der wichtigsten Fürstenvertreter jener Zeit für Brandenburg und Anhalt werden. Der Herrschaftseinfluss teilte sich zwischen Brandenburg und Havelberg auf. Vor allem die Havelberger Bischöfe besaßen großen Einfluss auf die Region im westlichen Teil der Mark Brandenburg. So ist es nicht verwunderlich, dass die ersten Städte, die ein Stadtrecht erhielten, Havelberg und Brandenburg waren. Otto den I. nennen verschiedene Quellen schon als Markgraf von Brandenburg. Die gesamte Altmark bleibt noch bis zum Anfang des 19. Jahrhunderts ein wichtiger Teil der Mark Brandenburg. Viele Städte folgten im Verlaufe der Zeit Havelberg und Brandenburg. Einige davon besuchte ich bereits während meiner Rundwanderungen, wie Bad Wilsnack, Meyenburg oder Lenzen. Einigen anderen möchte ich gern noch ein paar extra Zeilen spendieren, da jede für sich in meinen Augen seine Besonderheiten und kleine Sehenswürdigkeiten aufzuweisen hat, die sie liebenswert machen.

16 Havelberg

Der historische Teil der Prignitz

Havelberg gehört von Anfang an zum historischen Teil der Prignitz. Viele nennen die Stadt darum auch die „Wiege der Prignitz“. Die frühe Stadtrechtsverleihung stärkte den Ort an Elbe und Havel zusätzlich. Dank der steigenden ökonomischen Kraft wächst auch der politische Einfluss der Bischöfe von Havelberg. Ihr äußeres Zeichen ist der hoch über der Altstadt liegende Dom Sankt Marien mit seiner massiven Backsteinhülle. Er gehört zu den wenigen erhaltenen mittelalterlichen Klosteranlagen im Norden. Bei einem Gang durch den Kreuzgang mit der riesigen alten Linde im Hof lässt sich die vergangene Zeit, als noch die Mönche mit ihren Kutten hier zum meditieren entlang liefen, in Gedanken zurückholen. Wenn man sich darauf einlässt, wirkt der Dom sehr spirituell und macht es nachvollziehbar, weshalb er ganz oben, nicht nur geografisch, auf der Liste der Sehenswürdigkeiten steht. Rund um den Dom hat sich ein großer Teil der mittelalterlichen Bebauung erhalten, zumal der Dombereich durch eine Stadtmauer geschützt war. Vom Vorplatz des Domes bietet sich ein herrlicher Ausblick auf die unterhalb liegende Insel mit der über tausendjährigen historischen Altstadt, deren mittelalterliche Anlage gut zu erkennen ist. Nur wenige Straßen durchziehen sie. Über den Prälatenweg und die Brücke ist sie schnell erreichbar.

Blick über den Stadtgraben hoch zum Dom

Die über vier Brücken erreichbare Insel wird von der Havel und ihrem Nebenarm, dem Stadtgraben, eingeschlossen. Hinter der Stadt erstreckt sich die Flussniederung der Elbe mit ihren feuchten Wiesen. Doch auch unten in den Gassen der Insel-Altstadt lassen sich spannende Flecken finden. Das Zentrum bildet der Markt, mit dem Rathaus als Blickfang. Ein erster Bau stand schon Anfang des 14. Jahrhunderts am Platz. Im Dreißigjährigen Krieg wurde es bis auf den Gewölbekeller zerstört. Seine heutige Form erhielt es im 19. Jahrhundert. Der gleichmäßige Baukörper mit dem leichten Mittelrisalit und der beidseitigen Freitreppe davor trägt tolle spätklassizistische Züge. Zusammen mit den liebevoll restaurierten Häusern aus verschiedenen Epochen ergibt sich ein harmonisches Gesamtbild, das sich durch den Blick in die abgehenden Straßen noch verstärkt. Es gibt gar nicht so viele davon in der Altstadt. Vor dem Rathaus verläuft eine von drei Straßen von Nord nach Süd. An ihren nördlichen und südlichen Enden sind sie jeweils durch eine von Ost nach West verlaufende Straße untereinander verbunden. Diese Kombination macht es dem Besucher bei einem gemütlichem Bummel leicht, die nahtlos aneinandergereihten typischen Ackerbürgerhäuser und Geschäftshäuser der Altstadt zu bewundern. Klassizistische Häuserfassaden wechseln sich mit Fachwerkfassaden ab. Überkragende Fassaden, wo die meisten in Dachgiebeln enden, und der einer Altstadt angepasste Beleuchtung geben den schmalen Straßen immer noch ein Aussehen, wie es auch vor vielen Jahrhunderten ausgesehen haben kann. In der westlichsten Straße, der Langen Straße, wohnten im Mittelalter wohlhabende Händler und Handwerker. Neben vielen anderen schönen Gebäuden findet sich in der Nummer 16 heute noch, trotz Bränden und Kriegen, das älteste Haus der Altstadt aus dem 17. Jahrhundert. An der Südspitze befindet sich etwas zurückgezogen in unmittelbarer Nähe der Uferstraße der historisch interessante Salzmarkt mit dem Beguinenhaus. Was auf dem Salzmarkt passierte, wird schon im Namen erklärt; das weiße Gold wurde auf dem Wasser transportiert und hier unter kurfürstlicher Kontrolle gehandelt. Den kirchlichen Beistand konnten sich Händler und Seefahrer gleich nebenan in der kleinen Heilig-Geist-Kapelle einholen. Die Fassade der Kapelle im einzig erhaltenen mittelalterlichen Bau aus dem Jahr 1390 ziert ein in die Backsteinfassade eingelassenes Sandsteinrelief, das die Kreuzigung Christi zeigt. Spätestens mit der Reformation wandelt sich die vorzugsweise religiöse Betreuung in eine humanistische Fürsorge. Der Salzmarkt ist ein wirklich nettes kleines Fleckchen inmitten der Altstadt. Das größere Pendant zur Kapelle, die Stadtkirche, ist nur wenige Meter von hier entfernt. Die große gotische Backstein-Hallenkirche hat ihren Vorläufer im 13. oder 14. Jahrhundert. Ich empfehle auf dem Weg dorthin einen kleinen Umweg in Anspruch zu nehmen. An der Havel-Brücke führt ein schöner Weg am Ufer der Havel entlang.

Der große Alte Kornspeicher hier unten ist ein Überbleibsel der regen Handelstätigkeit, die vor allem über die Havel abgewickelt wurde. Kleine niedliche Häuser prägen die Uferstraße, bis ein großes Gebäude sich in den Vordergrund drängt. Es überragt alle drum herum stehenden Häuser. In dem dominanten spätklassizistischem Bau befand sich für einhundertfünfzig Jahre die Havelberger Stadtschule. Von hier ist die Stadtkirche gut zu erreichen. Wer sich nicht dafür interessiert, der kann durch die Schulstraße in die Fischerstraße gehen, und so den äußeren Straßenring um die Insel abschließen. Es gibt ab hier zwei Wege, um wieder zum Dom, dem Ausgangspunkt dieses Stadtrundganges zu gelangen. Der kürzeste ist der am Ende der Schulstraße, wo es rechts in die Domstraße geht, und an der Brücke wieder den schon bekannten Prälatenweg hinauf zum Dom. Wer sich noch an den anderen alten Häuschen der Gasse, vor allem im Bereich der Fischerstraße, erfreuen möchte, der kann auch bis zu deren Ende laufen und hinter der Straßenbrücke an der winzigen achteckigen Sankt Annen- und Gertraudenkapelle vorbei, dann ebenfalls auf dem Prälatenweg hoch zum Dom gelangen. Sich mit jedem Schritt gedanklich in die Vergangenheit zu versetzen, schafft ein anderes Verständnis für diese Zeit und die Gegenwart. Der Geist alter Prignitzer Geschichte ist auf jedem Meter der Pflastersteine vorhanden und inspiriert zu weiteren Entdeckungen, gern auch mit einem Boot vom Wasser der Havel aus.

17 Wittenberge
Zwischen Elbe und Rathaus

Die Stadt Wittenberge, direkt am rechten Elbufer, ist die nach der Einwohnerzahl gemessen die größte Stadt der West-Prignitz. Es war ein langer Prozess von einem Ackerbürgerstädtchen zum wichtigsten industriellem Zentrum der Region. Im Zuge der Besiedelung der ostelbischen Gebiete spülte es die Familie von Gans aus dem Altmärkischen in die Prignitz. Unter ihrer Herrschaft wurde auch Wittenberge gegründet. Die Lage an der Elbe trug in den folgenden Jahrhunderten maßgeblich zum wirtschaftlichen Aufstieg bei. Die Anbindung über das Wasser bis an die Nordsee war ein großer Glücksfall. Sie beförderte den Warenaustausch und brachte neue Ideen in die Stadt. Anfang des 19. Jahrhunderts begann der Aufschwung auf vielen Gebieten. Touristisch etwa, als das erste Dampfschiff anlegte, welches die Städte Berlin und Hamburg über die Havel und die Elbe verband. Die heute als kulturelles Zentrum der Stadt geltende Alte Ölmühle, einem hervorragenden Beispiel des preußischen Industriebaus, entstand 1823 in unmittelbarer Ufernähe der Elbe, als der Berliner Kaufmann Salomon Herz das Grundstück für den Bau der Mühle erwarb. Im erweiterten zeitlichen Umfeld erfolgte die verkehrstechnische Anbindung an die Eisenbahnstrecke Berlin – Hamburg und der Bau der Eisenbahnstrecke von Wittenberge nach Magdeburg, einschließlich einer Eisenbahnbrücke über die Elbe. Der Handel auf dem Wasser wurde durch den Bau des Wittenberger Elbhafens ausgebaut. Im Zusammenhang mit den Bahnlinien bekam die Stadt ein Eisenbahn-Ausbesserungswerk, welches heute noch seine Arbeit verrichtet. Das alles geschieht in den Jahren von 1820 bis 1875.

Den Beginn einer neuen Zeitrechnung erlebte Wittenberge mit der 1903 errichteten Nähmaschinenfabrik durch die amerikanische Firma Singer Manufacturing Company, die ihre Produkte bis zum Ende des 2. Weltkrieges unter dem Namen

Singer vertrieb. Die neugegründete DDR setzte die Tradition fort, und produzierte unter dem Namen VERITAS weiter Nähmaschinen. Weithin sichtbares Zeichen der Fabrik ist der große freistehende Turm mit seinen integrierten Uhren, der schon von weitem sichtbar ist, und einst der Wasserversorgung des Werkes diente. Die Norddeutsche Maschinenfabrik und die Zellstofffabrik vervollständigten das Bild einer prächtig funktionierenden Industriestadt. Leider verlor

Wittenberger Elbhafen bei Nacht

Wittenberge im Zuge der Wiedervereinigung 1990 einen Großteil seiner bedeutendsten Fabriken, welche das wirtschaftliche Rückgrat der Stadt bildeten. Der Niedergang zeigte sich fast überall. Erst in den letzten Jahren erblüht Wittenberge wieder zu neuem Leben, was insbesondere auch an der großen Anzahl der wunderschönen Häuser aus der Gründerzeit und der Jugendstil-Epoche liegt, die mit viel Liebe und Aufwand saniert wurden. Als idealer Ausgangspunkte für einen kleinen Rundgang durch die Stadt bieten sich der Parkplatz des OSZ am ehemaligen Nähmaschinenwerk, oder am Hauptbahnhof an. Ich werde für meinen Gang erstere Variante wählen.

Wer genügend Zeit und Ausdauer mitbringt, dem sei der Aufstieg auf den Turm wärmstens empfohlen. Von dort oben bietet sich eine überwältigende Rundumsicht über weite Teile der Prignitz und Sachsen-Anhalt. An der Eisenbahn-Elbbrücke vorbei, wer mehr davon sehen will, sollte die wenigen Extra-Meter dort hin in Kauf nehmen, taucht bereits das Areal der Öl-Mühle auf. Die Eisenbahnbrücke ist übrigens über einen Kilometer lang, und damit die längste ihrer Art, die in der DDR gebaut wurde. Ein paar schöne alte Villen finden sich in der Straße, bevor ich den schmalen Straßen parallel zur Elbe folge, und so am Kranhaus vorbei in die Altstadt von Wittenberge gelange. Die Häuser und Straßen bildeten das alte Hafenviertel. Wie schützende Hände lehnen sich die gebogene Elbstraße, Hinter den Planken, Steinstraße und Burgstraße an die in ihrer Mitte stehende neugotische Evangelische Stadtkirche an. Sieht man sich einen Stadtplan an, dann erinnern die Straßen an einen Schiffskörper, dessen Mitte der Kirchplatz und die Kirche mit ihrem über 50 Meter hohen Turm bildet. Am nördlichsten Punkt, wo alle Straße sich an einem kleinen Platz vereinen, steht das Steintor. Es ist das älteste noch heute existierende Gebäude in Wittenberge, und wurde 1297 erstmals erwähnt. Als es bei einem Überfall Mecklenburgischer Ritter in Brand geriet, kam es in der Mitte des 15. Jahrhunderts zum Wiederaufbau und besteht in dieser Form bis heute. Ein Stück südlich davon, in der Putlitzstraße, befindet sich das Stadtmuseum „Alte Burg“. Es ist der ehemalige Sitz der Edlen Herren Gans zu Putlitz, das als Weißes Schloss erbaut wurde. Seine spätere Funktion als Gutshof lösten eine Gärtnerei, eine Töchterschule und ein Wohnhaus ab, bevor es in den 1970er Jahren zum Museum umgewandelt wurde. Es ist heute ein hübsches kleines Fachwerkhaus, das im Inneren viel über die Stadtgeschichte erzählt. Zurück am Steintor folge ich der Turmstraße nach Norden, um am Ende am Kreisel des Sterns in die Bebel-Straße einzubiegen, die mich zum mächtigen Rathaus geleitet. Der eindrucksvolle Bau im Stil des Historismus mit seinem begehbaren Turm beherrscht die Ansicht der großzügigen Platzanlage. Tuffstein, Sandstein, Türmchen, Erker oder der Mittelrisalit mit Dachgiebel prägen seine Fassaden. Egal wie jeder seinen Weg ab hier durch die Stadt in Richtung Bahnhof nehmen möchte, er wird stets und ständig begleitet von einer Vielzahl an wunderschönen Gebäuden mit vielen kleinen, aber charmanten Fassadenverzierungen. Dabei lohnt sich sowohl der Weg vorbei am neoklassizistischen Theater der Stadt und durch die Bahnstraße, der Einkaufsmeile von Wittenberge, als auch der über den Bismarckplatz und an der danach folgenden F.-L.-Jahn-Schule vorbei. Ich selbst bevorzuge Variante zwei. Gerade um letztere finden sich die schönsten Zeugnisse des Jugendstils, welche das bauliche Erbe des wirtschaftlichen Aufschwungs rund um den Wechsel vom 19. zum 20. Jahrhundert verkörpern. Es ist das Wohnquartier „Heisterbusch“, welches mit seinen Fassadendekorationen beweist, was wirtschaftliche und handwerkliche Stärke erreichen können. Vom hinter dem Quartier liegenden klassizistischen Bahnhofsgebäude komme ich am einfachsten wieder zu meinem Ausgangspunkt, in dem ich durch die Bahnstraße laufe, und dann über Rathausstraße und Tivolistraße die Bad Wilsnacker Straße erreiche. Vor Jahren stand hier in der Gegend noch ein ganzer Straßenzug kaputter Häuser, der als Filmkulisse für den Film „Der Verleger“ diente. Leider nutzte die Stadt aus meiner Sicht nicht die Chance, sich hier ein kleines Film-Set zu erhalten, und riss alles ab. Ich finde es schade, auch wenn die klassizistischen Gebäude und die des Jugendstils neue Chancen eröffneten. Davon gibt es in anderen Städte bloß wesentlich mehr Konkurrenz. Es hilft keine Trauer. Der Blick geht nach vorn.

18 Perleberg
Die Roland-Stadt

Meiner geht nicht weit weg. Nur ein paar Kilometer. Dort liegt Perleberg. Es ist so ein bisschen der Gegenpol von Wittenberge. Ich glaube, so richtig mochten sich Wittenberger und Perleberger noch nie. Und das könnte seit der damaligen Entscheidung, dass fast nur halb so viel Einwohner zählende Perleberg der ungleich größeren Stadt Wittenberge als Sitz des Landkreises vorzuziehen, nicht richtig besser geworden sein. Der Grund dürfte der bereits frühere Sitz als Kreisstadt der West-Prignitz gewesen sein, was den Wittenbergern wohl auch kein Trost ist. Unabhängig davon zeigen sich beide Städte aus meiner Sicht auch so recht gegensätzlich. Während das durch die Industrialisierung geprägte Wittenberge mit seinen großzügigen Straßen, Plätzen und Gebäuden zwischen Historismus und Jugendstil punktet, erscheint mir Perleberg mit seinen kleinen Gassen und den niedrigen Häuschen eher ländlich zurückhaltend.

Perleberg selbst war lange Zeit nur eine Garnisonsstadt. Industrie vor Ort kaum vorhanden, und konnte in dieser Beziehung bei weitem nicht mit Wittenberge Schritt halten. Schuhwichse für das Militär und die Senfproduktion gehörten noch zu den bedeutendsten Produkten seiner Zeit. Auch später hielt sich der Ausbau der Industrie in Grenzen. Bevölkerungsmäßig hat die Prignitz seit der Wende mit großen Abgängen zu kämpfen. Da nehmen sich die beiden Städte nichts, was sie also eher verbinden sollte, als zu trennen. Heute zehrt Perleberg zwar von der Anwesenheit der Kreisverwaltung und deren Synergieeffekten, doch das ist kein Garant für eine erfolgreiche Zukunft. Es wird meiner Meinung nach schwer werden. Die Beschaulichkeit, die Perleberg mit seiner ruhigen Art an den Tag legt, liegt wie ein leichter bleierner Schleier über der Stadt. Natürlich wird das jeder Perleberger vehement abstreiten, aber es ist ja auch nur meine ganz persönliche

Meinung. Ja, es gibt ein ganz gut gefülltes Gewerbegebiet, doch sind es eher Firmen, die verkaufen wollen, statt zu produzieren. Es sind kleinere und mittlere Firmen, die ansässig sind. Da macht es sich gut, dass man einer von 15 regionalen Wachstumskernen im Land ist, die finanziell unterstützt werden. Ob das auf Dauer ausreichend sein wird? Ich weiß es nicht. Man wird sehen.

Ich lass mal den getrübten Blick sein, und widme mich stattdessen der Stadt selbst, die mit ihrer ruhigen Art mich durchaus zu erfreuen mag. Wer es nicht weiß, der wird es vielleicht nicht glauben, doch die fast 800 Jahre alte Perleberger Altstadt ist eine Insel, eingerahmt und umschlungen von der Stepenitz. Hier durch die kleinen Gassen zu laufen, verbreitet große Freude. Es herrscht keine übertriebene Hektik. Man könnte meinen, hanseatische Gemütlichkeit steht über allem, was so ganz verkehrt nicht ist, denn Perleberg gehört zum Hanseverbund. Vielleicht hat auch die Zugehörigkeit zum ehemaligen DDR-Bezirk Schwerin ein Stück dazu beigetragen, denn das ist eine der historischen Merkwürdigkeiten dieser Stadt und seines Umlandes, die aus der ehemaligen Prignitz herausgelöst wurde, zu Schwerin kam, und nach der Wende wieder in Brandenburg eingegliedert wurde. Von ihrem Charakter hat sie dadurch jedoch nichts verloren. Der Kern der Insel-Altstadt ist im großen und ganzen erhalten geblieben, so dass sich das gut erhaltene Gebäudeensemble mit einer Vielzahl wunderschön sanierter Fachwerkhäuser und versteckten kleinen Plätzen schmücken darf. Sie zeugen mit ihrer Baukultur aus mehreren Jahrhunderten davon, das die Geschichte Perlebergs eng mit Handel und Handwerk verbunden war. Die brandenburgischen Markgrafen statteten den Ort mit vielen Privilegien aus, die durch ihre geographische Lage begünstigt war. Handelsstraßen kreuzten sich aus allen vier Himmelsrichtungen und brachten wertvolle Waren in die Stadt, an denen sich gut verdienen ließ. Das stärkte ihren politischen und wirtschaftlichen Einfluss im gesamten Land. Schöne Bürgerhäuser aus vergangenen Jahrhunderten sind beredtes Zeugnis dieser erfolgreichen Zeit. Die Straßen in der Altstadt folgen keinem bestimmten Muster, wenn man vielleicht von einer Ausnahme etwas absieht. Ansiedelungen entstehen an Wegen, die sich kreuzen. Wer früher aus Richtung Berlin in die

Die Knaggenfiguren am Haus Perleberger Markt Nummer 4

Stadt kam, der erreichte das Stadtzentrum am Großen Markt und den Schuhmarkt über die heutige Bäckerstraße. Von hier führten die Gassen wieder hinaus aufs Land. So über die Wittenberger in Richtung Süden, und an der Post nördlich vom Großen Markt vorbei, hoch in Richtung Hamburg. Es bietet sich passenderweise an, einen Gang durch die Altstadt an den beiden wichtigsten Handelsplätze zu beginnen, um sich anschließend frei von jeglichen Zwängen durch die kleinen verwinkelten Gassen treiben zu lassen. In Perleberg muss man keinem Plan folgen. Die Sehenswürdigkeiten finden den Besucher. Der größte und eindrucksvollste Platz ist der Große Markt mit gleich mehreren Sehenswürdigkeiten. Hier stehen sich weltliche und kirchliche Macht direkt gegenüber. Auf der einen Seite der über fünf Meter hohe Steinerne Roland und das Rathaus, und dahinter die gotische Backsteinkirche St. Jacobi aus dem 14. Jahrhundert. Baulich gesehen dominiert der wuchtige Kirchenbau den Großen Markt, den eine ganze Reihe von kunstvoll verzierten Bürgerhäusern umschließen. Das schönste von ihnen findet sich in der Nummer 4, links vom Rathaus. Es ist ein Kaufmannshaus aus dem 16. Jahrhundert, das in Fachwerkbauweise errichtet ist. Auffallend ist seine Fassadengestaltung mit verschiedenen Schmuckelementen. Besonders interessant sind die farbigen 13 sogenannten Knaggen, die unterstützend zur Ableitung des Gewichtes der auskragenden Deckenbalken angebracht sind. Hinter dem Rat-

Häuserzeile am Perleberger Kirchplatz

haus liegt der Kirchplatz, auf dem die Kirche von einer Reihe schöner Häuser im Halbkreis umschlungen wird. Von hier gelangt man durch den Schulgang und den Mönchort mit seinen historischen Gebäuden genau so zum Schuhmarkt, wie über die kurze Krämerstraße. Der Schuhmarkt gehörte einst zum Routennetz des Fernhandels, der hier entlang führte. Rund um den Markt finden sich Gebäude aus den verschiedensten Epochen. Eines der interessantesten ist das mit der Nummer 1. Das Fachwerkhaus aus dem 16. Jahrhundert gibt ein wenig Einblick, wie sich das Handelsleben in dieser Zeit abgespielt hat. Der Name Schuhmarkt stammt nicht von ungefähr, denn um 1800 wirkten über 100 Schuhmacher in Perleberg, von denen ein Teil sicherlich für die Garnison arbeitete. Vom Schuhmarkt aus kann man in südlicher Richtung spazieren, um sich in den schmalen Gassen rund um den St. Nikolai Kirchplatz ein Bild zu verschaffen, wie eng es früher hier zuging. Die Alte Stadtmühle und das Hotel Deutscher Kaiser, dessen Geschichte schon bis ins 19. Jahrhundert zurück reicht, liegen auf dem Weg, wenn man auf die östliche Seite der Altstadt zugeht. Auch hier finden sich ein paar schöne Gebäude, wie das Gymnasium der Stadt, erbaut vom Schinkel-Schüler Friedrich Stüler, oder das heutige Wallgebäude, das einst im Familiensitz derer von Gans war, bevor es andere Nutzungszwecke erfüllte. Hinter dem Gebäude steht heute noch der letzte Wachturm der ehemaligen Stadtbefestigung, die bis auf wenige Meter leider vollständig abgetragen wurde. Die Geschicke der Perleberger Juden brachte der Stadt finanziellen Reichtum. Ein Überbleibsel ihres Wirkens findet sich in der Parchimer Straße 6a. Der dortige Judenhof ist in seiner Geschlossenheit einer der am besten erhaltenen in Deutschland und kündet von der Bedeutung des jüdischen Leben in der Stadt. Ein Schlenker bringt mich von hier aus an das ehemalige Kaiserliche Postamt, das am Schnittpunkt mehrerer Postwege entstand. Leider steht der imposante rote Backsteinbau heute leer. Die Poststraße bringt mich zum Schluss wieder auf den Großen Markt, wo mein kleiner Stadtspaziergang sein ruhiges Ende findet.

19 Putlitz
Rund um den Burgturm

Über Putlitz zu schreiben, würde mir nicht schwer fallen. Ich war bereits mehrere Male in der kleinen Stadt zu Gast. Häufig aus dienstlichen Gründen, aber oft auch privat. Mit einem Freund aus Thüringen, einem bekennenden großen Eisenbahnliebhaber, haben wir uns am ehemaligen Bahnhof eine Reihe ausrangierter Waggons sowie die damals noch hier stehende Schnellverkehrslokomotive mit ihrer prägnant nach vorn geschobenen Nase angesehen. Auch die Teilnahme an einer Hochzeit in der Stadtpfarrkirche St. Nikolai gehörte zu einem Aufenthalt. Darüber hinaus wohnt in der Stadt ein Freund von mir, Olaf Waterstradt, der sich schon weit vor mir der gleichen Leidenschaft wie ich verschrieben hat, Buchstaben zu Wörtern zu verbinden, mit ihnen Sätze zu bilden, die zum Schluss ein ganzes Buch füllen. Neben dem Schreiben von satirischen Texten hat er sich in den letzten Jahren sehr ausführlich mit seiner Heimatstadt beschäftigt und drei Bücher über sie verfasst und jüngst eine 448seitige Chronik veröffentlicht. Das hat mich auf die Idee gebracht, ihn zu fragen, ob er sich vorstellen könnte, mir für dieses Buch ein paar Zeilen aus seiner persönlichen Sicht über Putlitz zur Verfügung zu stellen. Meine Freude war groß, als er mir zusagte. So haben Sie nun das Vergnügen, die nachfolgenden Zeilen über Putlitz aus der Feder des Putlitzers Olaf Waterstradt lesen zu können.

Wer sich Putlitz nähert, erblickt schon aus der Ferne die beiden Wahrzeichen dieser über 1000-jährigen Stadt. Von der einstigen Burg ist nur der Burgturm erhalten geblieben, dieser jedoch ragt majestätisch über die Dächer der Stadt hinaus und kündet von längst vergangenen Zeiten des mächtigen Adelsgeschlechtes „Gans“ Edle Herren zu Putlitz. Sie waren es, die dafür Sorge trugen, dass die Gans ins Stadtwappen kam. Unweit des Burgfrieds reckt sich der Kirchturm empor, der dank der Initiative vieler Einwohner und auswärtiger Förderer im Jahre 2010 seine Spitze zurückerhielt, die er 22 Jahre zuvor (1988) bei einem heftigen Unwetter verloren hatte. Andere sagen, die Spitze sei der Parteiführung ein Dorn im Auge gewesen… .

Die ältesten Zeugnisse der Stadtgeschichte reichen bis in das Jahr 946 zurück. Aus dieser Zeit stammt die Gründungsurkunde des Bistums Havelberg, in der Putlitz erstmalig erwähnt wird. 1319 erhielt Putlitz das Stadtrecht, was sich heute jedoch nicht mehr 100%ig nachweisen lässt. 1543 bekam die Stadt vom Markgrafen das Marktrecht zugesprochen, was wichtig für die Entwicklung des Ortes war. Und diese nahm einen guten Lauf. Doch immer wieder machten Katastrophen alles Geschaffene zunichte. Mehrere Stadtbrände brachten die Menschen um Hab und Gut, wie 1638, als die gesamte Stadt in Schutt und Asche lag. Nach dem 30jährigen Krieg war Putlitz so gut wie wüst, nur wenige überlebten die kriegerischen Jahrzehnte, Pest, Hunger und Not. Dennoch gelang der Wiederaufbau durch gezielte Neuansiedlung von Menschen aus Sachsen, dem Hannoverschen und dem Holsteinischen. Um 1700 lebten hier schon wieder etwa 600 Menschen. Oftmals in der Geschichte wechselte die Zugehörigkeit der Stadt zwischen der Mark Brandenburg und dem Mecklenburgischen. Die Nähe zur Landesgrenze und die seit jeher günstige Verkehrsanbindung mit den damit verbundenen Zolleinnahmen mögen hierfür ursächlich gewesen sein. Die Edlen Gans zu Putlitz bekannten sich mal zu dem einen, mal zu dem anderen Landesfürsten, so wie es die jeweilige Lage für sie am günstigsten zu sein versprach.

Heute bietet Putlitz etwa 2600 Menschen eine Heimat. Seit der Gemeindegebietsreform im Jahre 2001 zählen 8 Ortsteile zur Stadt, die bis dahin selbständige Gemeinden waren. Der ersten, 1734 errichteten Schule folgten weitere Gebäude, die als Schule genutzt wurden. Bis Anfang der 2000er Jahre fand

Unterricht auch im ehemaligen Schloss des Gutes Philippshof statt, das heute einen wunderschönen Anblick bietet. Das 1969 eingeweihte Schulgebäude wird heute als Grundschule genutzt. Wie sich die Einwohner gewandelt haben, so hat sich auch das Stadtbild verändert. Millionen wurden in den letzten Jahr-zehnten in die Sanierung von Häusern, Straßen und die Ver- und Entsorgung mit Wasser, Gas und Strom investiert. Gehwege wurden saniert, Sehenswürdigkeiten mit Tafeln und QR-Codes als Informationsquelle für unsere Besucher ausgestattet. Das Rathaus bietet einen ebenso schönen Anblick, wie das ehemalige Herrenhaus. So manche Familie lebt schon in vierter oder fünfter Genration hier und ist fest verwurzelt. Dieses Heimatgefühl schweißt zusammen und so ist es nicht verwunderlich, dass Putlitz durch ein reges Vereinsleben und viele Initiativen seiner Einwohner geprägt ist. Stadtfeste, Sportveranstaltungen für jedermann oder die „Burgfräuleinwahl" ziehen jedes Jahr viele Gäste in die Stadt und in Sankt Nikolai findet sich in der Weihnachtszeit, wenn die Schulkinder ihr Programm zum Vortrage bringen, kein freies Plätzchen. So eng die Menschen hier zusammen sitzen, so eng rücken sie zusammen, wenn es Aufgaben zu lösen gilt. Herr Pfarrer Spitzner initiiert ein reges Kirchenleben. Chor, Theatergruppe, Kapelle, Flötenspiel und anderes fördert er unabhängig von Konfessionen. Tausende Gäste aus aller Herren Länder zieht das jährliche „VooV"-Festival an die Stadtgrenzen. Hunderte Zelte und Wohnwagen prägen dann das Bild und die Luft ist tagelang von Musik getragen. Bei diesem Ereignis zeichnet sich der Zusammenhalt der Menschen, zum Beispiel in der Freiwilligen Feuerwehr aus, die wesentliche Aufgaben wahrnimmt, um dieses Festival stattfinden zu lassen. Die städtische Badeanstalt erlebt an diesen Wochenenden Hochkonjunktur, wenn die in- und ausländischen Gäste ins kühle Nass springen. Nicht nur die Kinder, die hier im Schulunterricht das Schwimmen lernen, wissen es zu schätzen. Auch dadurch werden die jahrzehntelangen Mühen unserer Stadtobrigkeit, dieses Freibad zu erhalten, belohnt. Zudem bietet es den ganzen Sommer über den Einheimischen von Jung bis Alt nicht nur regen Badespaß, sondern auch einen Ort zur Kommunikation, um soziale Kontakte zu pflegen. Auf dem gleich nebenan gelegenen Sportplatz wird derzeit gerade ein neues Sporthaus errichtet, das auch der Allgemeinheit für Zusammenkünfte zur Verfügung stehen wird und so den Gemeinsinn weiter vertieft. Wer das idyllisch am Flüsschen Stepenitz gelegene Putlitz heute besucht, findet neben historischen Sehenswürdigkeiten auch neue Wohnsiedlungen. Wichtiger aber ist, dass jedem Gast ein aufgeschlossener Menschenschlag entgegentritt. Hilfsbereit stehen die Mitarbeiterinnen der Stadtinformation allen zur Seite, begleiten sie zur prachtvollen Aussicht auf die Plattform des Burgturms oder erzählen aus der älteren und jüngeren Stadtgeschichte. Sie verfügen auch über ein reichhaltiges Angebot an Büchern über die Stadt und vielfältiges Informationsmaterial. Parkplätze und Caravaning-Stellplätze sowie verschiedene Übernachtungsmöglichkeiten laden jedenfalls herzlich zum mehrtägigen Verweilen ein, denn es gibt hier noch vieles zu entdecken. Ein Besuch dieser altehrwürdigen Stadt lohnt sich also allemal.

Soweit Putlitz, wie es der einheimische Olaf Waterstradt sieht. Folgen sie seiner Einladung, und statten sie der Stadt mit ihrer Gänseburg auf dem grünen Burghügel einen Besuch ab.

20 Pritzwalk

Von Stoffen und Autos

Wie viele der Prignitzer Orte lässt auch Pritzwalk auf eine frühe Kaufmannssiedlung schließen. Ihre Lage an den wichtigen Handelsstraßen, vor allem die in Richtung Ostsee, machten sie zu einem begehrten Reiseziel. Aber nicht nur von Süd nach Nord erstrecken sich die Wege, sondern auch vom Osten bis an die Nordsee. Im Verlaufe der Zeit ließen sich Kaufleute und Handwerker an der Dömnitz nieder, und Stück für Stück entsteht die Stadt Pritzwalk mit ihrem Markt. Das die Stadtkirche nach Nikolaus, dem Schutzpatron der Kaufleute, benannt wurde, ist ebenfalls ein klares Zeichen für seinen kaufmännischen Ursprung. Schon zu Beginn spielten Woll- und Leinenstoffe ein begehrtes Handelsgut und Pritzwalk trat der Hanse bei. Die Herrscher der späteren Mark Brandenburg verliehen der Stadt das Zollprivileg, welches den zollfreien Handel

Das Pritzwalker Rathaus

in weiten Teilen des Markgräflichen Machtbereiches ermöglichte und zur Einnahme von kräftigen Zollgebühren führte. Die starken Gilden der Tuchmacher und der Kaufmänner bestimmten neben Bäcker, Schuhmacher und Schmiede das Leben in der Stadt. Die einflussreichste Gilde war jedoch die der Weber. Wie schon Perleberg, Stepenitz oder andere Ansiedelungen im Norden der Mark stand auch Pritzwalk in Auseinandersetzungen mit den Mecklenburgern. Erst im 18. Jahrhundert kam die Stadt wieder zu neuem Aufschwung, und wurde zum Zentrum der Tuchherstellung. 80 Tuchfabriken konnte Pritzwalk sein eigen nennen. Im folgenden Jahrhundert vergrößerten die Gebrüder Draeger ihre Tuchfabrik. Neben ihrem neuen Standort, dort, wo sich heute das Museum dazu befindet, gründete sich noch eine große Brauerei. Mit Mühlen und anderen Wirtschaftszweigen in und um die Stadt herum wuchs der städtische Wohlstand, der von nun an mit einem Namen verbunden war – Emil Quandt. Er heiratete die Tochter von Ludwig Draeger, und wurde der neue Inhaber der Draegerschen Tuchfabrik, deren Reichtum vor allem durch die Produktion von Tuchen für Soldatenuniformen im 1. und 2. Weltkrieg anstieg. 1945 wurde die Familie Quandt, einer der Profiteure während des Nationalsozialismus, enteignet. Sie setzten sich in die westdeutschen Besatzungszonen ab. Noch heute gehören die Quandts durch ihre Beteiligung an den BMW-Werken zu Deutschlands reichsten Familien. Geblieben sind in Pritzwalk die Gebäude der ehemaligen Fabrik, die zusammen mit der ehemaligen größten Privatbrauerei Brandenburgs und ihrer zugehörigen Villa Schraube die prägendsten Gebäude des alten Industriebaus sind.

Das Zentrum der Stadt bietet nicht diese vollständig umschlossene Altstadtstruktur wie Perleberg oder Wittstock. Die kleinen Fachwerkhäuschen, die am ehesten an die alte Zeit erinnern, und die Einblick in die Bebauungsgeschichte geben, finden sich in der Grünstraße, der Marktstraße, der Roßstraße und der Schützenstraße, die von der Burgstraße im Norden und der Parkstraße im Süden begrenzt werden. Darüber hinaus löst sie sich hinter einem Ring aus Bäumen und kleinen Parks nahtlos in die umgebenden Außenbereiche auf. Das weithin sichtbare Zentrum bildet der mittelalterliche Backsteinbau der St. Nikolaikirche mit seinem über 70 Meter hohen neugotischen Turm, der schon von weitem zu erkennen ist, und seit mehr als sieben Jahrhunderten der kirchliche Mittelpunkt der Stadt ist, sowie das davor stehende klassizistische

Rathaus in der Marktstraße aus dem Jahr 1840, mit seiner klaren Fassadenstruktur. Zwei ebenfalls auffallende Gebäude sind das Gymnasium und das alte Amtsgerichtsgebäude. Ersteres liegt etwas außerhalb im Giesensdorfer Weg und wurde 1905 als Schule für Mädchen und Knaben errichtet. Das mehrmals umgebaute Haus präsentiert sich heute als ein Schmuckstück des Backsteinbaus. Zwei Stufengiebel an den Seiten und zwei Risalite mit Dachgiebeln untergliedern die gleichmäßige Fassade, deren Dachaufbau von einem Uhrturm gekrönt wird. Sehr auffällig ist auch das alte Amtsgericht an der Parkstraße. Seine Seitengiebel mit den Blendnischen sowie der überdimensioniert wirkende dreiachsige Mittelrisalit dürften Besucher schon vor dem betreten des Amtsgerichtes Ehrfurcht, und auch ein bisschen Angst eingeflößt haben. Leider hat sich für das Anfang des 20. Jahrhunderts erbaute Haus keine Nachnutzung gefunden, so das es jetzt mehr oder weniger dem Verfall preisgegeben ist. Pritzwalk hat durch den Verlust seines altes Kreisstadtstatus einiges an Zugkraft verloren, den die Stadt auch durch einen recht kräftigen Aderlass in den Einwohnerzahlen hinnehmen musste. Allein in den letzten 20 Jahren seit 2002 haben von den knapp 14000 Bewohnern rund 2000 die Stadt verlassen. Da würde sich Pritzwalk sicher glücklich schätzen, wenn es nur einen Bruchteil seiner großartigen industriellen Vergangenheit zurück erhalten würde.

21 Wittstock

Zwischen Dreißigjährigem Krieg und Wittstocker Heide

In der ländlichen Prignitz kann es schon recht einsam sein. Gerade wenn man sich abseits der Hauptrouten bewegt, welche die wichtigsten Orte miteinander verbinden, fühlt man sich dann schon einmal recht verlassen. Natürlich sind die kleinen Dörfer untereinander vernetzt. Die Qualität der meisten Wege ließ noch vor einigen Jahren sehr zu wünschen übrig. Vieles wurde in der Zwischenzeit, vor allem in den Dorfdurchfahrten, gut ausgebaut, doch finden sich zum Glück hier und da immer noch die für die Prignitz typischen Wege aus Feldsteinen. Wo sich die damaligen LPGen am Wegebau beteiligt haben, bilden dagegen große Betonteile, die sich als Fremdkörper in der Natur zeigen, die Fahrspur. Für viele ist die Prignitz eher eine Region, durch die man hindurch fährt, um an die Ostsee oder Nordsee zu gelangen, so wie schon die Händler, die in vielen Jahrhunderten die Grundlage für das heutige Verkehrsnetz legten. Eine dieser Städte ist Wittstock, gelegen an einigen wichtigen Routen.

Heute gehört die Stadt nicht mehr zur alten Prignitz, sondern ist zugehörig der neugeschaffenen Region Ostprignitz-Ruppin. Um auf Fontane zu blicken, lässt sich ganz grob gesehen feststellen, dass seine Erzählungen über die Mark Brandenburg genau in diesem, dem westlichsten Landstrich des alten Ruppiner Landes enden. Das war seine Welt, und wenn ich ehrlich bin, dann kann ich ihn ein wenig verstehen. Ich gebe ihm heimlich sogar recht, seine Erzählungen hier enden zu lassen, denn die Gegend des Ruppiner Landes mit seinem Waldreichtum und den unzähligen Seen erscheint mir persönlich um einiges attraktiver als die häufig offene Wald- und Wiesenlandschaft der West-Prignitz, wo sich nur ein Bruchteil der Ruppiner Wasserlöcher findet. Das mag jedoch jeder für sich entscheiden, wo es ihm besser gefällt. Vor der Wende wären sicher viele froh gewesen, wenn sie einen Wohnort weit weg von Wittstock ihr eigen hätten nennen können. Es war kein Vergnügen, wenn die damalige Sowjetarmee mit ihren Düsenjägern vor oder nach ihren Bombenabwürfen in der unmittelbar gelegenen Wittstocker Heide im Tiefflug über die Stadt hinweg donnerten, und Mensch und Tier in Unruhe versetzten. Erst der langjährige Protest einer Bürgerbewegung brachte das Ende dieser sehr nervigen Angelegenheit.

Wittstock selbst gehört mit zu den historisch bedeutsamsten Städten im ganzen Land. Seine Ursprünge sind slawischer Natur und die Wurzeln reichen bis in das 10. Jahrhundert zurück. Aus dieser langen Geschichte heraus finden Besucher heute eine der reizvollsten Städte vor, die Brandenburg zu bieten hat. In der jüngsten Gegenwart besaß Wittstock für einige Zeit einen ganz besonderen Status. Durch die Eingemeindung zahlreicher umliegender Dörfer in die Stadt, war Wittstock flächenmäßig die größte Stadt in Deutschland gewesen, bis andere etwas mehr anboten. Was der Stadt niemand wegnehmen kann sind ihre Rosen. Bereits seit Mitte des 15. Jahrhunderts gehören Rosen und Wittstock zusammen. In dieser Zeit schenkt Bischof Konrad von Lintdorf der Stadt einen Platz zum Feiern und Tanzen, den Rosenplan, der heute noch auf dem Stadtplan zu finden ist. Später bekamen Rosen durch die Arbeit verdienstvoller Rosenfreunde Anerkennung in Form von Namensgebungen. Nur noch eine von ihnen findet sich im Rosarium Sangerhausen. Die Stadt selbst pflegt heute diese Tradition auf unterschiedliche Art und Weise. Rosenkönigin, Rosenfest, Rosenanpflanzungen, Rosenneuzüchtungen usw.. Das alles unter der Regie der Rosenfreunde Wittstock, welche die Tradition am Leben erhalten.

Wer auf die Stadt zurollt, der sollte sein Auto auf einem der beiden großen Parkplätze abstellen, die am Bahnhof und am Dosse-Teich vorhanden sind. Ich beginne meinen Gang am Dosse-Teich entlang der Stadtmauer, welche komplett die Altstadt mit ihren historischen Bauten, Türmen und Toren umschließt. Sie alle erzählen Geschichten, die weit in die Vergangenheit zurückreichen. Ich laufe auf der Stadtseite entgegen dem Uhrzeigersinn. Wer es mag, kann durch eine der vielen Mauerdurchgänge mal drinnen und mal draußen wandeln. Die Mauer mit ihrer Höhe von teilweise über zehn Meter galt früher als uneinnehmbar. Das mächtige Gröper Tor ist das einzige Exemplar der drei früheren Stadttore, welches noch existiert. Ich genieße den durchgängigen Weg innen, weil mir so nicht eines der winzigen Häuser entgeht, die sich nur wenige Meter weg von der Mauer eng beieinander aufgestellt haben.

Kurz nach dem wunderschön sanierten alten Postgebäude erwartet mich die Alte Bischofsburg. Wittstock gehörte schon sehr früh zum Bistum Havelberg, und Wittstock diente den Havelberger Bischöfen fast dreihundert Jahre als Wohnsitz. Durch eine kleine Tür trete ich auf den Hof der Bischofsburg. Der mit alten Bäumen bestückte Hof wird vor allem vom 32 Meter hohen Amtsturm geprägt. Darin befindet sich auf mehreren Etagen eine wirklich sehr gut gestaltete Ausstellung über die Geschichte der Stadt und der grausamen Schlacht von Wittstock während des Dreißigjährigen Krieges. Ein Besuch lohnt auf jeden Fall. Die letzten Meter der zweieinhalb Kilometer langen Stadtmauer lasse ich ab hier aus. Ich verlasse den Amtshof in Richtung Stadt. Gleich vor dem Eingang steht das Telschowsche Haus aus dem Jahr 1566. Es ist ein Fachwerkbau und gehörte zur alten Amtsfreiheit. Diese waren streng von der Stadt abgetrennte Rechtsbezirke. Als etliche Jahrzehnte nach dem Dreißigjährigen Krieg eine sogenannte Karriolpost den Postweg von Güstrow nach Berlin befuhr, machte sie hier an diesem Haus Station. Schon seit langer Zeit führe ich Gäste von uns gern zu einem Ausflug in die alte Bischofsstadt. Beim Rundgang gehört für mich eine kleine Gasse zum festen Bestandteil der Besuche, und die befindet sich zufälligerweise direkt vor dem Amtshof. Es ist der Kleine Graben und bietet ein Postkartenmotiv wie es im Buche steht. Es sind hier die beiden Seiten vereint, die Wittstock prägen. Rosen und uralte Häuschen verbinden sich auf bezaubernde Art und Weise zu einem Gesamtkunstwerk. Unwillkürlich bleibt jeder vor den einzelnen schmalen Häuschen stehen und erfreut sich sowohl an ihnen als auch an den vielfarbigen Rosen, die davor blühen. Wer mag, kann am Ende der kleinen Gasse an der Brinkmauer noch zwischen Stadtmauer und Wohnhäusern weiter laufen, um am Dosse-Teich in die Königsstraße einzubiegen, und zum Marktplatz zu gelangen. Ich biege am Ende der Gasse nach links ab, und gelange schon nach wenigen Metern zum auffälligen Fachwerkhaus der Superintendentur, welches in direkter Nähe der St. Marien-

Kirche steht. Die mächtige Hallenkirche im Stil der Backsteingotik mit ihrem fast 70 Meter hohen Turm stammt aus dem 13. Jahrhundert und begleitet natürlich den Aufenthalt der Havelberger Bischöfe. Wer die Möglichkeit hat, den Turm ersteigen zu können, der sollte sich dieses einmalige Erlebnis

Rosen in der Wittstocker Altstadt

nicht nehmen lassen, und von oben die Aussicht über das weite Umland genießen. Unten gibt es natürlich noch genug anderes zu entdecken. Nur eine Querstraße weiter steht der weltliche Gegenpol zur Kirche. Es ist das neugotische Rathaus mit seiner mittelalterlichen Gerichtslaube, das am östlichen Ende des rechteckigen Marktplatzes steht, und von zahlreichen Bürgerhäusern umgeben ist. Wer noch nicht genug hat, der kann sich von hier aus in alle weiteren Himmelsrichtungen bewegen, und wird in jeder Gasse auf die Spuren der Vergangenheit stoßen. Egal ob die seit über 400 Jahren bestehende Adler-Apotheke hinter dem Rathaus, das Fachwerkhaus in der Königstraße 33, die Reste der ehemaligen Textilwerke am Walter-Schulz-Platz oder die Heilig-Geist-Kirche an der gleichnamigen Straße. Sie alle legen Zeugnis ab von der vielfältigen Geschichte der Stadt. Wer sich noch mehr für die Schlacht bei Wittstock im Jahr 1636 während des Dreißigjährigen Krieges interessiert, der muss sich auf den Scharfenberg südlich der Stadt begeben. Dort wird man bestens über den Schlachtverlauf informiert, und der Gang durch die riesige Betonschüssel eines alten Wasserspeichers verursacht schon mal ein leichtes frösteln. Der Besuch rundet auf jeden Fall einen interessanten Ausflug nach Wittstock ab.

22 Kyritz

Die alte Hansestadt

Das hier Kyritz erscheint, mag den einen oder anderen verwundern, doch gereicht es mir durch seine Stellung als ehemaliger Verwaltungssitz der Prignitz durchaus, hier erwähnt zu werden. Heute zwar zu Ostprignitz-Ruppin gehörend, bietet seine diesbezügliche Vergangenheit genug Fürsprache.

Häufig unterliegen ja unsere Gedankengänge bestimmten Irrglauben. So zum Beispiel, dass eine Hansestadt direkt am Wasser liegen muss. Dem ist wahrlich nicht immer so, wie schon an Perleberg zu erkennen war. Manchmal reicht ein kleiner schiffbarer Fluss, der eine Verbindung zu einem größeren Fluss hat, von dem aus dann wiederum andere Regionen erreichbar sind. Wichtig ist natürlich, dass die Stadt ganz allgemein an ein gutes Handelsnetz angeschlossen ist, und sich von da aus ein ertragreicher Handel entwickeln kann. Kyritz besaß im 14. Jahrhundert von allem etwas. Mit der Jäglitz eine Wasserverbindung in verschiedene Richtungen und mit der Lage an der historischen Handelsstraße von Berlin nach Hamburg eine Anbindung an ein weitverzweigtes Handelsnetz. Gehandelt hat Kyritz vor allem mit Tuchen und einem Bier, dem immer noch gebrauten „Mord und Totschlag“. Selbst heute gehört Kyritz dem Hansebund aktiv an. Stadtrecht erhielt die Stadt im 13. Jahrhundert. Der gutgehende Handel weckte zwar immer wieder Begehrlichkeiten bei Raubritter von Bassewitz aus Mecklenburg, doch konnten seine Eroberungsversuche stets abgewehrt werden. Sein letzter Versuch endete für ihn unter dem Richtschwert. Das Anfang des 14. Jahrhundert erstmals erwähnte Franziskanerkloster gehörte zu den bedeutendsten überregionalen Klöstern der Mark. Nach der Auflösung blieben nur noch der Klausurflügel sowie Teile der Nordwand und des Pfortenhauses übrig, an den gegenwärtig die Stadt dabei ist, die noch vorhandenen Teile, soweit es geht, einer modernen touristischen Nutzung zuzuführen. Als ich vor über vierzig Jahren zum ersten Mal nach Kyritz kam, da verströmte es den Hauch eines provinziellen, etwas in der Vergangenheit hängen gebliebenen Städtchens, das erst gestern dem Mittelalter entflohen zu sein schien. Die kleinen Häuschen in den drei parallel verlaufenden schmalen Straßen der Altstadt versteckten hinter fehlender Farbe und bröckelndem Putz, welcher Wohlstand hier einmal seine Heimstadt hatte. Der gesamte Verkehr der Transitstrecke Berlin-Hamburg wälzte sich dazu noch zusätzlich mitten durch die Stadt. noch die Kreisstadt. Es herrschte ein ständiges kommen und gehen. Irgendwie faszinierte mich diese eigenartige Welt aus mittelalterlicher Vergangenheit und geschäftiger Gegenwart. Ich hatte das Gefühl, als könne ich den Atem der alten Handelsstadt riechen. Oder war es doch eher der Geruch des übel riechenden Kartoffelwassers der Stärkefabrik, der sich bei ungünstiger Wetterlage damals über der ganzen Stadt verteilte? Es gehört diese gesamte Gemengelage irgendwie zu meinen Erinnerungen an die Stadt Kyritz vor der Wendezeit. Nach meinem Umzug aus Weimar in das kleine Prignitzer Nest Groß Welle, durfte ich von nun an jeden Tag hier her zur Arbeit fahren, und sämtliche Veränderungen hautnah miterleben. Und Kyritz hat sich verändert. Die meisten der heruntergekommenen Häuschen bekamen ein völlig neues Aussehen. Farbe bestimmt das Stadtbild. Liebevoll restaurierte Fachwerkhäuser verleihen der Stadt einen besonderen Charme. So das Eichhorstsche Haus in der Bach-Straße 44, welches als Giebelhaus 1663 erbaut wurde und zu den ältesten Häusern Kyritz zählt. Aus ungefähr der gleichen Zeit stammt das gleich nebenan (Nr. 42) stehende Fachwerkhaus. Der große Durchgangsverkehr wurde aus der Innenstadt verbannt, auch wenn immer noch genug Fahrzeuge die engen Straßen quälen. Die St. Marien-Kirche mit ihren beiden Doppeltürmen ist schon von weitem zu erkennen. Vor dem Haupteingang am Westgiebel, erbaut Mitte des 19. Jahrhunderts von August Stüler, einem Schüler von Schinkel, steht das Denkmal für die Kyritzer Schulze und Kersten. Der eine Kämmerer, der andere Kaufmann. Sie wurden am 8.4.1807 während der napoleonischen Besetzung der Stadt standesrechtlich erschossen, um ein Exempel gegenüber der Bevölkerung zu statuieren. Das fast an eine Burg erinnernde rote Backstein-Rathaus auf dem

Kyritzer Markt mit der Friedenseiche

Markt, in unmittelbarer Nachbarschaft der Kirche, mit der davor stehenden Friedenseiche und die sie umschließenden

Häuschen sind ein schönes Beispiel für eine fachgerechte Altstadt-Sanierung. Der Markt war wichtiger Handelsplatz und Mittelpunkt jeglichen öffentlichen Lebens der Stadt, bevor sich der Handel in die Häuser der Stadt verlagerte, und der Platz mehr und mehr der Repräsentation diente. Ein Bürgerhaus mit besonderer Vergangenheit findet sich am Marktplatz 14. Hier wohnte seit 1839 die Familie Diercke, dessen Sohn Carl als Urheber des Diercke-Schulatlas gilt, der nun schon seit vielen Generationen in der Schule das Fach Erdkunde begleitet. Wenn ich heute über die Straßen in der sanierten Altstadt laufe, dann überkommt mich seltsamerweise, trotz der schönen heutigen Ansicht, immer mal wieder ein Hauch Nostalgie, und dann vermisse ich es – das Gefühl, welches mich damals bei meinem ersten Besuch einfing, und mich den Zauber jener vergangenen Welt spüren ließ. Er ist für mich fast vollständig verschwunden. Wenn ich mir allerdings in aller Ruhe die Zeit nehme, und tief in meinen Gedanken zurück gehe, dann kann ich ihn wieder spüren. Dann weht der Atem einer alten Hansestadt trotz seiner Metamorphose in eine lebendige Stadt der Neuzeit immer noch durch die drei parallel verlaufenden Altstadtstraßen.

Kyritz, du alte Knatterstadt – genau deshalb mag ich dich.

23 Was sonst noch einen Besuch lohnt

Prignitzer Sehenswürdigkeiten sind nicht nur die Ansiedelungen, welche die ersten Siedler errichteten, und in denen heute noch vieles von damals zu sehen ist. Es gibt auch jene, die schon weit vorher existierten, und keine menschliche Hilfe benötigten. An ihnen ranken sich dann gern Sagen empor, um das in Vorzeiten noch unerklärliche erklären zu können. Heute sind wir da zum Glück mit unserem Erkenntnisstand viel weiter, und kennen ihre wahren Geschichten.

Als sich vor etwa zwei Millionen Jahren das warme Europa langsam abkühlte, wurde es schließlich so kalt, dass sich riesige Gletscher aus Nordeuropa in den Süden auf den Weg begaben, und so auch Norddeutschland erreichten. Sie schoben Steine und Geröll vor sich her und ließen nach der Eiszeit gewaltige Endmoränen und Seen zurück. Die meist runden Seen der Mecklenburgischen Seenplatte oder die langgestreckten Seen bei Neuruppin und Kyritz sind Überbleibsel dieser Zeit. Die mitgeführten Steine wurden unter der Last des Eises zerrieben, und hinterließen feinen Sand. Doch nicht jeder Stein erlag der drückenden Übermacht des Eises. Einige von ihnen überstanden die Prozedur der Zerstörung und des Rundschliffs durch die Eisblöcke der Elster-, Weichsel- oder Saale-Eiszeit, und sind nach deren Rückzug heute noch überall zu entdecken. Zwei von ihnen waren besonders widerborstig, und entzücken heute immer noch Hobby-Gletscherforscher und Naturfreunde.

24 Der Blutstein bei Wutike

Von Riesen und einer Prinzessin

Einer dieser mächtigen Findlinge von ihnen liegt ganz weit im Osten der heutigen West-Prignitz, ziemlich versteckt, im Dreieck von Vehlow, Wutike und Rosenwinkel, mitten im Wald, am Jäglitz-Flüsschen. Obwohl seine Maße über der Erde mit gut drei mal drei Meter in der Fläche, und gut zwei Meter in der Höhe schon gewaltig sind, vermuten Experten in der Tiefe unter der Erde noch einmal ca. vier Meter Gestein. Natürlich gibt es zu ihm Geschichten, die der menschlichen Phantasie entsprungen sind. Eine davon erklärt die Herkunft des Findlings wie folgt:

Vor langer Zeit sollen zwei Riesen in der Gegend gewohnt haben. Der eine bei Demerthin und der andere bei Blumenthal. Sie stritten sich fast jeden Tag, und einmal wurde der in Demerthin so wütend, dass er nach einen Felsen griff, und diesen auf seinen Nachbarn schleuderte. Er überschätzte dabei wohl etwas seine Kraft, und statt den Stein bis nach Blumenthal zu werfen, flog dieser nur bis Wutike, und schlug hier auf dem Boden auf, wo er heute noch liegt. Doch warum heißt der Findling ausgerechnet Blutstein? Das erklärt eine weitere Sage zu diesem Stein:

Angeblich soll eine verwunschene Prinzessin unter dem Findling gefangen sein, und auf ihre Befreiung warten. Ein Bauer wollte sich mit Hammer und Meißel daran versuchen. Leider verursachte jeder Hammerschlag bei der Prinzessin große Schmerzen, und der Stein soll an der Einschlagstelle angefangen haben zu bluten. Darüber erschrak der Bauer, ließ sein Werkzeug fallen, rannte von dannen und ward nie wieder gesehen. Seither hat sich niemand mehr an der Rettung der Prinzessin versucht, so dass sie wohl immer noch unter dem Findling auf ihre Befreiung wartet.

Soweit, so gut. Wir wissen es heute anders, auch wenn die Geschichten schön sind. Eine aus neuerer Zeit zu diesem Findling ist dagegen sehr real. Zu Beginn des 19. Jahrhundert sollte aus dem Findling eine große Schale für den Berliner Lustgarten herausgearbeitet werden. Ob nun die Farbe oder die versteckte Lage keine Zustimmung beim vorgesehen Künstler fand, sei dahingestellt. Jedenfalls entschied man sich damals für einen Stein aus den Rauenschen Bergen südöstlich von Berlin. Zur Freude für die Wutiker, denn so sind sie im Besitz eines einzigartigen Findlings geblieben.

25 Der Riesen-Stein in Ponitz

Vermutung und Spekulation

In einer Senke zwischen Groß Werzin und Düpow an der B5 liegt das kleine verschlafene Nest Ponitz. Manch rasender Autofahrer wird die Stelle vielleicht aus einem anderen Grund kennen. Von zwei sanften Hängen eingerahmt, durchfließt den Ort der kleine Holzgraben von Nord nach Süd. Schon ein ganzes Stück südlich hinter dem Dorf, dem Bachverlauf folgend, liegen in einem Wald auf der östlichen Holzgrabenseite die beiden Erhebungen von Krahnsberg und Krohnsberg. Obwohl es noch weitere Krohnsberge rund um Perleberg gibt, ist dieser hier etwas besonderes, denn in seiner unmittelbaren Nähe liegt der angeblich größte Findling der Prignitz. Er ist wie sein Wutiker Kollege ebenfalls nicht ganz leicht zu erreichen. Es gibt eine kurze und eine etwas längere Wegmöglichkeit, um zu ihm zu gelangen. Der kürzere Weg beginnt mit der Durchquerung von Ponitz von der B5 aus. Hinter dem Dorf kreuzt der Postweg. Diesem folgt man etliche hundert Meter nach links, vorbei an einem einzeln stehendem Gehöft, bis an einem Abzweig rechts ein kleiner Rastplatz auftaucht. Dieser Weg führt nach 500 bis 600 Meter zum Objekt der Begierde. Da, wo das Schild mit den Maßen des Findlings steht, liegt leicht versteckt der Riesenstein. Wer mehr Zeit und Lust mitbringt, der kann eine gemütliche Wanderung von Groß Werzin aus unternehmen. Am besten stellt er sein Auto Am Brink ab. Ab hier gibt es zwei Möglichkeiten. Gleich gegenüber führt ein Weg, es ist der alte Postweg, nach Westen in Richtung Ponitz. Früher folgten diesem Weg die Postwagen von Berlin kommend, ab hier nach Ponitz, und von da weiter in Richtung Uenze, um letztlich in Hamburg anzukommen. Ab dem Rastplatz nach gut zwei Kilometer folgt man dem Abzweig nach links. Ab hier ist es der gleiche Weg wie der von Ponitz. Wer vom Brink noch zweihundert Meter der Landstraße nach Süden folgt, kann dort ebenfalls einen Feldweg in Richtung Ponitz benutzen, wo nach weniger als zwei Kilometer an der Wegkreuzung der Riesenstein zu finden ist. Man merkt schon: Es führen nicht nur viele Wege nach Rom, sondern auch zum Riesenstein bei Ponitz in der Prignitz. Ob der mit einem angegebenen Umfang von 14 Meter und einer Höhe von 3,30 Meter wirklich größer als der Blutstein in Wutike ist, darüber mögen sich die Gelehrten streiten. Eines steht auf jeden Fall fest; der von sumpfigen Wasser umgebene Findling ist ein ganz schönes Monster aus Granit.

Wer den Riesenstein gefunden hat, sollte sich die Ruhe nehmen, seine Gedanken herunterfahren, und einfach der Stille lauschen. Vielleicht gelingt es jemand, sich in die Zeit zurückzuversetzen, als der Findling seine Reise weit oben im

Der Riesenstein von Ponitz

Norden Europas unter dicken Eismassen begann, und hier seine letzte Ruhestätte fand. Oder er entwickelt seine eigene Theorie darüber, woher die auf seiner Oberfläche vorhandene Vertiefung stammt. Diese soll nämlich einer Hufeisenform ähneln. Mit ein wenig Geschick lässt sich der Findling über einen aus dünnen Baumstämmen locker hingelegten Steg erreichen. Wer dann auf der anderen Seite den glatten Findling erklettern will, muss sich zu helfen wissen. Oben muss dann schon genauer hingeschaut werden, um unter der dünnen Moosschicht den angeblichen Hufabdruck zu entdecken. Wie immer sprießt in Fällen merkwürdiger Erscheinungen die Fantasie der Menschen ins Uferlose und jeder will mit seiner Version vorhergehende Deutungen in den Schatten stellen. Einig sind sich nur alle darin, dass der Hufabdruck von einem Herrscher stammen müsse. Bei der Frage um welchen, gehen die Meinungen dann schon auseinander. Einige meinen, es wäre der Brandenburgische Kurfürst selbst gewesen. Die anderen sind der Auffassung, dass nur Preußens Friedrich der Große mit seinem Pferd über den Riesenstein geritten sein kann. Die dritte Gruppe der Glaskugeldeuter hätte gern, das Kaiser Napoleons Pferd einen Abdruck hinterlassen hat. Hier in der Abgeschiedenheit des stillen Waldes lassen sich allerdings auch ganz neue Fragen stellen. Wer die Hufabdrücke von Pferden im Winterschnee kennt, der wird sich fragen, weshalb eigentlich nur ein Huf einen dermaßen sichtbaren Eindruck hinterlassen hat, wo doch im Normalfall stets zwei Hufabdrücke nebeneinander zu sehen sind. Auch dürfte die Frage erlaubt sein, wie stark der Tritt gewesen sein muss, um den Granit so aus dem Findling zu schlagen. Letztlich bleibt die Frage, weshalb sich auch nur irgendwer der drei möglichen Kandidaten mit seinem Pferd hier her verirrt haben soll, um dann noch mit einem mächtigen Sprung über das Wasser, und auf den Findling zu springen. Es gibt so viele unbeantwortete Dinge. Vielleicht hat einfach nur ein zweiter Stein auf dem Riesenstein gelegen, den der dicke Eispanzer in eine Rotation versetzt hat und sich so in Jahrtausenden immer tiefer in den Riesenstein eingekratzt hat? Doch mal ehrlich: Wen interessieren solche Fragen wirklich? Bleibt es nicht aufregender und spannender zu fragen, welcher Herrscher sein wildes Ross über den Stein hat springen lassen? Fantasie gegen Realität? Im Zweifel immer für die Fantasie. Alles andere gehört den Gelehrten.

26 Groß Werzin

Die Wiederentdeckung einer kirchlichen Tradition

Wenn wir schon einmal in Groß Werzin sind, dann sollten ein paar Minuten für das niedliche kleine Runddorf auf jeden Fall drin sein. Mitte des 14. Jahrhundert tauchte der Name im Zusammenhang mit einem Landverkauf erstmals auf. Durch seine günstige Lage am alten Postweg nach Hamburg, siedelten sich schon recht früh Handwerker an. Mitten auf dem Dorfanger, der sich wie eine Flaschenbirne nach Osten verbreitert, steht die kleine Dorfkirche. Es ist ein kleiner Fachwerkbau mit Turm und Satteldach. Sie stammt aus dem Jahr 1721, und wurde als Patronatskirche und Erbbegräbnis der Schrepkower Familie von Klinggräff errichtet. Rund herum stehen Bauernhäuser schützend wie eine Mauer. Was Besuche von Kirchen angeht, habe ich gerade bei meinen Wanderungen in Thüringen viel vor verschlossenen Türen gestanden, und in den wenigsten Fällen gab es einen Hinweis darauf, wohin ich mich evtl. wegen eines Schlüssels wenden kann. Um nicht in Groß Werzin vor verschlossener Tür zu stehen, habe ich die zuständige Pfarrerin in Bad Wilsnack angerufen und nach der hiesigen Handhabung gefragt. Das fand ich sehr wichtig, vor allem im Zusammenhang mit den Besonderheiten, welche die Kirche zu bieten hat. Eines vorweg – die Kirche soll laut Pfarrerin stets geöffnet sein, und könne tagsüber besichtigt werden. Dummerweise fiel gleich meine Probe aufs Exempel ins Wasser. An einem Samstagnachmittag hätte ich die Tür wohl sehr unsanft behandeln müssen, um ins Innere zu gelangen. Ich habe sie jedenfalls nicht aufbekommen. Soviel zur ständigen Öffnung. Zum Glück finden sich einige Informationen in den Weiten des Internet.

Auch für etwas anderes gibt es keine Öffnung, was ich allerdings nachvollziehen kann. Es betrifft die Gruft, die sich unter der Kirche befindet. So eine Gruft ist ein ganz sensibler Raum.

Luftfeuchtigkeit und andere Faktoren spielen da eine besondere Rolle. Wäre eine Gruft ständig begehbar, dann wäre dies für die Särge, egal aus welchem Material sie sind, fast wie ein Todesstoß. Schon unter normalen Bedingungen haben da etliche Grüfte ihre Probleme, Särge nicht verrotten zu lassen. Im

Dorfkirche in Groß Werzin

Herbst 2021 sichteten und dokumentierten Fachleute und Denkmalschutz den Zustand der Gruft und entdeckten mehrere Särge für Erwachsene und Kinder. Zeitlich lassen sie sich womöglich bis ins 17. Jahrhundert datieren. Ihr Alter ist die eine Seite der Frage. Zu wem sie gehören, die andere, und die lässt sich so ohne weiteres nicht klären. Weitere Forschungen können vielleicht zur Aufklärung beitragen. Mit der Gruft sind die Geheimnisse der Kirche allerdings noch nicht abgeschlossen. Zwei Tafeln und eine Urkunde, welche an die Toten der Befreiungskriege und des Ersten Weltkrieges erinnern und die in jener Zeit in Kirchen angebracht wurden, gehören ebenfalls zum Bestand der Kirche. Was jedoch von noch größerer Bedeutung ist, sind die Relikte einer vergangenen Bestattungskultur. In der Kirche hat man Totenkronen und Totenkronenbretter gefunden, die sich zwar in unterschiedlichem Zustand präsentieren, doch durch ihre hohe Anzahl zu den umfangreichsten Beständen in Brandenburg gehören. Früher gehörten sie fast in jede Kirche. Die Kronen hingen im Kirchenschiff, waren mit langen Bändern geschmückt, dienten der Erinnerung an die Verstorbenen, und waren den Hinterbliebenen Trost in einer schweren Zeit. Nur manch Kirchenoberen missfielen diese Ausschmückungen der Kirchenräume, weswegen der Brauch immer weiter ausstarb, und alles auf den Dachboden verbannt wurde, wo sie erst in der Gegenwart wiederentdeckt wurden, und nun auf ihre Restaurierung warten, um später wieder in der Kirche ausgestellt zu werden. Bis dahin müssen sich Besucher der Kirche mit einer kleinen Ausstellung begnügen, sofern sie Zugang hinein finden.

27 Der Annen-Pfad

Pilgern auf einem Rundweg

Pilgerwege sind so selten nicht. Vom Pilgerweg zur Wunderblut-Kirche im heutigen Bad Wilsnack habe ich ja schon berichtet. Häufig führen nur einzelne Abschnitte durch eine Region, die zu einem wesentlich größerem Pilgernetz gehören, und zu weit entfernten Pilgerorten führen. Dann sind es wieder Rundwege, die mehrere religiöse Orte miteinander verbinden. Einer, auf den das zutrifft, ist der Annen-Pilger-Pfad. Das an ihm die Orte Bölzke, Heiligengrabe, Wilmersdorf und Alt-Krüssow liegen, ist die eine Wahrheit. Die andere ist, dass nicht nur der Landkreis Prignitz berührt wird, sondern auch der Nachbarkreis Ostprignitz-Ruppin am Weg liegt.

Es gibt aus meiner Sicht zwei Möglichkeiten, um den Annen-Pilger-Weg zu begehen. Wer mit der Bahn anreisen möchte, der wählt den Startort Heiligengrabe. Autofahrer können ihren Pilgerweg in Bölzke an der schlichten Fachwerk-Kirche aus dem 19. Jahrhundert beginnen. Selbstverständlich ist der Beginn auch von den beiden anderen Orten möglich, kommt doch jeder auf dem Rundweg schließlich wieder am Ende dort an. Bölzke bietet den Vorteil, dass mit Heiligengrabe gleich danach ein erster Höhepunkt wartet. Dort steht die einzige vollständig erhaltene Zisterzienserinnen-Klosteranlage in Brandenburg, welche bereits Ende des 13. Jahrhunderts gegründet wurde. Klosterkirche, Heiliggrab-Kapelle und der Kreuzgang bilden ein tolles Ensemble. Durch den Wald geht es über Wilmersdorf nach Alt-Krüssow, neben der Klosteranlage von Heiligengrabe der zweite Höhepunkt. Hier steht der Namensgeber des Pilgerweges. Es ist die ehemalige Wallfahrtskirche Sankt Anna. Auffällig ist der dekorierte Stufengiebel an der Ostseite der Kirche, die auf dem Anger des Runddorfes steht. Die Kirche war schon im Mittelalter mit dem Kloster in Heiligengrabe und der Wunderblutkirche in Wilsnack ein bedeutendes Pilgerziel in der Prignitzer Landschaft. Die heilige Anna war die Schutzpatronin der Gewerbetreibenden und ihrer Zünfte. Das Ziel der Pilger war ein angeblicher Rock der Heiligen Anna, der die Pilgertradition so richtig aufblühen ließ, und Wunderheilung versprach. Die Reformation beendete wie in so vielen anderen Pilgerstätten den ganzen Zauber. Zur Erinnerung an die längst vergangene Zeit erhielt der 22 Kilometer lange Pilgerweg durch Wald und Flur den Namen Annen-Pfad. Von Alt-Krüssow aus geleitet den Pilger und Wanderfreund dann wieder das schwarzes **A** als markantes Wegeszeichen bis zur kleinen Dorfkirche in Bölzke, wo der Rundweg begann. Jedes Jahr am Gründonnerstag beginnt mit einem Gang auf dem Annen-Pfad die jährliche Pilgersaison. Man muss nicht an Gott glauben um zu pilgern. In der ruhigen Landschaft kann jeder auch einfach nur zu sich selber finden. Das ist in unserer heutigen hektischen Zeit immerhin schon etwas.

28 Nachbetrachtung

Nun liegen die Geschichten von meinen kleinen Wanderungen kreuz und quer durch die Prignitz hinter mir. Ich habe versucht, so viel wie möglich von dieser Landschaft zu erwandern, meine Gedanken dabei einzufangen und dem Leser nahe zu bringen. Natürlich ist es mir nicht möglich gewesen, jedem einzelnen Ort meine Aufwartung zu machen. Ich denke jedoch, dass die von mir auf meinen Wanderungen besuchten Orte ein ziemlich realistisches Abbild der gesamten Prignitz ergeben. Ihre Strukturen sind Blaupausen für alle anderen. Natürlich unterscheiden sich die Elbdörfer ein wenig von denen, die abseits des großen Flusses liegen. Ebenso sehe ich das mit der Landschaft. Mehrheitlich gibt es keine größeren Unterschiede. Es ist eine flache Region, über die der Wind ohne Widerstand hinweg fegen kann, wenn ihm danach ist. Die größeren Städte, mit Ausnahme von vielleicht Wittenberge, haben ihren historischen Charakter mit vielen alten Häuschen in den Altstadtkernen weitestgehend erhalten. Wittenberge merkt man an, dass hier die Industrie schon sehr früh das Zepter übernommen hat. Deshalb ist sie nicht weniger attraktiv. Dafür sorgen die Jugendstil- und Gründerzeitbauten, die in großer Zahl hier zu finden sind.

Und Fontane? Begegnet sind mir seine Spuren nicht, wo doch sonst an jeder kleinen Hütte ein Schild hängt, wenn jemand von bedeutender Wirkung vorbei gekommen ist. Er hat es wohl doch lieber mit dem Ruppiner Landstrich gehalten. Zwar tauchen im dritten Band seiner Wanderungen durch die Mark Brandenburg die Adelsfamilie derer von Quitzows und der Ort Quitzöbel auf, doch gesteht er selbst ein, dass es keine Wanderungen im herkömmlichen Sinne waren, sondern eher Reisen. Doch ist er wirklich bis nach Quitzöbel gekommen? Ich habe da so meine Zweifel, wenn ich sein Vorwort zu diesem Band lese. Fontane schreibt, dass er im Briefaustausch, mit *Gönnern und Freunden*, insbesondere mit der *Lehrerschaft von Wils-*

nack und Umgebung, wie er sie nennt, Informationen eingesammelt hat. Er verwebt sie mit anderen bekannten Kenntnissen, und schreibt so seine Geschichten.

Mit Luna, meiner Begleiterin auf allen Wanderungen

Ganz anders verhält es sich mit seinen Wanderungen im Band 1. Natürlich nutzt er die Möglichkeit, sich mit einem fahrbaren Untersatz in die vorgesehene Region bringen zu lassen. Wie sollte er sonst auch da hin kommen? Ich mache es schließlich genau so. Zwar nicht mit einer Kutsche, doch zeitgemäß mit dem Auto. Von unseren Zielorten aus bewegen wir uns dann jeweils ganz traditionell zu Fuß, oder wie Fontane am Ruppiner See auch mal mit dem Boot von einer Seite zur anderen. Eine Seeüberquerung bleibt mir erspart, denn wie ich schon anmerkte, ist die heutige Prignitz nicht mit großen Seen, mit Ausnahme des Rudower See bei Lenzen, gesegnet. Ob ich dort jemand gefunden hätte, der mich und Luna mit einem Boot über den See gefahren hätte? Zweifel sind angebracht. Überhaupt Luna. Sie war mir eine treue Begleiterin auf all meinen Prignitzer Wanderungen. Ich brauchte sie nicht zu zwingen, ins Auto zu steigen. Sobald der Kofferraum geöffnet wird, kann sie es kaum erwarten, hinein zu springen. Groß ist ihre Freude, wenn es dann losgeht. Draußen, im offenen Gelände, kann sie sich frei bewegen. Da sie sehr anhänglich ist, muss ich mir keine Sorgen machen, dass sie ausbüchst. Nur in Orten, und neben befahrenen Straßen, nehme ich sie vorsorglich an der Leine.

Der Leser möge mir verzeihen, wenn ich trotz intensiver Nachrecherche im Internet zu der einen oder anderen Sache vielleicht nicht die richtigen Informationen gefunden habe, und er darüber besser Bescheid weiß. Es ist wie mit den Ärzten. Du kannst drei befragen, und bekommst drei verschiedene Diagnosen. Auch das sich allwissend gebende Internet offenbart da so seine Mängel. Je nach aufgerufener Seite kann es verschiedene Aussagen zu ein und dem selben Thema geben. Das ist nicht immer schön, aber nicht zu ändern. Ich habe mich bemüht, den jeweiligen mehrheitlichen Antworten zu folgen, was nicht heißt, dass sie auch wasserdicht sind. Deshalb sei mir also verziehen. Gern kann jemand mit mir über meine Webseite Kontakt aufnehmen, und mir von Fehlern berichten, über die ich geschrieben habe.

Zum Schluss möchte ich trotz meines Unmuts, dass Theodor Fontane in seinen Wanderungen durch die Mark Brandenburg die Prignitz ausgespart hat, eine Lanze für ihn brechen. Es war gewiss zu seiner Zeit schwierig, alle nur erdenklichen Informationen zu erhalten, die sich mit der Mark in seiner Gesamtheit befassen. Wir dürfen nicht die heutige Zeit als Maßstab nehmen. Er konnte nur über das schreiben, was er erfahren hat. Egal ob im Briefverkehr oder durch Erzählungen, die er unterwegs aufgenommen hat. Und das war für damalige Verhältnisse wirklich eine ganze Menge! Seine wortreichen und bildhaften Darstellungen, in großartige Geschichten verpackt, faszinieren heute immer noch unzählige Leser. Man kann sich wunderbar in die Landschaften hinein versetzen und erfährt viel wissenswertes aus der Historie der jeweiligen Regionen. Es bleibt zwar ein Mangel, dass hierbei die Prignitz fehlt, doch alles andere ist mit viel Liebe und Leidenschaft zu Papier gebracht worden. Dafür gilt ihm meine Anerkennung und Hochachtung.

Mein Respekt also, Herr Fontane!

Allen anderen, die sich jetzt und in Zukunft auf den Weg begeben, um die Landschaft im Nordwesten Brandenburgs zu erkunden, wünsche ich viel Freude bei der Entdeckung neuer Geschichten, welche die Prignitz in Zukunft noch schreibt.

Thomas Niedlich
Groß Welle, im Jahr 2022

Bisher sind von Thomas Niedlich im Verlag Rockstuhl folgende Bücher erschienen:

Mehr Informationen dazu gibt es unter

www.thüringer-wanderungen.de
und
www.verlag-rockstuhl.de